U0910725

书香中国学术文库

河南省低碳经济研究

郭立珍 闫红娟 高小丹 著

科学技术文献出版社
SCIENTIFIC AND TECHNICAL DOCUMENTATION PRESS
·北京·

图书在版编目（CIP）数据

河南省低碳经济研究/郭立珍，闫红娟，高小丹著.—北京：科学技术文献出版社，2016.11

ISBN 978-7-5189-2150-8

Ⅰ.①河… Ⅱ.①郭… ②闫… ③高… Ⅲ.①低碳经济—区域经济发展—研究—河南 Ⅳ.①F127.61

中国版本图书馆 CIP 数据核字（2016）第 289359 号

河南省低碳经济研究

策划编辑：曹沧晔　　责任编辑：曹沧晔　　责任校对：赵　瑗　　责任出版：张志平

出 版 者　科学技术文献出版社
地　　址　北京市复兴路 15 号　邮编 100038
编 务 部　（010）58882938，58882087（传真）
发 行 部　（010）58882868，58882874（传真）
邮 购 部　（010）58882873
官方网址　www.stdp.com.cn
发 行 者　科学技术文献出版社发行　全国各地新华书店经销
印 刷 者　北京天正元印务有限公司
版　　次　2017 年 1 月第 1 版　2017 年 1 月第 1 次印刷
开　　本　710×1000　1/16
字　　数　261 千
印　　张　15.5
书　　号　ISBN 978-7-5189-2150-8
定　　价　46.00 元

目　录

CONTENTS

图表目录

第一篇 01

河南省低碳消费模式构建研究

前　言

全球性生态危机、能源危机、资源危机日趋严峻，资源、能源、生态容量瓶颈约束日紧，都在不断拷问着工业文明以及与之相适应的高碳消费模式，倡导低碳消费方式，发展低碳经济已成为当前各国的共识。当前有关低碳消费模式构建研究在国内外均处于初探阶段，理论研究远未形成体系，实践模型的构建更处于摸索阶段，因此本书研究不仅具有理论价值，更具有现实意义，构建低碳消费模式对河南省经济社会的转型发展也有借鉴意义。从国内外低碳经济发展趋势、新常态下经济发展方式转型发展的需要、以煤炭为主的能源消费结构、产业碳排放高、消费对经济发展贡献率较低等几个方面，深入分析了河南构建低碳消费模式的必要性。

对河南省低碳消费进行调查与分析是本书研究的重点。著者将河南省消费主体分为农村居民、城镇居民、大学生三个群体进行调研。农村居民低碳消费现状：大多数农民对低碳消费有一定了解，且受教育程度越高了解程度就越深；农村家庭炫耀、从众、攀比、人情等消费支出大，与低碳消费理念相违背。制约河南省农村居民低碳消费的因素主要有收入偏低、低碳意识薄弱、低碳宣传不到位等。城镇低碳消费现状：大多数城镇居民对气候变暖有一定认知，能接受低碳消费方式，并愿意实践，获取低碳知识的主要途径是互联网；日常生活中一般比较注意节电节水；价格、质量、收入等因素是影响消费者选择低碳产品的关键因素。制约河南省城镇居民低碳消费的主要因素有：炫耀、从众、攀比等消费理念影响大，还有低碳宣传和低碳教育不到位，收入水平制约等。大学生低碳消费现状：河南大学生对低碳消费认同度较高，在日常生活中积极践行和传播低碳消费理念。影响大学生低碳消费的因素主要有：低碳理念和低碳意识未能在教育教学体系中得到很好贯彻、政府引导不够、社会低碳文化氛围尚未形成等。

对十大低碳城市的低碳实践进行探究为河南省构建低碳消费模式寻求借鉴是本书又一重点。十大低碳城市给河南的启示：一是立足资源禀赋优势制定河南低碳建设规划；二是低碳消费模式的形成离不开低碳技术、低碳产业等发展的支持，离不开各级政府、企业、居民消费观念的转变；三是低碳城市建设是一项系统的复杂的战略工程，是一个长期事业。

在借鉴国内外低碳消费模式构建经验的基础上，立足河南省资源、能源、经济基础、历史文化传统等优势，提出构建低碳消费模式应遵循可持续性原则、公正原则、适度消费原则、环保性原则、高质性原则、持之以恒原则；应遵循基本路径：政府充分发挥主导作用、调整和优化产业结构、构建低碳消费模式的智力、文化支撑体系、提高消费对经济增长的贡献率等。构建农村低碳消费模式的建议：科学制定低碳消费发展规划；重点突破，以点带面；加强农村低碳宣传和农村学校低碳教育；倡导低碳生活方式和消费方式；建立健全河南地方低碳、生态法规体系，加大对低碳经济、低碳消费行为的引导和规范力度；利用媒体加大低碳宣传力度；大力发展低碳农业，优化农业能源结构；大力发展农村公共交通系统，减少交通碳排放；引导农村居民转变消费观念。城镇低碳消费模式构建的建议：以发展低碳城市试点为依托，科学选拔低碳试点城市；构建和发展低碳产业体系；加大低碳消费理念和知识的宣传等。构建大学低碳消费模式的建议：首先以低碳理念构建教育教学保障体系，将低碳理念融入大学文化建设中，以低碳理念健全和完善大学教育教学管理制度、物质环境、教学监管和评价机制；以低碳理念健全和优化教育教学内容体系，改革低碳课堂教育教学形式和教学方法。此外，还要积极开展低碳研究、强化校园低碳化管理、发挥大学生社团作用等。

受著者水平及研究时间等限制，对河南省和十大低碳城市调研不够深入，所以著者拟将进一步深入调研，为河南省构建低碳消费模式提出更合理、更具有针对性的建议。

绪　论

一、选题意义与创新之处

（一）选题意义

自人类有文明以来，文明与消费就是结合在一起的，文明形式体现消费方式，消费方式承载着文明形式。人类的经济发展方式变迁与消费方式革命是在相互促进、相互制约中发展演变的，即一方面经济发展方式决定着消费方式，另一方面消费需求是影响经济增长的最重要因素之一，对经济增长具有明显的拉动作用。随着工业文明的高度发展，加上以崇尚超前消费、享乐消费、符号消费为基本特征的消费主义在全球的蔓延，使人类消费欲望的无限性与生态环境承载力的有限性、自然资源的有限性与生物圈的脆弱性间的矛盾日益尖锐，全球性生态危机、能源危机、资源危机日趋严峻，资源、能源、生态容量瓶颈约束日紧，不断拷问着工业文明以及与之相适应的高碳消费模式。人类经济社会发展的实践活动一再证明：工业文明所倡导的高碳消费模式是上述所有问题的症结所在，即“消费问题是问题的核心，人类对生物圈的影响正在产生着对于环境的压力，并威胁着地球支持生命的能力”①，也就是说削减 CO_2 排放量，节能减排不仅需要转变人类经济发展方式，更需要转变消费方式，这就迫使我们对工业文明形态、高碳消费模式对人类经济社会、环境等产生的影响进行重新审视和反思，所幸的是削减 CO_2 排放量、发展低碳经济已成为当前各国的共识。低碳消费对低碳生产具有反作用，并在一定程度上引导低碳生产的发展方向与趋势，是低碳生产的最终目的和动力；且人类的可持续发展需要以更高级

① 施里达斯·拉夫尔. 我们的家园——地球，北京：中国环境科学出版社，1993：152.

的文明形态即生态文明代替工业文明，而生态文明的形成必须以低碳消费模式为基础。而当前有关低碳消费模式构建研究在国内外均处于初探阶段，理论研究远未形成体系，实践模型的构建处于摸索阶段，因此本书研究不仅具有理论价值，更具有现实意义，构建低碳消费模式对河南省经济社会的转型发展也有借鉴意义重大，具体体现在以下几方面：

一是有助于推动河南省产业结构优化升级。低碳消费模式的形成和发展是有效激发低碳消费需求、促使产业结构优化的重要途径，能从源头上促进节能减排，有助于河南省产业结构的升级与转型，低碳消费模式的形成与发展是推动河南经济发展方式低碳转型的重要基础。

二是有助于推动河南省循环经济发展的进程。河南省人口总量大，资源、能源相对短缺，环境容量有限，而当前河南的经济发展方式对环境、能源、资源的依赖性较强，发展循环经济是缓和日益严峻的环境、资源、能源问题的必然选择。2009 年 12 月河南省被国家批准为循环经济试点省份，而转变居民消费方式是发展循环经济、建设两型社会的内在支撑，因此构建低碳消费模式有助于推动河南省循环经济发展的进程。

三是有助于改善河南省居民的生存环境，提高居民生活质量。当前河南正处于工业化和城镇化加速发展的关键阶段，经济社会发展与资源、能源、环境间的矛盾突出，构建低碳消费模式推动河南省经济发展方式低碳转型，从根本上缓解经济社会活动的需求同生态环境供给之间的尖锐矛盾，也能在一定程度上改善河南居民的生产和生活环境，提高居民生活质量。

四是可为河南省发展低碳经济、建设低碳社会提供决策借鉴和参考。发展低碳经济、促进消费模式低碳转型不仅是人类应对全球气候变暖、缓和经济社会发展对资源、能源无限消费需求与环境容量承载力、资源和能源供给有限性间尖锐矛盾的选择，还是河南省顺应全球经济社会低碳化转型的重要选择，同时也是从根本上化解雾霾问题的重要途径。本书还可以为河南省发展低碳经济、构建低碳消费模式、建设低碳社会提供一定的决策借鉴与参考。

（二）创新之处

该书的主要创新之处体现在以下四个方面：

一是研究视角的创新。从构建河南省低碳消费模式视角入手，研究低碳经济与低碳消费之间相互促进、相互制约、相互影响关系，通过构建低碳消费模式，不断扩大河南低碳消费需求，进而推动低碳经济发展的进程。

二是研究方法的创新。该著作运用西方经济学、消费经济学等经济学理论，通过问卷调查、实地访谈等多种途径获取第一手资料，探究河南省城镇居民、农村居民和大学生低碳消费发展中存在的主要问题及成因。

三是研究内容的创新。该著作通过实地调研深度挖掘河南省构建低碳消费模式的优劣条件，并对2011年评选出的十大低碳城市建设现状以及对河南省构建低碳消费模式的启示进行了深入探讨，还分析了河南省低碳消费模式构建的基本原则、路径，并针对城镇居民、农村居民和大学生三大群体分别提出了低碳消费模式构建的具体建议。

四是在低碳消费理论领域获得了一定突破。当前国内对低碳消费的研究还比较零碎、不够系统且偏重于一般政策的宏观分析和定性研究。本成果突破了上述局限，尝试构建出低碳消费理论研究体系。

二、国内外研究现状述评

（一）国内外与低碳消费相关的研究成果

对于低碳经济和低碳消费的研究，国外学者早在五十多年前就已经开始进行探讨。西方学者对于低碳经济与低碳消费的研究，最初是基于能源保护，应对能源危机，到后来发展到研究全球变暖和可持续发展问题，进而重新审视人与自然的关系，人类消费活动对环境的影响。我国关于低碳经济和低碳消费的研究起步比较晚，特别是关于低碳消费的研究，开始于21世纪初。截至目前，国内外已出现一大批与该课题相关的研究成果，为该课题研究提供了理论和方法借鉴。现就著者视野所及的与本书相关研究成果做一梳理。有关低碳消费的研究始于20世纪70年代初，就研究内容来分，可概括为五个方面：

一是对消费方式与资源环境关系进行的研究。居民传统的消费思想和消费行为对自然环境变化产生了巨大影响。早在一百多年以前马克思、恩格斯就意识到了该问题，他们提出“我们不要过分陶醉于我们人类对自然界的胜利。对于每一次这样的胜利，自然界都报复了我们。每一次胜利，起初确实取得了我们预期的结果，但是往后和再往后却发生完全不同的、出乎预料的影响，常常把最初的结果又消除了”，但是他们的思想未得到人们的重视；直到1972年英国经济学家Barbara Ward和美国微生物学家Rene Dubos在《只有一个地球》一文中提出传统消费方式是造成环境危机的根源，之后越来越多的人开始探究消费方式与生态环境保护之间的关系；1981年美国农业学家莱斯特·R·布郎在

《建设一个可持续发展的社会》中提出要通过转变人类的消费方式和建立人与自然和谐共处的生态消费方式来实现人类社会的“可持续发展”；1994 年联合国环境规划署在《可持续消费的政策因素》报告中，提出人们在满足消费需求的同时要注意环境的保护；2000 年 Weber 用评估模型探究消费者行为与生活方式对能源消费和温室气体排放量产生的影响；2002 年 Kim 对 1985—1995 年韩国居民消费模式变化对 CO_2 与 SO_2 排放产生的影响进行研究；2007 年 Wei and Liu 考察了 1999—2002 年间中国城镇和农村居民消费行为变化对终端能源消费及 CO_2 排放产生的影响。

自 20 世纪 90 年代开始我国学者也逐渐开始关注消费方式对环境保护产生的影响，主要研究成果有：尹世杰教授早期发表的《论生态需要》中，提出倡导生态消费的重要意义以及如何发展生态消费，促进人与自然的和谐发展；刘志在《论我国消费模式的生态化选择》中提出“非生态化”消费模式导致全球资源、环境与生态问题日益突出；秦鹏提出我国环境问题的根源隐藏在人们的消费行为中。

二是有关低碳消费模式构建的相关研究。国外相关成果主要包括低碳消费结构和消费方式构建两方面。有关低碳消费结构方面的研究成果主要有：Gert（2000）提出在生产和消费的生态现代化中，要发展有利于环境的消费导向型结构；Carmen（2003）提出过度消费是工业化国家环境恶化的重要原因。低碳消费方式方面的主要成果有：Geller（2002）提出低碳消费方式构建包括循环利用、购买高能效电器、废弃物处理和绿色交通运输方式等。

国内相关研究成果主要有：潘安敏等提出低碳消费形成的关键是人们的消费理念、消费方式和消费行为三者之间的协调与配合，并初步构建了城市低碳消费模式的框架；刘敏（2009）在《低碳经济背景下构建湖南低碳消费生活方式研究》一文中提出低碳经济背景下的低碳消费生活方式是一种以“低碳”为导向的消费结构低碳化、环境友好型、资源节约型、共生型的文明健康的消费生活方式；于小强（2010）在分析低碳消费方式重要性的基础上，针对我国城市居民消费方式的现状提出了实现低碳消费方式的具体路径；孙雅文（2011）研究了低碳消费模式实现中的政府行为；郭喜艳（2014）分析了低碳消费模式的内涵与特征，研究我国低碳消费的现状、存在的问题和对策建议。

三是对低碳消费行为的研究。国外的相关研究成果主要有：Stern（2000）提出个人价值观、生态世界观，对价值对象的负面后果、对减少威胁感知能力和亲近环境的个人规范等五种因素决定人们的环境行为；Per Gyberg 认为居民低碳化的能源消费行为与社会低碳公共知识的教育、宣传等存在明显的相关性；Steg 则认为居民对社会环境的关注度会在一定程度上影响着其生活方式；Herendeen R 等提出居民对能源的需求与使用行为受其家庭收入状况的影响。

近年来国内很多学者都加入低碳消费模式的构建研究中，也取得了一系列成果，主要有：朱臻等在《居民低碳消费行为及碳排放驱动因素的实证分析——基于杭州地区的调查》一文中提出了引导居民转变传统消费模式，提升低碳消费意识等建议；余艳等（2010）从宏观和微观两个层面具体分析了影响消费者低碳消费行为的因素；王淑新等（2010）提出能源制度及消费政策、消费风俗习惯、家庭收入、个人消费偏好、家庭规模都会影响消费者的低碳消费行为；贺爱忠等（2011）在问卷调查的基础上运用结构方程模型等方法，提出城市居民的低碳态度及低碳消费受其对低碳利益关注度和低碳责任意识的显著影响，而居民的人口统计变量和区域变量对不同假设路径的影响存在显著差异；朱杏珍（2013）认为人文环境以独特的方式作用于消费者的低碳消费行为，包括价值观、传统文化、科学素养等都直接或间接影响消费者的低碳行为。刘楠楠（2013）以山东省为例，通过实证研究发现低碳消费知识、低碳责任意识、从众心理三个个体特征因素对低碳消费意愿的正向影响等。

四是对低碳消费文化构建的研究。国外研究成果主要有：Hensen 和 Schrader（1997）、Heiskanen 和 Pantzer（1997）、Burgess（2003）从消费伦理、进化论以及社会结构等角度定性分析传统消费模式低碳转型的主要障碍。国内主要研究成果有：本书主要作者郭立珍（2011）在《我国低碳消费文化建设路径探析》一文中，尝试构建了低碳消费文化与低碳经济可持续发展模型，并对低碳消费文化建设的路径进行了探索；华红琴（2010）在所著的《低碳城市 从理念到行动》一书中提出了当前我国低碳化转型的文化观念制约，如消费方式的社会性、公民绿色责任意识以及精神的形成等困难，并提出了改进建议；王博（2010）在《低碳经济与低碳生活的文化应对》一文中，提出低碳经济不仅需要人类生活实现新的经济模式转型，也要求建构新的消费文化模式；谢昉（2011）在《低碳经济与文化建设的思考》一文中，提出低碳文化是低碳经济的基石；薛桂波（2011）在《低碳社会的文化动力》一文中，提出为促进低碳发展应重视文化领域的变革，通过强化低碳文化理念的社会认同、深化低碳文化理念教育、弘扬中国传统文化智慧等途径，实现由“消费主义”向低碳节俭理念转型；封泉明（2010）在《关于中国低碳经济发展的文化思考》一文中，提出低碳文化是低碳经济发展的内在支撑；谈新敏（2011）在《低碳文化及其在低碳发展中的根本性作用》一文中，提出发展低碳经济和构建低碳社会更需要低碳社会文化的培育；余晓钟、侯春华（2013）从政府的视角论述了低碳文化的培育和建设过程。

五是对低碳消费与低碳经济之间关系进行研究。低碳经济的实质是能源消费模式、经济发展方式和人类生活方式的一次全新变革。近年来亦有一批学者对二者之间的关系进行研究，主要的有：夏堑堡在《发展低碳经济实现城市可持续发展》中，提出低碳经济主要有两种形式：一是低碳生产，二是低碳消费；2008 年 11 月 5 日，环境保护部副部长潘岳号召大家“换一种活法”，提倡低碳社会消费模式等。

总的来说，当前与低碳消费相关的研究具有以下特点：一是集中在低碳消费内涵的界定；二是集中在低碳消费对发展低碳经济、建设低碳社会重要意义等方面；三是已开始了低碳消费实现机制构建的初步探索；四是集中在一般政策的宏观分析和定性研究上，虽微观分析和实证研究的成果已出现，但数量较少；五是在研究方法和理论上，远未形成系统的理论体系，更缺乏相对科学合理的评价指标和评估体系，因此在当前各国均努力向低碳经济和低碳社会迈进的时代，深入研究低碳消费相关理论，为推动河南省低碳消费模式的形成和发展，进而推动我国低碳经济发展提供借鉴和参考具有重要意义。

（二）河南低碳消费和低碳经济相关研究

当前就河南省低碳消费进行研究的主要成果有林风霞的《低碳经济理念下河南省消费方式转型的障碍与突破》（《华北水利水电学院学报（社科版）》2010 年第 4 期）等。此外，学者们在对河南省低碳经济的研究中涉及有低碳消费方面的内容。如张琦生的《低碳经济与经济发展模式转变——以河南省为例》（《生产力研究》2010 年第 10 期）、张子方的《河南成为国家低碳经济发展试验区的可行性研究》（《河南科技》2010 年 9 月上）等。与河南省低碳经济相关的研究成果，主要集中在以下几个方面：

一是关于河南省低碳经济的发展。近年来一批学者开始关注河南低碳经济的建设，并出了一些成果，主要有：高颖飞（2011）以河南省为例，分析了发展低碳经济的路径。安红霞（2011）以河南省为例，考察了当前我国低碳经济发展面临的机遇、挑战及建设路径。白妹伟（2013）在《河南省低碳经济发展路径研究》一文中，探究了河南低碳经济的发展现状以及影响其发展的关键因素，并建立了系统动力学模型。徐景霞（2014）较为系统地分析了低碳经济发展模式对河南经济增长的影响。

二是关于河南省产业低碳化的研究。产业结构是影响低碳经济发展的关键因素，近年来有学者对河南省产业结构低碳化转型进行了考察，主要成果有：范况生等分析了低碳经济下河南省产业结构的影响及产业机构调整的战略。李炎丽（2012）在《河南省发展低碳农业的路径实现研究》一文中，利用灰色关联分析模型，研究影响河南省低碳农业发展的主要因素的作用机制并量化了贡献率；孙红霞（2012）在《河南发展低碳交通的路径与对策》一文中，分析了河南发展低碳交通的主要制约因素及对策；朱贤俊（2013）对郑州市城市低碳交通建设提出一些针对性建议。

三是关于河南省低碳城市的构建。低碳城市是低碳经济发展的重要着力点，张吉献、于正松①提出了河南基于低碳经济实现区域城镇化的途径。云剑②（2014）从法律规则建设方面，强调法制在低碳城市建设中的重要作用；孙红霞③（2011）、陈建国④（2012）阐述了低碳建筑在低碳城市建设中所发挥的作用；王亚光在《河南省洛阳市低碳城市建设评价及路径分析》一文中选取低碳经济发展指标、低碳城市发展指标和社会低碳发展指标作为准则层，以洛阳市低碳城市可持续发展为目标，尝试构建了洛阳市低碳城市综合评价体系模型并结合洛阳市的实际情况，对洛阳市的低碳城市建设路径提出了一些对策与建议。

总之，当前以河南省低碳消费模式构建、低碳经济发展为研究对象的成果稀少且碎片化，不管是理论的探讨还是实践模型的构建均处于探索阶段，这与河南省经济发展方式低碳转型的紧迫形势不相适应，河南省迫切需要一批立足本省优势的低碳理论研究成果作为政府决策的参考。

---

① 张吉献，于正松．河南低碳城市战略及其实现途径研究．安阳师范学院学报，2011（2）：79－83.

② 云剑．“节能减排”背景下河南发展低碳经济的法律规制．法制与社会，2014（5）：106－107.

③ 孙红霞．河南发展低碳建筑的路径与对策．环境保护，2011（6）：68－69.

④ 陈建国．浅论河南发展低碳建筑的途径及策略．经营管理者，2012（6）：313.

三、基本概念的界定

（一）消费相关的概念界定及分类

1. 消费的含义及分类

消费是人类生存与发展的基本条件及重要内容，是社会再生产过程中的重要环节，也是现代市场经济增长的主要动力。消费可以分为两种：一是生产消费，即通过消耗生产资料（包括原材料及辅助材料）而生产出新产品的过程，它是直接与生产合二为一的；二是生活消费，也即马克思所说的“原来意义上的消费”，是人们每天消费已生产出的消费资料（包括服务消费）来满足自己的物质文化需要的消费行为，它直接与劳动力再生产相联系。

2. 消费需求

消费需求是有支付能力的需要，既要有消费能力，又要有消费欲望，二者缺一不可，其本质是有支付能力。① 在国民经济核算中，消费表现为最终消费，是指当期为满足居民个人生活需要和社会成员的公共需要所使用的货币和服务价值，表现为最终消费支出。② 最终消费由居民个人消费和社会公共消费两部分组成，其中居民个人消费又分为城镇居民个人消费和农村居民个人消费。

消费需求结构是指在一定时期内对各种消费对象有货币支付能力的现实需求之间的比例。消费需求是在货币形式上表现出的一种消费能力，是一种潜在的消费需要。

3. 消费结构及分类

消费结构是指在一定的社会经济条件下，人们在消费过程中所消费的各种不同类型的消费资料（包括劳务）的比例关系，有实物和价值两种表现形式。消费结构的实物表现形式是指人们在消费过程中所消费的各种使用价值的种类及数量，价值形式则是以货币形式表现出的人们在消费过程中所消费的各种商品和劳务价值的比例。以不同分类标准进行划分，消费结构的构成有多种分类。

从满足人们不同层次需要的效用角度来分类，马克思将人们生活的消费资料划分为生存需要、享受需要和发展需要的消费资料和劳务；马斯洛将进入人

---

① 尹世杰．消费经济学．长沙：湖南人民出版社，1999：84－85.

② 高敏雪等．国民经济核算原理与中国实践．北京：中国人民大学出版社，2006：63－64.

们生活的消费资料划分为生理、安全、社会、尊重和自我实现五个层次的消费资料和劳务需要。这种消费结构划分法的优势是便于反映和比较消费水平。

从消费资料（劳务）的使用价值角度来分类，可把消费资料按其具体实物形式划分为吃、穿、用、住、行等消费资料。这种划分法便于进行各个时期、各个地区和国家间的比较。

从消费资料（劳务）存在形式的角度来分类，可以将消费资料划分为物质性消费资料和劳务消费。

从消费者所选择的消费方式的角度来分类，还可以将人们的消费过程区分为对消费资料（劳务）的消费和对时间（闲暇）的消费。

4. 消费结构与消费需求结构的关系

消费结构通常反映一定时期内个人和社会所拥有的，已经进入实际消费过程的消费品和劳务的数量及比率，指需求结构中已实现的部分，是消费水平提升的重要标志。消费水平提高的具体形式就是消费结构的升级和优化。

消费结构与消费需求结构的关系在消费结构的演进过程中体现出来。一是本期的消费结构反映上期的消费需求结构。在一定收入水平基础上形成的消费需求总量，其内部结构保持一种比例，即消费需求的结构，受多种因素影响，且在不同的情况下，各种因素的作用程度有很大差别。因此，消费需求结构的形成具有一定的偶然性，在不同时间差异很大。消费需求结构在一定程度上可由消费结构在不同期间的变化体现出来。

二是消费需求的实现程度决定消费结构的演进路径。消费结构的演进依赖于消费需求在市场上的实现，如果消费需求的实现受到阻碍，消费结构的演进就不能顺利实现。

（二）经济增长的含义及影响因素

经济增长即经济产量的增加。比较经典的定义，由美国经济学家库兹涅茨提出，他认为一个国家的经济增长是指为居民提供经济产品能力的长期上升，这种不断增长的能力是建立在先进技术以及所需的制度和思想意识调整基础之上的。

影响经济增长主要因素有两个：一是生产力因素（供给因素）；二是社会总需求。经济增长的供给条件是生产能力的增长。一定时期的生产能力决定着该时期经济活动水平的最高界限（即潜在 GDP），经济增长要突破这一界限，就得有生产能力的增长。从长期来看，经济增长就是生产能力的增长，即资本存量、劳动数量和质量的增长以及技术水平的提升。要提高生产能力就须具备一定的扩大再生产的物质基础，而资本积累是其中的重要因素，在收入有限的情况下，居民消费水平的提高会影响到资本积累，进而影响生产能力的增长；但是要使增长了的生产能力得到充分利用，生产出的产品和劳务就要有足够的需求。所以生产能力提高了，需求也要增长；需求要和生产能力的提高相适应。这样生产能力的提高才会转变为现实的经济增长。因此，消费水平的提高为经济增长提供了需求保证。但消费水平的提高对经济增长的影响是双向的，消费需求作为总需求的重要组成部分，是实现经济增长的重要基础。①

（三）低碳经济与低碳消费的含义

1. 低碳经济

低碳经济是人类社会在全球气候变暖压力增大背景下提出的一种发展理念，但关于低碳经济的含义迄今尚未达成共识。“低碳经济”的概念最早是由英国政府在2003年发表的能源白皮书《我们能源的未来：创建低碳经济》中提出的，该书指出：“低碳经济是通过更少的自然资源消耗和更少的环境污染，获得更多的经济产出；低碳经济是创造更高的生活标准和更好的生活质量的途径和机会，也为发展、应用和输出先进技术创造了机会，同时也能创造新的商机和更多的就业机会。”白皮书虽然提出了低碳经济的概念，但是没有给出明确的界定。被广泛引用的低碳经济概念是英国环境专家鲁宾斯德的阐述，他认为低碳经济是一种正在兴起的经济模式，其核心是在市场机制基础上，通过制度框架和政策措施的制定和创新，推动提高能效技术、节约能源技术、可再生能源技术和温室气体减排技术的开发和运用，促进整个社会经济朝向高能效、低能耗和低碳排放发展方向转型。气候组织（The Climate Group）认为低碳经济以降低温室气体排放量为中心，关键是建立低碳能源系统、低碳技术体系和低碳产业结构，发展目标是低排放、高能效、高效率，核心是制定低碳政策、开发利用低碳技术和产品，以及采取减缓和适应气候变化的措施。国内关于低碳经济的主要界定有：庄贵阳认为低碳经济的实质是提高能源效率和优化能源结构；夏堃堡提出低碳经济是最大限度地减少煤炭和石油等高碳能源消耗的经济，也就是以低能耗低污染为基础的经济；潘家华提出低碳经济是相对于农业经济、工业经济的一种经济形态，即碳生产率（每单位碳排放所创造的GDP或附加值比较高）、

① 许永兵. 消费行为与经济增长. 北京：中国社会科学出版社，2007：182－183.

社会人文发展水平和生活质量较高；金乐琴等人提出低碳经济与可持续发展理念和资源节约型、环境友好型社会的要求是一致的，与当前大力推行的节能减排和循环经济也有密切联系。① 综上所述，低碳经济是指在利用各种手段控制全球温室气体排放量，达到减缓气候变暖目的的条件下，实现经济和社会可持续发展的一种经济发展模式。

2. 低碳消费及特征

低碳消费是指在生产、工作或生活过程中，在选择生产资料或物质产品消费时，自觉选择那些二氧化碳排放较低的生产或生活方式。② 低碳消费具有以下的基本特征：

第一，是一种消费结构低碳化的生活方式。低碳消费品在消费结构中的比重不断提高，低碳消费品数量与低碳消费品质量结构合理。微观层面上的消费结构低碳化指的是消费者衣、食、住、用、行、娱等各种消费中低碳消费品数量不断增加，低碳消费效益明显提高。宏观层次上的消费结构低碳化，是通过消费促进人的全面发展的根本途径，也是构建新型低碳消费生活方式的具体内容。

第二，是一种环境友好型、资源节约型的生活方式。在环境友好型、资源节约型的社会中，人与自然和谐相处，崇尚适度消费理念，不浪费有限的自然资源，要从每一个消费者的日常行为低碳化转型做起。

第三，是一种以“低碳”为导向的可持续性消费生活方式。低碳消费生活方式实质上是以“低碳”为导向的一种可持续消费方式，使人类社会这一系统工程的各单元能够和谐共生、共同发展，实现代际公平与代内公平，均衡物质消费、精神消费和生态消费。

第四，是一种文明、科学的消费方式。低碳消费生活方式特别关注如何在保证实现气候目标的同时，维护个人基本需要获得满足的基本权利，但有限的资源、日益恶化的环境，要求我们承担起保护环境、节约能源资源的社会责任，要求我们具有高度的生态文明、社会文明与精神文明。也因此说，低碳消费模

---

① 庄贵阳．低碳经济中国之选．中国石油石化，2007（13）：32－34；夏堃堡．发展低碳经济实现城市可持续发展．环境保护，2008（2A）：33－35；潘家华．怎样发展中国的低碳经济．绿叶，2009（5）：20－27；金乐琴，刘瑞．低碳经济与中国经济发展模式转型．经济问题探索，2009（1）：84－87.

② 潘安敏等．城市低碳消费模式的选择．地域研究与开发，2011（2）：73.

式是一种持续优化生活环境科学的、文明的消费方式。

四、研究方法与逻辑结构

（一）研究方法

1. 资料获取

为了能够较为全面地了解河南低碳消费发展现状，较为客观、全面地揭示出当前影响河南省低碳消费需求扩大的主要因素以及能提出扩大居民低碳消费需求、构建低碳消费模式的针对性建议，著者经过反复论证制订了较为详尽的调研方案。首先通过查阅文献资料，了解国内外低碳经济、低碳消费相关研究的基础上制订了调查问卷；其次制定了比较周密的调研提纲，科学确定调研地点，全面、深入地对河南城镇居民低碳消费、农村居民低碳消费、大学生低碳消费进行了调研。在调研中，课题组以抽样调查为主，还通过咨询访谈、入户调查、召开座谈会等形式对河南居民低碳消费现状进行了调研。

2. 论证分析

首先，采用定性和定量相结合的方法，分析、评价当前河南低碳消费的现状；其次，采用相关分析法研究影响河南低碳消费发展的主要因素；再次，采用系统分析法和实证分析法探究构建河南低碳消费模式的基本原则和路径；最后，采用宏观与微观相结合的方法，提出实现河南省低碳消费模式的具体对策和措施。

（二）研究的逻辑结构

本篇以低碳经济与低碳消费间相互影响、相互制约关系为主线，除绪论外分七章进行研究。

第一章　低碳消费对低碳经济增长的影响机制。首先，分析消费需求总量对经济增长的影响机制；其次，分析消费需求结构对经济增长的影响机制；最后，分析低碳消费对低碳经济的作用机制。

第二章　河南省构建低碳消费模式的必要性分析。本章主要从国内外低碳经济发展趋势、新常态下经济发展方式转型发展的需要、以煤炭为主的能源消费结构、产业碳排放高、消费对经济发展贡献率较低等几个方面，深入分析河南省构建低碳消费模式的必要性。

第三章　河南省居民低碳消费现状调查与分析。首先对河南省农村居民低碳消费现状进行调查和分析；然后对河南省城镇居民低碳消费现状进行调查和分析；最后对河南省大学生低碳消费现状进行调查和分析。

第四章　河南省构建低碳消费模式的优势分析。主要从全国、河南省两个方面分析河南省构建低碳消费模式的有利条件。

第五章　十大低碳城市建设现状及给河南省的启示。首先分析了低碳城市的含义与基本特征；然后分析了中国十大低碳城市建设现状；最后分析十大低碳城市建设给河南省低碳消费模式构建的启示。

第六章　河南省低碳消费模式构建的基本原则和路径。在借鉴国内外低碳消费模式构建经验的基础上，立足河南省资源、能源、经济基础、历史文化传统等对河南省低碳消费模式构建的基本路径进行探讨。

第七章　河南省构建低碳消费模式的建议。首先，提出河南省农村低碳消费模式构建的建议；其次，提出河南省城镇低碳消费模式构建的建议；最后，提出河南省大学生低碳消费模式构建的建议。

第一章

低碳消费对低碳经济增长的影响机制

本章主要对消费需求总量对经济增长的影响机制、消费需求结构对经济增长的影响机制以及低碳消费对低碳经济的作用机制进行梳理。

一、消费需求总量对经济增长的影响机制分析

消费需求不仅对经济增长具有拉动作用，而且具有缓解经济波动的功能。在宏观经济运行中，消费需求作为最终需求，是经济增长最重要的制约因素，消费需求增长所提供的市场空间的大小直接影响着经济增长的速度；同时，消费需求的波动又是经济周期中一个非常重要的约束因素。

（一）消费需求在经济增长中的拉动作用

从需求角度考察，在开放经济中消费需求、投资需求、净出口需求是影响经济波动的三大基本因素。消费需求对经济增长的拉动作用分为直接拉动作用和间接拉动作用两种。

消费需求的直接拉动作用是指消费需求直接对经济增长产生的影响，在消费水平提升与经济增长之间，没有中间环节或中间变量，在生产能力的范围内消费需求扩大对 GDP 增长的拉动。但是如果消费需求增长超出了生产能力范围，就不能形成真实的经济增长，会形成名义的经济增长和通货膨胀。

消费需求对经济增长的间接拉动作用是指消费水平作为初始变量拉动其他变量发生变动，又通过其他变量来拉动经济增长，其主要表现形式为消费拉动投资，通过投资拉动经济增长。投资又包括自主投资和引致投资两种。自主投资变动的原因主要是新产品的出现或新生产技术的发明。引致投资是指由消费需求扩大和自主投资规模扩张等经济行为所诱生出来的投资行为。消费需求对投资需求的拉动是按加速原理进行的。加速原理是指资本存量与它所生产的产量之间的倍数关系，这种倍数关系称为资本系数，也就是获得单位产量所需的

资本存量。当消费需求或整个产品需求所要求的资本存量超过现有的实际资本存量的时候，就会按产品增量的倍数来拉动投资需求的扩大。投资需求被拉动起来后就和消费需求一样能拉动经济增长。需要说明的是，与消费需求相区别的是投资需求对经济增长具有双重效应：即期效应是拉动当期经济增长；远期效应是创造生产能力。当然，投资需求的作用要归因于投资，但就消费需求所拉动的引致投资部分对当期经济增长的拉动，可视为消费需求对经济增长的间接拉动作用。

（二）消费需求在经济波动中所发挥的稳定作用

消费需求不仅是经济增长的主导力量，也是滞缓经济波动的主要力量。经济波动原因有多种，有供给方面的原因，也有需求方面的因素。在需求波动型周期中，导致经济波动的主要因素，可能是投资需求，也可能是消费需求。在经济周期中，消费需求增长速度和投资需求增长速度与经济增长速度的关系，是判断消费需求是否是导致经济波动主要因素的依据。如果在经济增长速度的上升或下降阶段，消费需求增长速度与经济波动同方向的变动率大于投资需求的变动率，就能够判断消费需求波动是导致经济波动的主要因素。消费需求在经济波动中的稳定作用表现为：其波动总是小于投资需求和 GDP 的波动，且往往滞后于投资需求的波动，是经济周期波动的重要稳定因素。消费需求波动相对平缓，在一定程度上削弱了投资需求给国民经济发展带来的较大波动，阻止经济发展速度过快上升或下降。消费需求作为最终需求，对投资需求具有一定的约束作用。投资需求迅速上升时，因消费需求上升相对缓慢，限制了投资需求增长的空间，以致投资需求的增速不得不放慢。而在投资需求迅速下降时，因消费需求下降缓慢，在投资需求下降初期，消费需求可能还没有停止其增长，因而从市场需求的角度阻滞投资需求的下降速度。① 关于消费需求波动相对平缓的原因有两种解释，一种解释是消费支出刚性，即在经济开始波动时，虽然消费者未来的收入可能随之变化，但在一定时期内消费者总是会保持当前的消费水平，不过随着经济上升或下降持续后，消费者会逐步调整消费水平，且调整一般不会偏离现有水平太多。另一种解释是消费需求波动相对较小与可支配收入的波动较小有关。

① 王云川．消费需求的宏观调控．西南财经大学出版社，2003：56－58.

（三）居民消费倾向影响经济增长

居民消费倾向包括居民平均消费倾向和居民边际消费倾向。消费需求总量的大小及居民消费率的高低，一方面取决于居民个人收入在国民收入分配中所占的比重，另一方面取决于居民消费倾向。在凯恩斯建立的宏观经济学体系中，“边际消费倾向递减”，即随着收入水平的提高，个人收入增量中用于消费支出的部分将越来越少。居民边际消费倾向通过乘数效应对消费需求总量和经济增长产生影响。居民边际消费倾向变化对消费需求总量及其增长具有直接影响。消费是收入的函数，当居民收入水平提高时，通常会导致居民个人消费支出的增加。在边际消费递减规律的作用下，居民消费支出增加从而消费需求总量增长的速度小于居民个人收入总量的增长速度。如果居民边际消费倾向较高，消费需求总量的增长会比较接近居民个人收入总量的增长；反之，居民消费需求总量的增长会较大幅度低于个人收入总量的增长。居民边际消费倾向过低或下降过快，会使很大一部分收入增量不被用于消费，从而削弱了个人收入水平提高对消费需求增长的拉动作用。另一方面，居民边际消费倾向不仅直接影响消费需求总量及其增长，而且还决定乘数的大小，从而影响总需求的增长。乘数是自发支出的变动与其所引起的 GDP 变动之间的关系。边际消费倾向越高乘数越大，增加自发支出引起的 GDP 的增加就越多；反之，边际消费倾向越低乘数越小，增加自发支出引起的 GDP 增加就越少。

二、消费需求结构对经济增长的影响机制

首先，消费需求结构通过影响消费需求总量间接影响经济增长。消费需求增长的根本原因是收入增加，但收入的增加不会全部转化为消费。在既定收入水平下，消费需求总量的形成，即居民可支配收入转化为消费支出的比例受到多种因素的影响，其中受当前消费需求结构影响最大。消费需求的各个部分具有不同的消费需求弹性，在考虑消费需求结构对消费需求总量增长的影响时，要考虑消费需求结构中需求弹性较大部分和较小部分的比重，因为消费需求结构对消费需求总量所产生的影响，主要是通过特定结构下消费需求弹性发生作用的，消费需求内部各个部分不同的需求弹性在外部条件发生变化时，各个部分需求量不可能按同比例变化。一定消费需求结构中，不同需求弹性的各种需求比例关系决定了消费需求总量波动的幅度。

其次，消费需求结构通过影响产业结构影响经济增长。产业结构与经济增

长关系密切，在一定经济发展条件下，产业结构作为以往经济增长的结果和未来经济增长的基础，是影响经济增长的重要因素。经济增长不仅取决于资本、劳动力等投入的数量，还取决于资源配置状态，而产业结构则在很大程度上决定了资源配置的效率。如果产业结构合理，能充分利用资源满足消费需求的变化，则资源配置是有效率的，将会带来经济的持续稳定增长。不同的产业结构有不同的经济效益，从而导致经济以不同的速度增长；而不同速度的经济增长对产业结构有不同的要求，促进产业结构升级或转型，而产业结构的升级和优化是经济稳定增长的重要条件。

消费需求结构的变动是经济增长的外部条件。消费需求结构与产业结构是在相互作用、相互制约、相互影响中发展演变的，消费需求结构变化推动产业结构调整，产业结构的升级或转型影响消费需求结构的变化。消费需求结构对经济增长最直接的影响是影响产业结构的调整。消费需求结构对产业结构的影响主要体现在以下几个方面：淘汰过时的产业或产品、刺激新兴产业和新产品的出现和发展。在经济发展的过程中，由于居民收入水平的提高、消费环境的优化、消费观念的改变等多种因素都会引发新的消费需求。当一种新消费需求发展到一定规模时，就能够引发产业结构升级或转型，甚至催生新产业的出现；新兴产业的形成不仅能产生新的投资需求和新的消费需求，而且能引起各种相关产业的形成与发展。

再次，消费结构的升级和优化是经济持续、稳定增长的根本路径。一般认为，经济的周期性波动增强了经济活动的不确定性，影响经济的持续增长，避免或克服周期性波动，一般选择以消费结构为基点调整、优化产业结构这一路径。一是以消费结构为基点，协调生产和需求的关系。形成经济周期的原因有多种，但波动表现的形式却很简单，这就是生产与需求的脱节，生产结构与需求结构的失调。消费需求和投资需求对经济活动的影响是不同的，人们一般比较重视投资需求在经济周期波动中的作用，但自 20 世纪 30 年代资本主义经济危机爆发以来，人们越来越重视消费需求对稳定经济发展的作用。消费需求从量上来看，占社会总需求的 2/3 左右；从质和构成来看，消费需求的多样化和高质化特征是并存的。相对于生产而言，或者是有效需求不足，或者是有效需求过旺。在经济波动周期的低谷，生产与需求的脱节，在总量上表现为有效需求不足，在结构上表现为对一些生产部门的有效需求不足，而对另一些生产部门的需求过旺。周期波动是对生产和需求关系的强制调整。只有以消费需求为基点，协调生产和需求之间的比例关系才能从根本上防止经济发展的大起大落。

二是以消费结构为基点，实现产业结构升级和转型。经济增长是具有不同生产率的各种要素组合的结果，持续、稳定的经济增长需要生产要素的有效组合相支持。产业结构主要表现为生产要素在各产业间的分配比例以及与此相关的生产成果在各产业间的分配比例，其与生产要素在企业内部或某一产业内部的组合相比，产业结构对经济的持续稳定增长相关度更大一些。在企业或某一产业内部生产要素的有效组合所决定的是微观经济效率，这种微观效率不能保证经济的持续稳定增长；而生产要素在各产业之间的有效组合则与经济的持续稳定增长直接相关。产业结构优化是指生产要素在产业之间的有效组合，以合理的消费结构为出发点，通过消费结构到产业结构的传递机制，最终实现产业结构的优化。

三是以消费结构为基点，实现经济增长速度和效益的统一。第二次世界大战以来，一些后进国家为了赶上经济发达国家，片面追求经济增长率，付出了资源枯竭、生态恶化、分配不公、教育滞后等沉重代价。我国在一定程度上也存在上述问题。高投入低产出、高消耗低效率、高速度低效益式经济发展模式的根源是社会经济发展战略指导思想上片面追求经济高速增长，忽略了以人为中心的全面发展目标。经济效益高低的一个重要衡量标志是，较高的经济增长速度是否使一个社会的物质文化生活水平得到提高，人们消费需求是否得到满足。这包括两个相互关联的方面：一是从量上，消费需求总量是否得到满足并不断增加；二是从质上，消费需求结构是否合理并不断优化。

三、低碳消费对低碳经济的作用机制

低碳生产决定低碳消费，低碳生产为低碳消费提供了消费对象，决定低碳消费水平和消费模式，并为低碳消费创造扩张动力，但低碳消费对低碳生产具有反作用，并在一定程度上引导着低碳生产的发展方向，是低碳生产的最终目的和重要驱动力。只有消费者接受并践行低碳消费理念才能从根本上推动低碳生产，如果居民低碳消费意识淡薄，将制约消费需求的扩大，就可能成为影响低碳经济发展的阻力。同时，消费倾向不仅影响消费结构，还通过终端消费方式变化，间接影响整个产业结构和能源消费结构。联合国环境规划署执行主任阿西姆·施泰纳曾经说过，在二氧化碳减排过程中，“普通民众拥有改变未来的力量”，人们消费方式低碳转型是低碳经济发展的重要组成部分，低碳消费是发展低碳经济的重要环节。低碳消费对低碳经济发展的作用，主要表现在以下三个方面：

一是低碳消费是低碳生产发展的主要驱动力和终极目标。一切经济活动最终都要体现或围绕着消费活动进行，现代企业普遍遵循以消费者为导向的生产和营销哲学，若消费者需要低碳产品，企业就会千方百计生产出各种低碳产品来满足市场需求。简而言之，消费者的消费观念、规模、结构和方式等影响甚至决定着企业生产什么、生产多少。

二是低碳消费是实现低碳经济发展的最佳选择。低碳经济的实现：一方面，表现在低碳生产技术的开发与进步，从源头上降低能耗和碳排放，但技术的进步有较大的稳定性，且需要在较长时间内通过投入大量的人力与物力才有可能获得突破。对于一些国家，尤其是发展中国家，短时期实现的难度较大。另一方面，表现在低碳消费理念的建立和低碳消费方式的逐渐流行，也就是发挥低碳消费对低碳经济的推动作用。各个国家和地区无论经济发展水平如何，创新能力怎样，都有可能获得突破。所以说，在低碳生产技术既定条件下，低碳消费是实现低碳经济快速发展的最佳选择。消费方式反映消费者的价值观、消费偏好与消费习惯，在实际消费生活中内在地通过消费偏好影响着消费者的行为选择，引导着产业结构的调整，引导着经济发展方式的演变。因此，低碳经济的发展仅靠技术的支撑是不够的，必须与低碳消费方式、消费理念普遍被民众接受相配合。

三是低碳消费有助于降低温室气体的排放量。根据对 20 世纪 90 年代以来各国消费碳排放的测算，美国家庭部门的消费排放占到全国总排放的 80% 以上；印度家庭部门的直接与间接能耗平均占到全国能源消耗的 75%；中国城市居民消耗的能源占到全部能耗的 71%，公众消费行为的温室气体减排潜力巨大。通过提高消费者的节能意识、改善消费方式等来减少温室气体的排放是当前节能减排的关键。发展低碳经济，核心就是“减排”，这是一项艰巨的任务，“提倡节能减耗、动员全社会形成节约风气”却是一项相对简单易行、成本较低的措施。低碳生活是从居民的衣、食、住、行、用中体现出来的生活态度，而不是能力，只要愿意主动约束自己，改变自己的生活方式和生活习惯，每个人都能为低碳经济发展做贡献。

第二章

河南省构建低碳消费模式的必要性分析

本章主要从国内外低碳经济发展趋势、新常态下经济发展方式转型发展的需要、以煤炭为主的能源消费结构、产业碳排放高、消费对经济发展贡献率较低等几个方面，深入分析河南省构建低碳消费模式的必要性。

一、国内外低碳发展潮流倒逼河南省经济发展低碳转型

（一）生态文明建设倒逼各地走低碳之路

中国政府从2009年起就将应对气候变化、经济低碳和绿色发展工作纳入社会经济发展规划，并连续出台相关法律法规和政策。党的十七大报告指出："建设生态文明，基本形成节约能源、资源和保护生态环境的产业结构、增长方式、消费模式"，报告还强调要使"生态文明观念在全社会牢固树立"。这是在党的正式文献中第一次提出生态文明的概念，把生态环境的重要性提高到了"文明"的高度。2012年党的十八大报告将"生态文明建设"独立成篇，并提出"五位一体"的总布局，明确提出："建设生态文明，是关系人民福祉、关乎民族未来的长远大计"，"面对资源约束趋紧、环境污染严重、生态系统退化的严峻形势"，必须"把生态文明建设放在突出地位"，还提出"坚持节约资源和保护环境的基本国策"，"着力推进绿色发展、循环发展、低碳发展"。2013年2月环保部出台了《国家环境保护标准"十二五"发展规划》，对空气环境、水环境、生态环境、声音环境、土壤环境等环保标准进行了修订。经过重大修改的《环境保护法》于2014年4月在十二届全国人大常委会第八次会议上高票通过，法案主要内容包括：提高公民环保意识、对雾霾等大气污染的治理和应对、明确生态保护红线、排污费和环境保护税的衔接、明确环境监察机构的法律地位、扩大环境公益诉讼的主体、完善排污许可管理制度、加大环境违法责任等。自2015年1月1日起开始施行的《环境保护法》，被称为"史上最严苛的环境

法”。《2014—2015 节能减排发展行动方案》中，提出要加快发展低能耗低排放产业，力争到 2015 年基本实现服务业和战略性新兴产业增加值占 GDP 的比重分别达到 47% 和 8% 左右的具体目标。上述目标已经实现，2015 年我国服务业增加值占 GDP 的比重达 50.5%，“十二五”时期我国战略性新兴产业占 GDP 的比重达到 8% 左右。2015 年 4 月中共中央、国务院印发了《关于加快推进生态文明建设的意见》，从强化主体功能定位、推动技术创新和结构调整、利用方式的根本转变、生态环境保护、健全生态文明制度体系和执法监督等方面对加快推进生态文明建设进行了全面部署。根据意见的要求，在经济发展过程中，要坚持节约资源和保护环境的基本国策，坚持把绿色发展、循环发展、低碳发展作为基本路径，坚持把深化改革和创新驱动作为基本动力，坚持把培育生态文化作为重要支撑，把生态文明建设放在更加突出的战略位置，要求融入经济建设、政治建设、文化建设、社会建设各方面和全过程，协同推进新型工业化、信息化、城镇化、农业现代化和绿色化，以健全生态文明制度体系为重点，优化国土空间开发格局，全面促进资源节约利用，加大自然生态系统和环境保护力度，大力推进绿色发展、循环发展、低碳发展，弘扬生态文化，倡导绿色生活，到 2020 年，资源节约型和环境友好型社会建设取得重大进展，主体功能区布局基本形成，经济发展质量和效益显著提高，生态文明主流价值观在全社会得到推行，生态文明建设水平与全面建成小康社会目标相适应。

总之，加快推进生态文明建设是加快经济发展方式转变，提高发展质量和效益、建设美丽中国、实现中华民族伟大复兴和可持续发展的必然选择，也是应对气候变化、资源紧张、维护全球生态安全的关键举措，因为生态文明建设与构建低碳消费模式间存在内在的统一关系。践行低碳消费理念，生活方式、生产方式低碳化是生态文明形成与发展的前提与基础，生态文明是低碳消费的目的和归属。低碳消费是一种简约、简单、简朴的生活方式，是符合生态文明的一种更为科学合理的生态化消费方式，是发展生态文明的必然要求，其实质是以“低碳”为导向的一种共生型消费方式。低碳消费通过个人适度减少碳排放量来实现集体总碳排放的减少，从而达到保护环境、促进生态文明和整个地球环境可持续发展的目的，不仅能减少资源浪费、环境污染，且能加快生态文明发展的进程；还是社会主义精神文明、生态文明建设的本质表现和重要特征，体现了人与自然间的和谐关系，体现了生态文明的核心主体：人与自然的和谐相处。发展低碳消费不仅符合我国生态文明建设的根本要求，也是我国的经济发展和民族振兴的精神动力和智力保障。加快推进生态文明社会建设就要走绿色发展、生态发展、低碳发展之路，就要转变我们当前的生活方式和消费方式，因此，提高居民低碳消费意识，倡导低碳生活方式，进而构建低碳消费模式显得尤为迫切。

（二）资源、能源、环境容量瓶颈迫使中国走低碳发展之路

在中国几千年文明发展史上，人与自然的矛盾从未像今天这样尖锐，资源、能源、环境容量瓶颈对中国社会经济发展的制约作用越来越突出，国内的资源、能源和环境再也无力支撑经济社会的可持续发展。首先看资源和能源问题。我国水资源总量占世界总量的7%，居世界第6位，但人均水占有量为世界平均水平27%，居世界第119位，是全球13个贫水国之一，660多座城市中三分之二的城市供水不足，其中110座城市严重缺水。人均耕地面积仅相当于世界人均耕地面积的40%。矿产资源最能体现我国作为资源大国与人均资源小国的尖锐矛盾，我国累计发现矿床种类162种，是世界上拥有矿种比较齐全的国家，但若按人均拥有量计算，国际上公认的工业化发展不可缺少的45种矿产资源，我国人均拥有量不到世界平均水平的一半，石油、天热气人均剩余探明储量占世界储量的7.7%和7.1%，即使储量相对丰富的煤炭也仅占世界储量的64%。① 地大物博人口众多的中国不得不靠从国外进口多种原材料和能源来支撑经济的发展。以工业的血液——石油为例，随着经济的快速发展，对石油资源的需求规模逐年扩大，国内的石油产量已无法满足需求，不得不从国外进口，目前我国已成为世界最大的原油进口国（如表1所示）。海关总署公布的数据显示，2014年全年中国进口原油3.08亿吨，按照国土资源部的统计数据，2014年中国石油产量为2.1亿吨，这样可以推算出，2014年中国原油对外依存度达到了59.6%，较2013年的57%高出了2.6个百分点。2015年石油依存度首次超过60%，达到60.6%。预计2016年石油需求将增长4.3%，消费量将达到5.66亿吨，原油净进口预计增长7.3%至3.57亿吨，石油对外依存度上升到62%。石油对外依存度是衡量一个国家和地区石油供应安全的重要指标。按照国际通行观点，如果一国的石油进口依存度达到或超过50%，说明该国已进入了能源预

---

① 薛惠锋．全球视野下的中国资源环境问题．环境经济，2008（4）：40-44.

警期。① 中国能源对外依存度不断攀升，由此衍生的经济风险逐渐成为中国经济安全的重要风险之一。李彦认为，国际能源署（IEA）规定的战略石油储备能力的“安全线”，是相当于本国90天的净石油进口量，而目前我国的石油战略储备工程进行至二期和三期之间，即便乐观估计也仅相当于60天左右的石油净进口量或33天左右的原油加工量使用规模，离国际公认的“90天标准”尚有不小差距。而美国和日本的战略石油储备天数均达到150天以上。②

表1　2011—2015年我国原油进出口量

	进口		出口	
	进口量/吨	同比（%）	出口量/吨	同比（%）
2011年	253779549	6.05	2517148	-16.9
2012年	271019327	6.79	2432136	-3.27
2013年	281952206	4.03	1617328	-33.5
2014年	308374104	9.45	600193	-62.89
2015年	335500000	8.8	-	-

数据来源：中国海关总署。

中国粗放的经济发展方式不仅造成能源、资源的巨大浪费，而且导致了严重的环境问题，这也是西方国家早期经济发展最重要的教训。改革开放以来，我国科技发展水平不高，多半复制欧美国家过去的那些高耗能、高污染的生产技术，对资源节约与环境保护重视不够，以制造业和化工产业为主的高能耗、高耗材、高污染企业大量出现，导致煤炭和石油等不可再生资源被过度开采。可以说，20世纪90年代中期以来中国经济增长中有2/3是在环境污染和生态破坏的基础上实现的。世界银行报告指出，2003年仅空气污染和水污染两项，造成中国经济损失约占GDP的6%。若加上其他环境污染和生态破坏，经济损失将占到GDP的10%。其中火力发电产生的能耗和污染最大，以煤炭为主的能源结构，使中国火力发电占比远高于发达国家和众多发展中国家。目前，我国仍

① 《中国石油进口仅次美　2020年石油储量排第二》，《华商报》2012年1月29日，http://china.huanqiu.com/roll/2012-01/2386510.html.

② 《中国石油进口仅次美　2020年石油储量排第二》，《华商报》2012年1月29日，http://china.huanqiu.com/roll/2012-01/2386510.html.

有20%的火力发电企业位于35个大中城市，直接威胁着城市的空气质量。① 在2011年世界卫生组织发布的世界空气质量最差的100个城市中，21个来自中国。② 2012年空气污染最严重城市排名前20中，中国占了13个，即第4为北京，第5天津、第9沈阳，第10郑州，第11济南，第12重庆，第14太原，第15兰州，第16成都，第17武汉，第18哈尔滨，第19鞍山，第20南昌。③ 相关数据显示，2002年以来，我国二氧化碳排放量快速上升，年均增长9%。2003年中国二氧化碳排放量2100多万吨④，2013年中国碳排放超过欧盟和美国的总和，达到100亿吨。同时，中国的人均碳排放量首次超过欧盟，达到7.2吨。2003年我国工业粉尘排放量为941万吨，年废水排放总量已达到439.5亿吨。⑤ 虽然我国近年来在节能减排方面取得了巨大成绩，但工业发展加上城镇化建设进程的加快，工业污染和城市人口生活造成对环境的污染问题未能得到缓解，2010年中国工业废水排放量2374732万吨，生活废水排放量3797830万吨，工业固体废物产生量225093.6万吨⑥，2013年全国废水排放总量695.4亿吨。其中，工业废水排放量209.8亿吨、城镇生活污水排放量485.1亿吨。可见工业化发展对环境的污染发展速度是惊人的。根据第一次全国污染源普查结果，2007年全国氨氮总排放量172.91万吨，其中工业污染源排放氨氮20.76万吨，生活污染源排放148.93万吨。根据2009年中国环境状况公报，七大水系中，氨氮是长江的首要污染物，同时也是黄河、珠江、松花江、海河和辽河的主要污染物。截至2013年废水中氨氮排放量245.7万吨，对氨氮的控制成为改善水体水质的关键。⑦ 在第九届中国循环经济发展论坛上，中国工程院院士、中国环科院院长孟伟说，我国环境容量承受力约为740万吨，但实际污染排放量达3000万吨；氨氮环境容量不到30万吨，实际排放量达179万吨，排污量超环境容量数倍。因此，为了保护人类赖以生存的环境，必须加快发展循环经济，提高水资源等

---

① 郑思齐，孙聪．从国际比较看中国城市环境．中国社会科学报，2012－11－05－A－06.

② 郑思齐，孙聪．从国际比较看中国城市环境．中国社会科学报，2012－11－05－A－06.

③ 《世界上空气污染最严重的20个城市》，远大空气净化机官网商城，2012－04－18.

④ 左大培：《中国为追求 GDP付出的环境和资源代价——论资源、环境与中国的可持续发展》http：//www.kdnet.net.

⑤ 左大培：《中国为追求GDP付出的环境和资源代价——论资源、环境与中国的可持续发展》http：//www.kdnet.net.

⑥ 《中国统计年鉴2011年》http：//www.stats.gov.cn/tjsj/ndsj/2011/indexch.htm.

⑦ 《氨氮减排从哪里着手?》，《中国环境报》2011年5月23日，第1版.

的利用效率，减少污染排放。

表 2　2006—2013 年我国各种废弃物的排放量

	2006	2009	2010	2011	2012	2013
二氧化碳（亿吨）	62	74.3		74.6	89.4	100
废水排放量（亿吨）	536.8	589.7	617.3	659.2	684.8	695.4
废水中氨氮总排量（万吨）	141.3	122.6	120.3	260.4	253.6	245.7

数据来源：全国环境统计公报。

此外，城市人口规模增长和居民收入提高，增加了生活能源消耗，加重了环境污染。根据实证研究发现：城市人口每增加 10%，可吸入颗粒物 PM10 的浓度会增加约 0.9%。居民收入水平的提高就会带来对生活质量需求水平的提升。如 1985 年每百户城镇居民家庭拥有电冰箱和彩色电视机分别为 9.57 台和 18.43 台，至 2012 年底已分别增加至 98.5 台和 136.1 台，在这近三十年间城市居民用电量翻了近十番。此外，大规模住房和基础设施建设，也产生不少环境污染问题，如北京市可吸入颗粒物 PM10 中，三成左右来自施工扬尘。城市空间扩张，大量交通出行需求随之产生。据《国家统计摘要 2013》显示：截至 2012 年底我国城镇居民家庭平均每百户拥有汽车量是 21.5 辆，摩托车是 20.3 辆。2015 年汽车保有量再创新高达 1.72 亿辆，平均百户家庭 31 辆。① 机动车排放了大量的 NOx、PM 等污染物，是空气的重要污染源，影响空气质量。除内部因素外，中国还面临着国际资本流入所造成的潜在环境威胁。有媒体和学者指出，中国内地已成为国际污染企业的“污染天堂”，2004—2007 年间在 19 个省区共有 130 家跨国公司存在环境违法行为，其中不乏“世界 500 强”企业。②

表 3　2006—2012 年我国城镇居民家庭平均每百户耐用消费品拥有量

项目	单位	2006	2007	2008	2009	2010	2011	2012
洗衣机	台	96.8	96.8	94.7	96	96.9	97.1	98
电冰箱	台	91.8	95	93.6	95.4	96.6	97.2	98.5

① 《2015 汽车保有量再创新高达 1.72 亿辆 · 平均百户家庭 31 辆》http://auto.people.com.cn/n1/2016/0126/c1005-28086267.html.

② 郑思齐，孙聪．从国际比较看中国城市环境．中国社会科学报，2012-11-05-A-06.

续表

项目	单位	2006	2007	2008	2009	2010	2011	2012
彩　电	台	137.4	137.8	132.9	135.7	137.4	135.2	136.1
空　调	台	87.8	95.1	100.3	106.8	112.1	122	126.8
摩托车	辆	25.3	24.8	21.4	22.4	22.5	20.1	20.3
家用汽车	辆	4.3	6.1	8.8	10.9	13.1	18.6	21.5

数据来源：《中国统计摘要2013》。

根据世界银行估计，由煤炭燃烧形成的酸雨给中国带来的经济损失每年超过1100亿元人民币。① 总之，粗放、低效、资源扩张型的经济发展方式，既在大量消耗着我国有限的资源，加剧着资源、能源的短缺，又带来了严重的环境污染问题，这迫使我们必须在发展经济的同时兼顾生态环境、资源、能源的承受力，即走低碳发展之路是中国的必然选择。

（三）低碳浪潮将引致世界产业格局重新布局

在低碳浪潮影响下，世界产业结构正酝酿着新一轮升级和转型，抢占未来世界产业格局调整的主动权和制高点的行动已在全球展开。有专家把当前世界经济和产业格局变化归纳为四个特征：一是世界经济发展重心将回归实体经济领域；二是世界经济结构将逐步重塑平衡状态；三是世界经济格局变动将催生新一轮产业革命；四是世界经济发展主题将锁定“低碳经济”和“绿色增长”②。第一个大变化要求中国加快从“制造大国”向“制造强国”转型，在促进传统制造业工艺升级的基础上，开拓和发展新兴制造业领域；第二个大变化要求中国加快改变低水平的外向型经济发展模式，实现产业在全球价值链上的动态升级；第三个变化要求中国加快从“引进吸收”转向“自主创新”，通过功能性产业政策和导向性产业政策加速推进产业革命；第四个变化要求中国加快向“低碳”转型，从国家层面制定低碳经济发展战略，促进低碳相关产业的发展。发展低碳经济是当前各国经济社会发展的共同选择，与此相适应推动产业结构升级和转型也是当前国际经济发展的基本趋势，这倒逼中国经济发展方式必须向低碳化转型。

① 薛惠锋．全球视野下的中国资源环境问题．环境经济，2008（4）：40－44.

② 曾峥．关注全球产业格局新变化．经济日报，2012－02－03.

（四）国际贸易壁垒增添新内容

当前正在酝酿着一场席卷全球的低碳转型风暴，也将带来贸易条件、国际市场、国际技术竞争格局的重新洗牌，低碳约束将成为国际贸易新壁垒，碳足迹认证和碳标签将从一个公益性的标志变成商品的国际通行证。发达国家正在酝酿建立碳标签准入制度，要求商品贴上碳标签，披露碳足迹，其中既包括本国产品也包括进口商品。发达国家将基于碳足迹对进口产品抬高门槛，要求进入他们国家的产品碳足迹不得高于规定值，否则将采取罚款或者征收高额关税。欧盟已明确把低碳经济作为未来发展方向，ISO/TC207 环境管理技术委员会正在制订即将为人类一切生产生活行为打上烙印的碳足迹国际标准，英国、日本等国已抢先推出碳足迹系统项目，并发布了一系列针对产品及服务的碳足迹评价标准。更为严峻的是，发达国家可能借碳关税之名设立贸易壁垒，获取经济利益。2009 年 6 月 26 日美国众议院通过了《美国清洁能源安全法案》，授权美国政府今后对因拒绝减排而获得竞争优势国家的出口产品征收碳关税；法国国民议会（议会下院）和参议院已分别审议通过了从 2010 年起在法国国内征收碳税的议案，根据此项议案，从 2010 年 1 月 1 日起，法国将对化石能源的使用按照每排放 1 吨二氧化碳付费 17 欧元的标准征税；欧盟提出自 2010 年起中国所有客、货运航空公司都将被纳入欧盟排放交易体系（EU－ETS），并按规定比例缴纳碳排放费。虽然碳关税有“以环境保护之名，行贸易保护之实”之嫌，但是在“保护地球”口号占据道德制高点的背景下，如果不接受减排指标，就会承受巨大国际舆论的压力。如果碳关税和碳足迹标准全面实施，高碳产品可能因为被国际垄断商排斥而无法进入国际主流市场，或者因为税赋成本大幅增加而将失去原有的竞争优势。这样一来，生产商必然采用低碳技术来降低产品生命周期内的碳排放量，而发达国家掌握着低碳核心技术，一旦设定或抬高这一门槛，发达国家的企业将能够以较低成本实现碳减排，而发展中国家则不得不向发达国家购买低碳技术，不仅增加了制造成本，更为严重的是碳足迹测算标准和评价指标体系的制定权掌握在发达国家手中，这就迫使我们必须加大低碳技术研发投入，加速经济发展方式、消费方式低碳转型。

二、新常态下河南经济发展方式转型发展的需要

当前河南省产业结构、能源结构高碳化特征显著，且资源、能源、环境瓶颈问题越来越突出，尤其雾霾笼罩中原大地，新常态的约束等都在拷问着当前

的经济发展方式。河南省产业结构高碳排放特征突出，主要表现在以下几个方面：

（一）第三产业发展滞后

三次产业结构是衡量一个国家或地区经济发展水平和结构是否合理的一个关键性指标，第三产业占比越高表示经济结构越合理，经济发展水平越高。第三产业是劳动密集型产业，投资少，资源消耗少，环境污染少，不仅能够吸纳大量劳动力就业，且有利于节约资源、能源和保护环境，是低碳经济发展的重要产业支撑。“二战”前，发达国家产业结构中第三产业已经占据了主导地位，2008 年主要发达国家的服务业在 GDP 中所占比重已经超过 70%。虽然近几年，河南省采取一系列措施积极推进经济发展方式转型升级，鼓励第三产业的发展，调整、优化产业结构，也取得了一定成效，但工业占比重高，且“粗、重、低”特点短期内很难彻底改变。2005 年河南省产业结构中第二产业占 52.1%，第三产业占 30.1%，第一产业占 17.9%，2014 年河南省产业结构中第二产业占比仍达 51.2%，第三产业上升到 36.9%，第一产业有一定下降，占 11.9%，如表 4 所示，“二、三、一”基本结构尚未取得根本性突破。

表 4　2005—2014 年河南省三次产业占 GDP 的比重（单位:%）

	2005	2006	2007	2008	2009	2010	2011	2012	2013	2014
第一产业	17.9	15.5	15.7	14.8	14.3	14.2	12.9	12.7	12.6	11.9
第二产业	52.1	54.4	55.0	56.9	56.6	57.7	58.3	57.1	55.4	51.2
第三产业	30.1	30.1	29.3	28.3	29.1	28.1	28.8	30.2	32.0	36.9

数据来源：2005—2014 年河南省国民经济和社会发展统计公报，河南统计局官网。

由表格 4 我们还可以看出，2005—2014 年 10 年间，河南省产业结构虽然得到不断优化，第三产业所占比重有所提高，但经济主体仍是第二产业，第三产业发展滞后，一直徘徊在 30% 左右，而同期全国平均水平在 40% 左右。表 5 为 2005—2014 年我国三次产业在 GDP 所占比例表，自 2013 年后第三产业已经超越了第二产业，占主导地位，河南这 10 年基本上低于全国平均数的 10% 以上。

表5　2005—2014年我国三次产业占GDP的比重（单位:%）

	2005	2006	2007	2008	2009	2010	2011	2012	2013	2014
第一产业	12.4	11.8	11.7	11.3	10.6	10.2	10.1	10.1	10.0	9.2
第二产业	47.3	48.7	49.2	48.6	46.8	46.8	46.8	45.3	43.9	42.6
第三产业	40.3	39.5	39.1	40.1	42.6	43.0	43.1	44.6	46.1	48.2

数据来源：2005—2014年中华人民共和国国民经济和社会发展统计公报，国家统计局官网。

第三产业是低碳经济发展的重要产业支撑，而河南省第三产业发展不仅缓慢，而且发展层次较低。从服务业内部结构可以看出，交通运输、批发零售、住宿餐饮等传统服务业占服务业增加值的比重高达47%，高于全国平均水平9.4个百分点。而在现代服务业的发展上，河南省发展速度不仅慢，而且缺乏核心竞争力。虽然河南省拥有发展物流产业的区位与交通的优势，但物流企业规模小，实力弱，80%的物流企业资产不足100万元。在金融领域，河南尚无一家跨省经营的区域性商业银行。河南省虽为中华文明的摇篮，祖先们为河南人留下大量历史文化遗产但河南至今没有一家文化产业方面的上市企业。来自官方的统计数据显示，2009年金融、信息服务、科技服务、商务及租赁服务等现代服务增加值在服务业中的占比仅为15.7%，低于全国平均水平7.6个百分点；文化产业增加值仅有700多亿元，而湖南省文化产业早已突破1000亿元大关。①

还需要说明的是，河南省各地市第三产业发展非常不平衡，相对发达的城市主要有郑州、开封、安阳、洛阳等，而漯河、许昌等城市第三产业发展严重滞后，其第三产业仅占产业总值的20%左右，远远落后于国家平均水平（由图1可以看出）。

① 河南经济转型铿锵迈步．大河财富，2010-06-29.

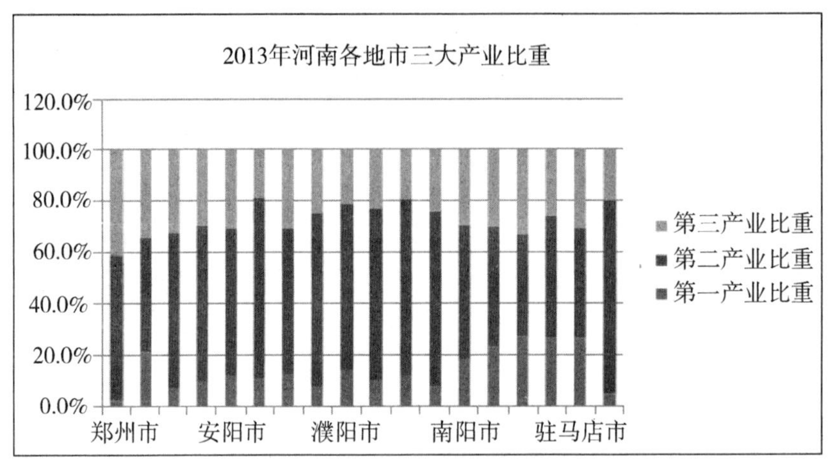

图1 2013 年河南各地市三大产业比重

资料来源：河南省统计年鉴。

（二）第二产业又以高碳行业为主体

河南省第二产业中重化工业所占比例大，冶金、化工、煤炭、电力、建材等重工业是河南经济的支柱。河南高新技术产业占规模以上工业增加值的比重为 19.2%，装备制造业占规模以上工业增加值的比重为 16.2%。这种工业结构特征，还体现为企业数量多，但是优势企业少；原材料产品多，终端产品少；技术含量低的大路产品多，具有自主知识产权的拳头产品少。① 2008 年河南省采掘工业、资源加工和农产品初级加工业占规模以上工业增加值的 70%，其中，建材、有色、化工、钢铁、电力、煤炭等能源原材料占全省工业总量的比重高达 55.5%。② 这种高投入、高消耗、高污染、低效益的发展方式典型地体现了重化工业的特点：生产链前端和价值链后端的工业结构，致使开发粗放、加工链条短、产品附加值低。河南省加工行业的装备水平和研发力量在国内处于中下等水平，大多数加工企业的装备都难以生产高端和终端产品。在国家公告的 18 个工业行业淘汰落后产能企业名单中共涉及企业 2087 家，河南有 15 个行业，涉及企业 230 家，占全国的 1/9。③ 第二产业对能源、资源、环境的依赖程度较高，在经济新常态和国家大力推进生态文明建设的大背景下，势必要降低第二

① 郑和平. 河南省产业结构调整节能研究（下）. 科技创业，2010（11）：9－12.

② 郑和平. 河南省产业结构调整节能研究（下）. 科技创业，2010（11）：9－12.

③ 郑泽华. 以低碳经济助推中原经济区建设. 生产力研究，2012（7）：157－159.

产业所占比例，要处理好节能降耗过程中不平衡、不协调和不可持续等矛盾和问题，加快经济向绿色、循环和“低碳”方向发展转变意义重大。因此，2010年河南省在《政府工作报告》中首次提出了“大力发展循环经济、绿色经济和低碳经济，加快资源节约型、环境友好型社会建设”。2011年底，国务院又发布“十二五”控制温室气体排放的工作方案，要求在“十二五”期间，大幅度降低单位国内生产总值 CO_2 排放。这一系列文件的提出，对河南省现在的产业结构影响巨大，一方面第二产业是河南省产值的重头，另一方面第二产业是三大产业中能源消耗量最大，排放污染物最多的产业，所以处理好 GDP 与能源消耗之间的关系，是今后河南经济发展的重点。

此外，需要说明的是当前河南省正处于工业化、城镇化加速发展时期，人口增长、消费结构升级和基础设施建设对能源的需求和温室气体排放规模将不断增加。一般认为，城镇化率在30%～60%是工业化的快速发展时期，2014年河南城镇化率是45.2%，据此标准河南已进入工业化快速发展期。从工业化增长率来看，河南也正处于快速发展期，1978—2000年河南工业化实现程度由32.15%增长到48.55%，2000年以来由48.55%增长至2014年的54.42%。工业化、城镇化进程的加快，对能源需求和温室气体排放也还将进一步增加。

（三）农业高碳特征显著

河南省作为农业大省，大力发展农业，对于实施中原崛起战略具有重要的意义。河南省拥有较为丰富的农业资源，2013年全省粮食种植面积10209.83千公顷，比2012年增长1.3%，全年粮食产量5772.30万吨，比上一年增长1.0%，占全国的比重为9.5%，为中国粮食安全提供了重要保障。农业作为基础性产业，社会需求增长较快，有广阔的市场前景，且对其他产业部门具有较强的推动作用。丰富的农业资源优势、特色农产品优势为河南省发展低碳农业奠定了良好的基础。

农业是天生具有固碳功能的产业，但随着化肥和农药的大量使用，不仅增加了 CO_2 的排放，还影响了土壤的有机构成，污染了环境，破坏了农业生态平衡，致使农业固碳的生态功能不断弱化。目前，河南广大农村地区人口密集，农村生活以煤为主，部分使用传统生物质能源（秸秆、树枝枯丫）做饭取暖，能源的利用效率低，碳排放高。河南省农业虽然取得了不错的成绩，但长期的高碳发展模式在促进农业生产取得较快发展的同时，也面临着环境恶化、效益低下等诸多问题。如农药、化肥、农膜等的大量使用导致农田土壤质量下降，破坏土壤生态系统和农业环境，除对水源、空气、土壤和农产品造成污染外，也排放了大量的温室气体。农村生活垃圾的不断增加，农业废弃物的不当处理，都对粮食安全和食品安全造成威胁。此外，大量的农作物秸秆没有得到有效利用，直接焚烧现象普遍，不仅污染了大气环境，而且造成土壤肥力的下降。农村环境污染的加剧对农业可持续发展造成了非常不利的影响。根据中国农业部门多年调查统计研究，河南常年用于农业生产的农药使用量一般在 2 万吨左右，由于农民在农业耕作中过量的施用农药且使用方法不当，造成农作物生长环境的污染，降低农产品自身的质量，造成不应该出现的粮食损失和粮食安全隐患，这些问题都严重威胁着农村生产、生活环境与农产品的安全。随着对外开放的日益扩大和加深，河南作为农业大省与世界农业的关联度进一步增强，面临着资源与市场的双重约束。河南省农业发展的矛盾越来越突出，亟待加快农业生态化、现代化进程，提高农业生产效益，发展低碳农业，促进河南农业的科学持续发展。低碳农业是河南省低成本实现农业现代化的有效途径，是河南农业现代化道路的现实选择。

三、以煤炭为主的能源消费结构

能源是人类社会发展的基本动力，能源投入是否合理，直接关系到社会的稳定和经济的发展。河南省粗放型的经济发展模式，导致对能源、资源的严重消耗和依赖，经济发展的成本日益提高。2005 年以后，国家加强了节能减排工作，河南省能耗强度有所下降，万元 GDP 能耗强度从 1.381 吨标准煤下降到 0.928 吨标准煤，但能源消费总量仍然不断上升。能源消费总量从 2001 年的 8367 万吨标准煤，上升到 2013 年的 24756 万吨标准煤，十余年时间增长了将近 2 倍，单位 GDP 能耗强度和能源消费总量变化的“岔路型”，反映了河南省控制能源消费总量的必要性和紧迫性。

（一）能源消费总量巨大

目前河南省正处于加速推进工业化、城镇化和现代化阶段，能源的消费量不断增加。学者权丽（2014）实证研究表明：河南省经济发展与能源消费量成正相关，经济增长是以消耗能源为代价的。从能源消费总量来看，河南省近三十年能源消费总量呈递增趋势。从 1979 年至今，除 1982 年和 1989 年外，能源消耗均呈现增加趋势，特别是 2003 年到 2007 年，能源消耗增长率都超过 10%，尤其是 2004 年能源消耗增长率高达 23%。2008 年以来，在国家节能减排、低碳建设总体政策的约束下，河南省能源消耗总量虽呈增长趋缓，但增长率逐年降低，2013 年能源消耗增长率仅为 4.7%，但基数大，消费总量仍然高达 24756 万吨标准煤，与 2002 年 9005 吨标准煤相比总量翻了 1 倍多。2012 年河南省能源消费在全国排名第 5 位，占全国能源消费的 6.54%，且单位 GDP 能耗较高。虽然近年来，河南省万元 GDP 的比重在下降，但仍高于全国 8% 的平均水平。2009 年河南能耗为 1.156（吨标准煤/万元 GDP），与经济发达省市的能耗相比差距甚远，即使在中部六省中河南的单位 GDP 能耗也排在江西（0.880%）、安徽（1.017%）之后。①

表 6　1979—2013 年河南省能源消耗

年份	1979	1980	1981	1982	1983	1984	1985	1986	1987
能源消耗总量（万吨标准煤）	3228	3389	3612	3560	4035	4474	4618	4709	5006
能源消耗增长率		5%	7%	-1%	13%	11%	3%	2%	6%
年份	1988	1989	1990	1991	1992	1993	1994	1995	1996
能源消耗总量（万吨标准煤）	5292	5112	5206	5363	5583	5862	6225	6473	6654

① 郑泽华．以低碳经济助推中原经济区建设．生产力研究，2012（7）：157-159.

续表

年份	1979	1980	1981	1982	1983	1984	1985	1986	1987
能源消耗增长率	6%	-3%	2%	3%	4%	5%	6%	4%	3%
年份	1997	1998	1999	2000	2001	2002	2003	2004	2005
能源消耗总量（万吨标准煤）	6711	7244	7380	7919	8367	9005	10595	13074	14625
能源消耗增长率	1%	8%	2%	7%	6%	8%	18%	23%	12%
年份	2006	2007	2008	2009	2010	2011	2012	2013	
能源消耗总量（万吨标准煤）	16234	17838	18976	19751	21438	23061	23647	24756	
能源消耗增长率	11%	10%	6%	4%	9%	8%	3%	4.7%	

资料来源：河南省统计年鉴。

（二）以煤炭为主的能源消费结构

河南多煤贫油少气的资源条件，决定了以煤为主的能源生产、消费结构将长期存在，这将使河南在解决环境污染、应对气候问题方面的任务更加艰巨。1978 年以来，河南省煤炭消费总量增加额巨大，且随着经济发展对能源需求增加的趋势可能会维持相当长一段时间。1978 年河南煤炭消费占能源消费总量的比重为 92.3%，到 2012 年底这一比重下降为 80.2%。截至 2012 年，河南煤炭、石油、天然气占能源消费的比重分别为 80.2%、10.3%、4.2%。因煤炭的碳密度高，单位燃煤释放的 CO_2 是天然气的近两倍，以煤炭为主的能源消费结构使河南 CO_2 排放量居全国前列。

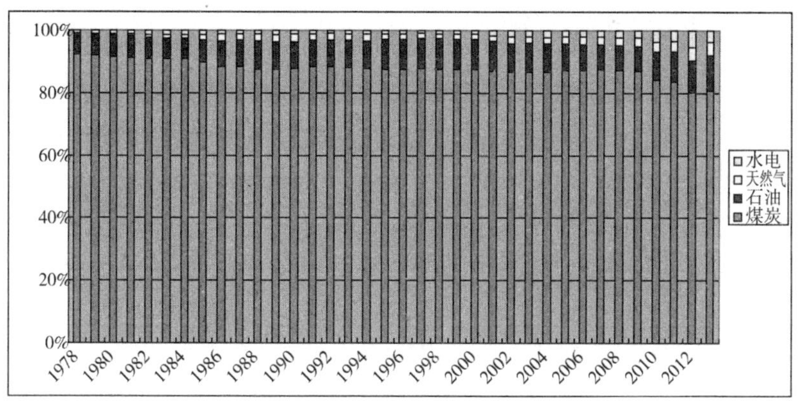

图 2　1978—2012 年河南省能源消耗比重

资料来源：河南省统计年鉴。

（三）能源利用效率偏低

能源在消费的过程中会排放大量对环境产生污染的气体，比如二氧化碳、二氧化硫等。其中，能源消费强度对碳排放量影响最大。能源消费强度是反映技术水平、能源效率的重要标准，也被称之为单位 GDP 能耗，反映一个国家（地区）经济发展与能源消费之间的强度关系，单位 GDP 能耗越大，说明经济发展对能源的依赖程度越高。由图 3 我们能很清晰地看出改革开放以来河南省单位 GDP 能耗呈现下降趋势，2012 年下降到了 0.8 吨/万元。从能源排放强度即能源利用效率上看，河南能源利用效率呈提高趋势，但是与全国相比，还高于全国平均水平，2011 年全国单位 GDP 能耗为 0.793 吨标准煤/万元①。

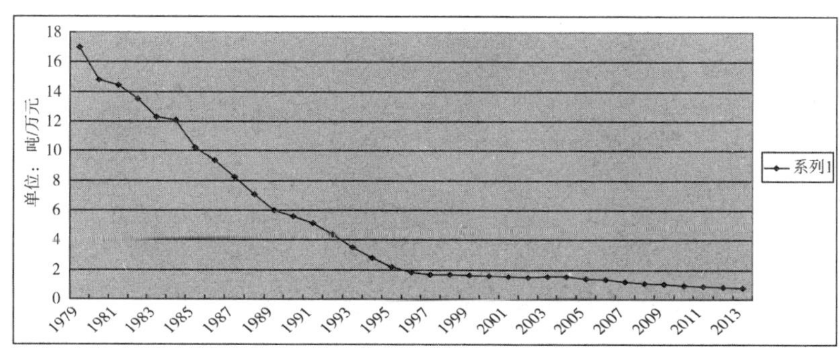

图 3　1979—2013 年河南省单位 GDP 能耗

① 肖蔷. 前三季度单位 GDP 能耗降 3.4%. 中国能源报，2012-12-10.

（四）能源不足问题日益凸显

河南省是资源大省，省内蕴藏大量的煤炭资源，如比较著名的平煤、郑煤、义煤等，还有很多小型煤矿。自21世纪以来，因河南经济的较快发展，也出现了能源短缺问题。1998年以前，河南能源的生产量均大于消耗量，属于能源输出省份，1998—2005年能源的消耗量和生产量基本平衡。自2006年以来经能源供不应求现象开始出现，且缺口不断扩大，2012年缺口为10981万吨标准煤。

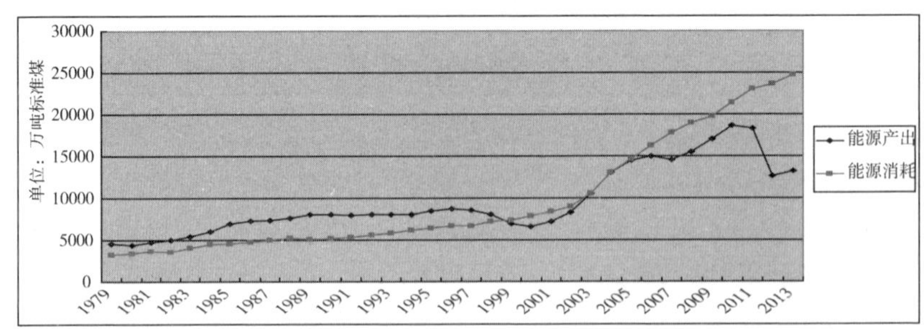

图4　1979—2013年河南省能源产出豫消耗对比情况

资料来源：河南省统计年鉴。

从河南省各地市的能源消耗情况来看，GDP创造量和能源消耗量成正比例变动，如第三产业相对发达的郑州市，虽然GDP总量为全省第一，但是能源消耗量低于平顶山、洛阳等城市，单位亿元GDP能源消耗量仅列全省第15位，这也是郑州近年积极实施节能减排等措施的成果。

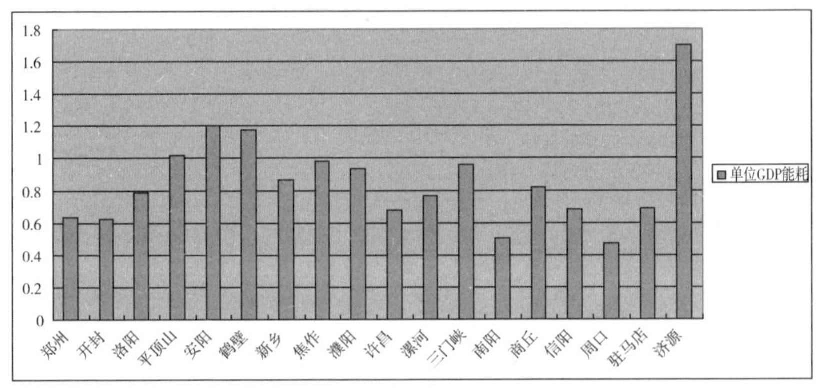

图5　2013年河南省各省辖市单位GDP能源消耗情况

资料来源：河南省统计年鉴。

河南三大产业的能源消耗不同，第一产业能源消费集中于机械运转方面，第二产业能源消费集中于制造业，占总消耗量的一半以上。按工业构成来看，能源消耗量较高的行业主要有：化工制造、电力、煤炭、石化等。在第三产业能源消费集中于交通运输业等。随着人们生活水平的提高，机动车数量猛增，不仅加重了交通负担，对环境也造成一定影响。

表7　河南省2013年各行业能源消耗情况

行　业	综合能源消费量（万吨标煤）	占总消耗量百分比
农、林、牧、渔业	740.15	2.95%
采矿业	1651.56	6.54%
制造业	14217.29	59.47%
电力、燃气及水的生产和供应业	1775.39	7.51%
建筑业	169.94	0.72%
交通运输、仓储和邮政业	1418.56	6.00%
批发和零售业、住宿和餐饮业	455.24	1.93%
其他行业	575.68	2.43%
生活消费	2945.31	12.46%
消费总量	23647.13	100.00%

资料来源：河南省统计年鉴。

从表8我们可以看出，河南除铁路部门、内河运输交通工具拥有量基本保持平稳增长态势，在公路运输方面，交通工具拥有量每年以近100万辆的速度增长，2000年河南省公路交通工具拥有量为819791辆，2012年增加到5771005辆，即12年增加了7倍多。

表8　河南省交通运输工具拥有量（年底数，辆）

分类	2000	2005	2010	2011	2012
铁路	8554	4261	4234	4670	4774
公路	819791	1480465	3956549	4965446	5771005
内河	3732	5118	5043	4988	5121

资料来源：河南省统计年鉴。

从图6可以看出民用机动车拥有量中，郑州稳居第一位。郑州民用机动车拥有量是排在第二位的洛阳的2.8倍，机动车数量直接影响郑州的城市空气环境质量和交通环境，可以说机动车拥有量大是省会郑州交通、环境恶化的元凶之一。

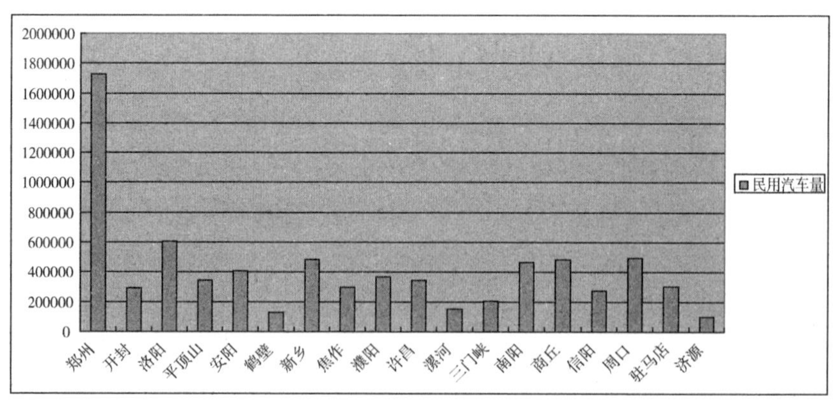

图6 2013年底河南省各省辖市民用汽车拥有量

资料来源：河南省统计年鉴。

四、河南省产业碳排放高

目前，我国公布的官方数据中没有碳排放总量的指标，依据PCC2006国家温室气体清单指南（2006 IPCC Guidelines for National Greenhouse Gas Inventories），以及河南省碳消耗情况，可以计算河南省碳排放量，公式为：

$$C = \sum E_i \times \eta_i$$

其中：C为碳排放量；E_i为第i种能源消费量；η_i表示第i种能源的碳排放系数。① 碳排放系数η_i采用国家发展和改革委员会能源研究所、中国可持续发展能源暨碳排放情景分析报告数据。

表9 碳排放系数

类型	煤炭	石油	天然气	水电、核电
η_i	0.7476	0.5825	0.4435	0

① 白姝伟.河南省低碳经济发展路径研究，郑州大学，2013年硕士论文.

根据公式，结合 2014 年河南统计年鉴，计算碳排放量如表 10 所示。

表 10　1979—2013 年河南省碳排放计算表

年份	能源消耗总量（万吨标准煤）	各项目能源消耗量（万吨标准煤）				碳排放量
		煤　炭	石　油	天然气	水　电	
1979	3228	2972. 99	222. 73	0. 00	0. 00	2352. 35
1980	3389	3104. 32	237. 23	6. 78	0. 00	2461. 99
1981	3612	3297. 76	249. 23	21. 67	0. 00	2620. 19
1982	3560	3243. 16	231. 40	32. 04	0. 00	2573. 59
1983	4035	3667. 82	262. 28	44. 39	0. 00	2914. 52
1984	4474	4071. 34	290. 81	53. 69	0. 00	3236. 94
1985	4618	4151. 58	323. 26	83. 12	0. 00	3328. 89
1986	4709	4158. 05	395. 56	103. 60	0. 00	3384. 91
1987	5006	4425. 30	420. 50	110. 13	0. 00	3602. 14
1988	5292	4641. 08	465. 70	132. 30	0. 00	3799. 62
1989	5112	4483. 22	444. 74	117. 58	0. 00	3662. 87
1990	5206	4570. 87	437. 30	135. 36	0. 00	3731. 94
1991	5363	4735. 53	455. 86	117. 99	0. 00	3858. 14
1992	5583	4935. 37	468. 97	128. 41	0. 00	4019. 81
1993	5862	5170. 28	515. 86	117. 24	0. 00	4217. 79
1994	6225	5459. 33	560. 25	136. 95	0. 00	4468. 47
1995	6473	5670. 35	621. 41	116. 51	0. 00	4652. 80
1996	6654	5822. 25	652. 09	113. 12	0. 00	4782. 73
1997	6711	5892. 26	644. 26	114. 09	0. 00	4830. 93
1998	7244	6345. 74	709. 91	115. 90	0. 00	5209. 01
1999	7380	6457. 50	723. 24	125. 46	0. 00	5304. 56
2000	7919	6937. 04	760. 22	134. 62	0. 00	5688. 67
2001	8367	7279. 29	794. 87	158. 97	0. 00	5975. 51
2002	9005	7798. 33	837. 47	180. 10	0. 00	6397. 73

续表

年份	能源消耗总量（万吨标准煤）	各项目能源消耗量（万吨标准煤）				碳排放量
		煤　炭	石　油	天然气	水　电	
2003	10595	9185.87	995.93	201.31	0.00	7536.76
2004	13074	11322.08	1202.81	261.48	0.00	9280.99
2005	14625	12753.00	1272.38	321.75	0.00	10418.00
2006	16234	14188.52	1298.72	405.85	0.00	11543.83
2007	17838	15643.74	1409.19	445.94	0.00	12713.89
2008	18976	16547.39	1518.11	493.39	0.00	13473.94
2009	19751	17183.58	1560.35	553.03	0.00	14000.62
2010	21438	18072.03	1929.40	643.13	0.00	14919.75
2011	23061	19255.94	2259.98	761.01	0.00	16049.68
2012	23647	18965.04	2435.66	993.18	0.00	16037.51
2013	24756	20002.85	2797.43	1064.51	0	17055.74

资料来源：河南省统计年鉴。

由表10和图7我们还可以看出，河南省的碳排放量分三个时期：第一阶段1979—1988为平稳增长期，该时期碳排放增长率呈现出抛物线特征，1979—1983年间增长率稳步上升，升至到13%后开始回落，但是各年度增长率总体比较平稳；第二阶段1989—1997年为低水平增长期，该时期碳排放总量维持在4%左右较低的增长率；第三个阶段1998—2012年为快速增长回落期，这时期碳排放量增长率呈现出较大波动，其中2003—2007年碳排放量陡增，最高增长率达到2004年的23%，2012年开始出现拐点，碳排放量增长率为负数。第三时期波动比较大的主要原因是政策的约束和影响，2003—2007年碳排放量猛增的主要原因在于经济快速发展且未采取有效的节能减排措施，致使碳排放量增长率远超经济增长率。2008年国家开始加大环境治理力度，在国家节能减排等政策约束下，以及河南环境恶化、雾霾天气加重等因素迫使政府采取一系列节能减排措施，关停并转了一批高污染、高耗材、高耗能中小企业，所以2012年才出现碳排放负增长情况。

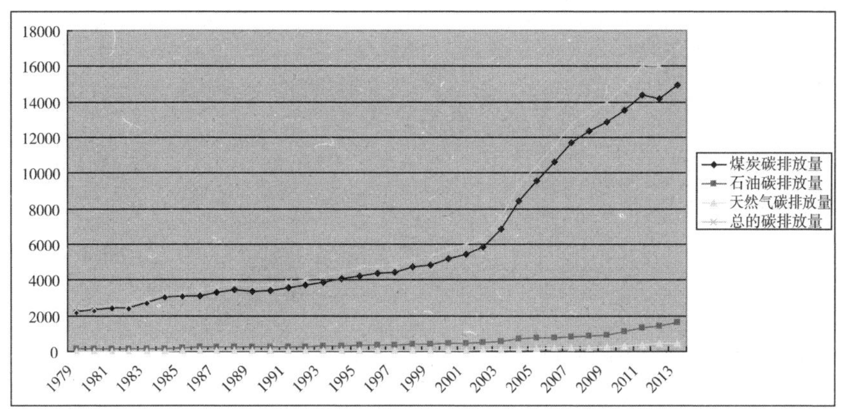

图 7　1979—2013 年河南省各能源消耗的碳排放情况

此外，从碳排放的结构看出，煤炭的碳排放量变化趋势与总碳排放量变化基本一致，都占了每年碳排放总量的 90% 以上。从人均碳排放的角度来看，1979 年到 2002 年人均碳排放量和人口增长情况基本相同，但是从 2003 年开始，在人口增长变化不大的情况下，碳排放量增加，人均碳排放量猛增，一直到 2012 年才开始趋稳。

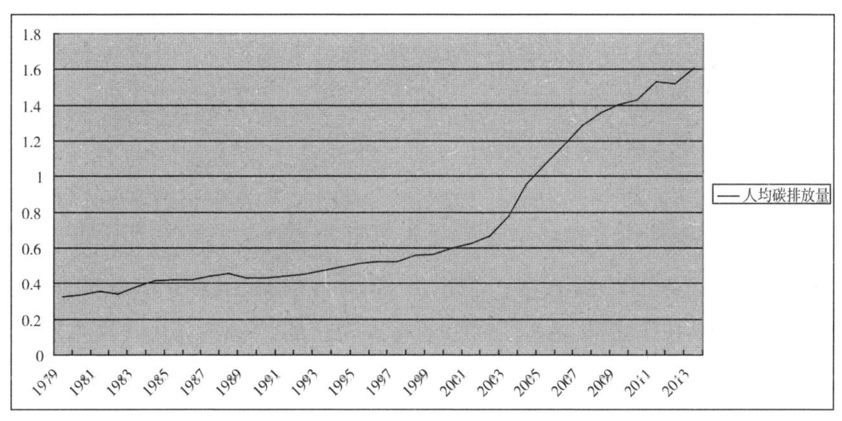

图 8　1979—2013 年人均碳排放量

在河南省经济发展的同时，随之而来的是空气、水、土壤等污染问题日趋严重。多年来，河南能源消费结构以煤炭为主的，燃烧煤炭的碳排放系数是各种能源中最高的。因此，河南省能源总量控制将成为未来一段时期必须执行的

"省策"。

五、消费对河南省经济发展贡献率较低

消费是生产的目的，是现代市场经济增长的主要动力，而消费中的低碳消费对河南省甚至我国推动低碳经济发展，扩大国内消费需求意义更大。推动低碳消费模式的形成不仅是河南省发展低碳经济的需要，还是提升消费需求对河南省 GDP 贡献率的需要。

（一）重投资轻消费现象突出

市场经济是需求导向型经济，而市场需求中最重要的是消费需求，马克思曾指出："消费的能力是消费的条件，因而是消费的首要手段，而这种能力是一种个人才能的发展，一种生产力的发展。"① 也就是说，扩大消费需求提高了人们的消费水平和质量，也就提高了人的素质和才能，进而提高了人的消费力，也就是"一种生产力的发展"。具体路径可描述为：扩大消费需求—提高消费水平—促进消费结构优化—产业结构升级和优化—形成新的消费热点和经济增长点—拉动经济增长。河南是人口大省，经济大省，也是消费大省，增强消费对经济增长的拉动作用，对河南经济可持续发展具有特殊意义。改革开放以来，河南经济年均增长 11.2%，高于全国平均水平 1.5 个百分点，经济总量由全国第 9 位到跃居第 5 位。工业快速发展，2007 年河南工业对全省经济增长的贡献率达到 65.2%，成功实现了由传统农业大省向经济大省和新兴工业大省的历史性跨越，但同时要看到河南经济增长主要是靠投资拉动的。

在开放经济中，消费需求与投资需求、净出口需求是影响经济增长的三大基本因素，而当前河南省经济增长主要靠投资拉动，出口拉动几乎可以忽略不计，消费需求拉动也相当有限。2001 年河南省投资对经济增长的贡献率为 31.9%，2004 年上升到 56.9%，2007 年高达 77.1%。2007 年由于资本形成总额的增长拉动 GDP 增长达到了 11.3%，与 2000 年相比，投资率上升 14.1 个百分点，最终消费率却下降了 8.9 个百分点，其中居民消费率下降了 9.27 个百分点。2007 年河南投资率高于全国平均水平 12.3 个百分点，最终消费率低于全国平均

① 马克思恩格斯全集：第四十六卷下（下册）. 北京：人民出版社，1980：225.

水平 3. 3 个百分点。① 2008 年应对国际金融危机以来，河南“强投资”、“弱消费”问题更加突出。2008 年河南投资拉动 GDP 增长 9. 8 个百分点，消费拉动只有 2. 4 个百分点；2009 年河南省经济增长 10. 7%，投资拉动在 8% 以上。从全社会固定资产投资占 GDP 的比率分析，2003 年河南省的投资率仅为 33. 6%，到了 2009 年投资率已高达 70. 8%。如表格 11 所示。近十年来，河南消费率保持在 43. 1% ~56. 7%，总体上与同期全国水平相当，但远低于世界 65% 左右的平均水平，大大低于发达国家 80% 左右的水平。2003 年以来，河南省消费率呈下降趋势，消费需求对经济增长的贡献率不断下降，消费对经济增长的贡献率从 2000 年的 81. 9% 下降至 2011 年的 40. 1%。

表 11　2000—2009 年河南省三大需求对 GDP 的贡献率

年份	GDP（亿元）	消费品零售增值占 GDP 增值的比重（%）（消费贡献率）	投资增值占 GDP 增值的比重（%）（投资贡献率）	出口增值占 GDP 增值的比重（%）（出口贡献率）
2000	5052. 99	31. 90	64. 93	3. 17
2001	5533. 01	40. 23	61. 04	-1. 27
2002	6035. 48	41. 79	51. 69	6. 52
2003	6867. 70	28. 43	69. 47	2. 09
2004	8553. 79	22. 64	74. 93	2. 43
2005	10587. 42	27. 06	70. 20	2. 74
2006	12362. 79	29. 40	66. 25	4. 35
2007	15012. 46	27. 06	71. 89	1. 04
2008	18407. 78	31. 37	69. 44	-0. 81
2009	19367. 28	44. 9	68. 3	-13. 2

数据来源：河南省统计网。

投资拉动是河南经济增长的主要支柱，也是河南无奈的选择。在出口与消费需求不振的情况下，内生动力不足，如果再不启动投资拉动，经济会更难有起色。多年来不仅是河南，各地经济发展普遍存在重投资、轻消费的不均衡状

① 喻新安：《增强消费对经济增长的拉动作用》，河南党建网 2009 年 12 月 16 日 http：//www. hndjw. gov. cn/2009/12/16/21547. html.

况，这种经济结构与政府主导经济增长模式有着密切关系。政府自由裁量的治理结构，在经济发展上配置资源往往出现外部不经济的现象。比如，在政绩考核的激励之下，招商引资工作中出现了竞相压低区域要素成本，甚至零成本的代价把土地、税收优惠等受让给投资商，实质上政府变相把公共资源低价出租给了投资商，损伤了公共利益。以招商业绩作为政绩考核标尺的机制又激励了地方政府的投资行为。当前河南省经济增长要从依赖投资增长与外需增长向扩大内需、消费拉动转型，破解消费“短腿”是当务之急。

（二）河南居民消费能力较弱

河南消费对经济增长贡献率低背后的深层次原因，是居民收入水平低和分配不合理。2000—2013 年，河南省人均 GDP 增长了 5.26 倍，年均增长 13.0%；农民纯收入仅增长 3.3 倍，年均增长 11.5%，农民纯收入的增长幅度落后于人均 GDP 的增长幅度。

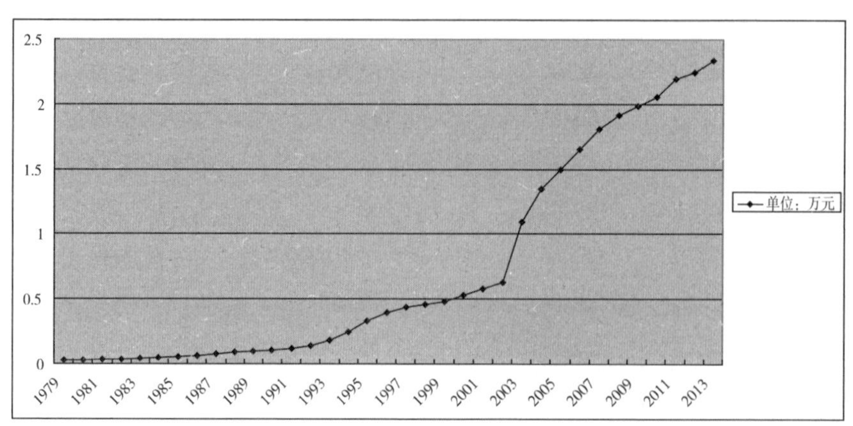

图 9　1979—2013 年河南省人均 GDP 情况

表 12　2000—2014 年河南省居民人均可支配收入

	2000	2005	2010	2012	2013	2014
城镇居民人均可支配收入	4766	8868	15930	20442.62	22398.03	24391.45
农村居民人均纯收入	1986	2871	5524	7524.94	8475.34	9416.10

数据来源：河南省统计年鉴和网络资料整理。

劳动者报酬是居民的主要收入来源，1996 年以来，河南省劳动者报酬占国内生产总值的份额呈现不断下降趋势，尤其是1998—2007年降幅最为明显，1998年占比为50.8%，2007年占比仅为39.7%，9年下降了11%。2007年以来劳动者报酬占国内生产总值的份额有所提升，2011年达到49.9%。需要说明的是自2000年以来，河南省企业营业盈余占国内生产总值的份额呈现持续上升趋势，由2000年的26.1%上升到2006年的35.8%，7年上升了10%。2007年以后，企业营业盈余的份额有所下降，2011年达到25.8%。在河南省国民收入分配格局中，劳动者报酬份额的下降，企业营业盈余份额的上升，只会带来消费量的下降和投资率的上升。平衡居民的收入差距，不仅要在二次分配上，比如在社会保障体系建设、农民免税补贴等方面增加投入，还需要在初次分配上建立职工工资正常增长机制。提高消费需求对经济增长的贡献率不仅是河南经济转型的需要，也是发展低碳经济的需要。

第三章

河南省居民低碳消费现状调查与分析

河南是人口大省，居民消费方式影响甚至决定经济发展方式，英国著名经济学家马歇尔早就指出："一切需要的最终调节者是消费者的需要"。① 强化低碳知识宣传，提高居民低碳消费意识，倡导践行低碳生活理念，逐步转变消费方式是河南省推进环境友好型和资源节约型社会发展进程的基本路径，也是经济发展方式低碳化转型的必然选择。发展低碳经济，制定鼓励居民践行低碳消费理念的制度和相关政策需要对当前河南省居民低碳消费发展现状有一基本了解。为此，著者把河南省消费主体分为农村居民、城镇居民和大学生三大群体，针对每一群体消费特征分别制定调查问卷，并对回收的有效问卷进行了认真分析，进而考察构建低碳消费模式的经济、社会、文化等基础。

一、河南省农村低碳消费调查与分析

河南城镇化发展水平较低，不仅是农业大省，还是农民人口大省。2015 年末内地总人口 137462 万人，其中城镇常住人口 77116 万人，占总人口比重（常住人口城镇化率）为 56.10%；其中，河南总人口为 10722 万人，常住人口 9480 万人；全省常住人口中，居住在城镇的人口为 4441 万人，占 46.85%，居住在乡村的人口为 5039 万人，占 53.15%。河南发展低碳经济，构建低碳消费模式，不仅要重视城市，更不能忽视农村。中共中央政治局委员、副总理王岐山于 2009 年 1 月到河南调研时曾说"扩大内需的最大潜力在农村"。提高农村低碳消费能力，扩大农村低碳消费需求激活农村低碳消费市场，不仅是河南省扩大内部需求的核心工作，而且是发展低碳经济、推进生态文明建设和美丽乡村建设等的重要内容。为全面了解河南省农村居民对低碳生活认知度及践行低碳消

---

① 马歇尔著，朱志泰译．经济学原理．上卷．北京：商务印书馆，1981：111.

费理念的现状，著者于2014年暑假多次深入河南多个地市农民家中进行调研，调查地点主要包括洛阳、商丘、新乡、驻马店、平顶山、南阳等地，采取入户访谈并请求用户填写调查问卷方式，共发放问卷1000份，收回980份，收回率为98%。在收回980份问卷中，有效问卷980份，有效回收率100%。

（一）调查结果分析

著者对回收的有效问卷进行汇总，并进行了认真分析，就著者调研结果分析如下。

1. 调研基本情况分析

本次调研所采用的问卷是由著者在广泛查阅文献资料的基础上制订的，调查活动是由著者带领一批大学生利用暑假进行的。

年龄是影响消费者行为选择的基本因素之一，不同的年龄会有不同的消费心理和购买行为。从课题组调研对象的年龄来看，30岁以下占24.5%，31～40岁占35.7%，41%～50%占23.5%，51%～60%占14.3%，60岁以上占2%，就年龄结构来说，还是比较合理的。

表13 样本农户户主的年龄结构

年龄		30以下	31～40	41～50	51～60	60以上
全部样本	户数	240	350	230	140	20
	比例（%）	24.5	35.7	23.5	14.3	2

居民从事的职业以及工作性质也是影响其消费方式选择的因素之一，不同职业人群对待低碳消费的态度、观念等不同。为此课题组对收集到的有效问卷所调研的农民职业进行分析如下，44.9%的调研对象以务农为主，外出打工者占调研总人数的38.8%，中小学生占20.4%。

表14 样本农民的受教育程度

		学生	务农	经商	外出打工
全部样本	户数	200	440	60	380
	比例（%）	20.4	44.9	3.92	38.8

居民的受教育程度也是影响居民消费观念和消费行为选择的关键因素，教

育对人们的消费结构、消费方式、消费观念等都有着重要影响。课题组就所调研对象受教育程度进行了分析，结果如下：户主的受教育程度主要集中在初中和高中，二者占到73.5%，受过小学教育的占18.4%，受过大学教育的比例达到8.2%，即调研对象受教育程度呈现出两头小，中间大的局面。

表15　样本农民的受教育程度

		小学	初中	高中	专科以上学历
全体样本	户数	180	380	340	80
	比例（%）	18.4	38.8	34.7	8.2

凯恩斯认为随着收入的增加消费也相应增加，收入水平直接制约着消费水平、消费结构、消费方式等，是消费模式变迁的关键变量。为此，课题组也对河南农村居民的收入水平进行了调研，就调研的对象来看收入水平有了大幅度的提高，人均纯收入在9000～9999元的数量最多，占38.8%，如表16所示。

表16　样本农民的收入情况

人均纯收入（元）		7000元以下	7000～7999	8000～8999	9000～9999	10000以上
全体样本	户数	20	180	320	380	70
	比例（%）	2	18.4	32.6	38.8	7.2

2. 河南省农村居民对低碳消费的了解程度

对低碳经济和低碳消费的认识程度是影响居民践行低碳理念的因素之一。课题组对农村居民的低碳知识和意识进行了调研，居民当前对低碳消费的了解程度分析如下。

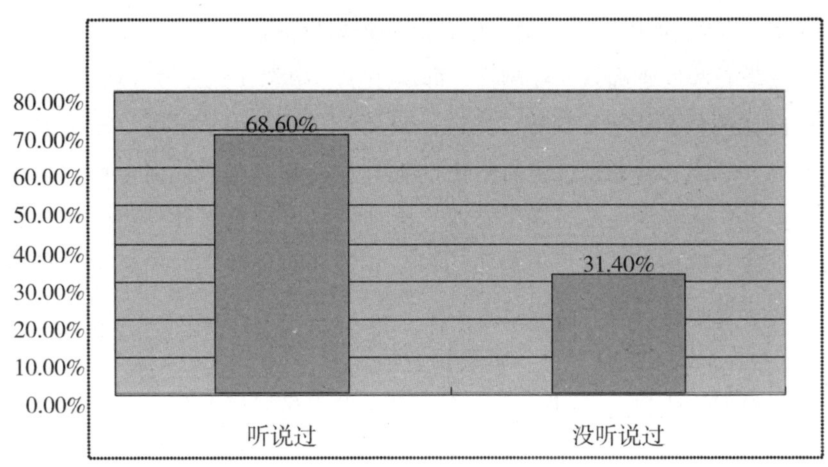

图 10　被调查农民对“低碳”的了解

由图 10 我们可以看出当前河南省大多数农村居民对低碳消费有一定了解，“听说过”低碳消费的占被调查总人数的 68.6%，“从没听说过”的占被调查总人数的 31.4%。通过调查我们还发现“低碳消费”一词已对农村居民有一定影响，但是仅处于浅层次了解，大多数农民不清楚自己的消费行为与环保有什么样的关系。在受调查的对象中只有 41% 的被调查者知道低碳与我们的生活息息相关，还有 26% 被调查农民认为“低碳”是“政府的事，与自己没有关系”。此外，从获取低碳信息的渠道来看，60% 以上居民是通过媒体报道了解到的，只有 17.1% 居民通过村委会等宣传了解到的。

受教育程度影响居民对消费观念和消费行为的选择，著者根据调研对象的学历对他们对低碳理念的了解程度进行研究和分析，并绘制曲线图如图 11。

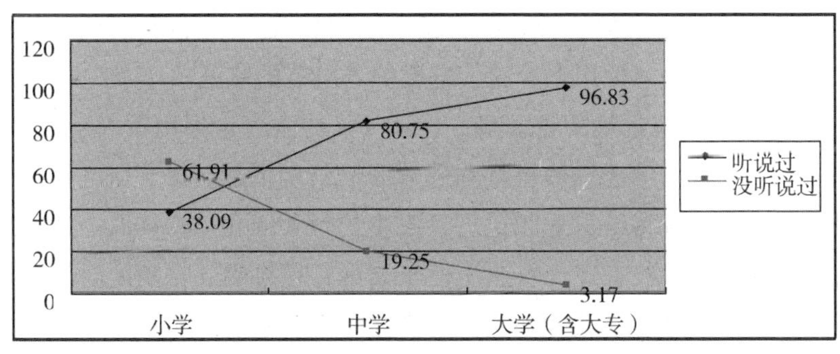

图 11　被调查农民中不同学历对低碳理念的了解程度

由图 11 我们可以看出，被调研者对低碳理念的认知程度与受教育程度密切相关，受教育程度越高认知度越高，即从小学、中学、到大学（含大专），听说过低碳的比例呈不断增长趋势。然后针对单个学历，小学学历“没听说过”的比例最高。总之，著者通过调研得出受教育程度越高的农民对低碳消费了解越深。也由此，著者认为发展现代农业、推动农村经济低碳化转型，倡导农村居民践行低碳环保理念不仅需要政策引导，还需要提高农民综合素质，重视农村低碳宣传和低碳教育等方面的投入。

（二）河南省农村居民践行低碳消费情况

著者根据访谈和问卷调查，总结出河南省农村居民践行低碳消费的基本情况具有如下几个特征：

一是农村居民使用劣质塑料袋等一次性消费品比较普遍。通过对河南省农村居民使用一次性日用消费品的调研发现，他们基本上都有过使用一次性产品的经历。在塑料袋的使用上，35% 的人在超市或到集市购物每次都使用，55% 的购物时偶尔会使用，而拒绝使用仅占 10%。在农村集市上的一次性塑料袋，一般是价格便宜，不能降解且质量无保证的塑料袋，不仅造成了浪费，且塑料袋已成为影响农村生活环境的重要污染源之一。在饮食上，农村居民使用一次性产品与城镇居民相比较少，因为农村居民外出就餐的次数和城镇居民相比少得多，偶尔一次外出就餐使用一次性筷子的比例较高，达到 70%，很少使用的占 25%，从来不用的仅占 5%。

二是农村居民能源消费碳排量较高。自古以来，农村的能源消耗主要是烧饭、取暖，能源来源主要是柴草、秸秆、树枝等。尽管这也排放废气，但排放的规模、浓度，对大自然的影响并不严重。但这种情况如今已发生了变化：首先是许多地方农村居民的烧饭、取暖基本不用柴火，主要用方便、省力的煤、液化气、电等。做饭时使用电饭煲、电磁炉等电器的家庭占 35%，用木柴或蜂窝煤的占 35%，用液化气的占 28%，只有 2% 的家庭选择用沼气等清洁能源。其次农业机械化和集约化发展对汽油等能源的消费增加。据调研，目前河南省农村居民种植方式和传统农业相比已经发生了很大变化，80% 以上的家庭都拥有农用拖拉机。即使没有现代农业生产工具的，在耕种、收割的时候，也会租用，只有不到 10% 的家庭沿用传统的牛耕等绿色耕种方式。在农业中使用化肥、农药极其普遍，农民们已很少有人再面朝黄土背朝天地锄草、耕种和收获了。农村居民在生产消费中对汽油、化肥、农药等消费需求增加，虽提高了农业产量，把农民从土地中解放出来，但农村碳排放日益增加，生态失衡问题也日益突出，农村的青蛙、麻雀等大量减少，有些农村夏天非常寂静，失去了往日蝉鸣、蛙叫等的喧闹。

三是在出行消费中碳排放也日益增加。20 世纪八九十年代农村居民出行主要是骑自行车或徒步，现在摩托车、电动自行车成为农村居民最主要的代步工具。在出行方式的选择上，课题组对公共交通工具、私家车、出租车、电动车、自行车和其他出行方式进行了调研，由于农村公交车并没有完全普及，选择这一出行方式的仅占 15%，70% 的人选择骑摩托车或电动自行车，只有 15% 的人在出行时选择步行或骑自行车。

四是农村居民节水节电意识不强。水、电也是农村居民重要支出项目，课题组对河南省农村居民节水、节电情况进行调研，20% 被调查对象在节水节电方面没特别注意过；近 50% 被调查对象在用电方面有一定节约意识；30% 被调查对象注意节水节电。在家庭采光设备的选择中，使用节能灯的家庭占 60%，使用日光灯的占 40%。在家用电器不用时是否会拔掉电源的调查中，有 24% 的居民选择了会拔掉电源，39% 的居民选择了不用时偶尔会拔掉电源，36% 的居民不拔电源。

在农村，村民节约用水意识也有待提高，27% 的家庭会对水进行二次利用，40% 的人偶尔二次利用，33% 的人几乎没有过。近年来，农村水污染越来越严重，水环境状况越来越恶化，污染事故时有发生，并直接威胁广大村民的身体健康，也使农村癌症发病率不断地升高。

（三）农村家庭消费理念畸形性发展与低碳理念相悖

河南农村家庭畸形、不合理消费理念盛行，畸形消费支出大，与低碳消费要求的适度、科学等消费观念相悖，突出表现在以下几点：

首先，婚丧嫁娶、建房盲目攀比和过度消费，与低碳消费倡导的适度消费理念相悖。目前，河南广大农村在婚丧嫁娶、建房上相互攀比、大操大办的现象十分普遍。许多农民家庭不顾自身财力，借钱盖房现象普遍，农村建房的标准越来越高。20 年前花上几千元建一幢普通的砖瓦房就算不错了，而现在花十万二十万元建楼房已是常态，花上几十万建小别墅的大有人在。三四口之家盖三层楼现象非常普遍，大部分房间一直闲置或放杂物，不能不说是一种浪费。在调研过程中，课题组还发现农村结婚消费支出庞大。以河南汝阳为例，男青年找对象，彩礼一般得 5 万元左右，有些地区彩礼高达 6 万 ~ 10 万元，除嫁妆外，还需购买金首饰、全套电器等。据初步估算，农村男青年结婚，加上翻盖房屋费用，每家基本上都得20万元以上。需要说明的是农民的建房、婚丧嫁娶消费额都具有延期性。目前农民的收入水平还较低，为了保障住房、婚姻、教育、医疗和养老开支等消费支出，农民只有在平时压低消费水平。

其次，农村人情费、红白喜事送礼的支出过多过高，不仅影响了农民的消费水平，且与低碳消费所倡导的科学消费理念相违背。农村送礼名目繁多，生儿育女、过生日、建房、升学、参军等都要送礼。据对信阳光山县调查显示，2010年农民平均每次送礼费用比上一年同期高出20元，该县不少家庭全年送礼3000元左右。另据对南阳桐柏县部分家庭调研，一般家庭全年送礼在5000元以上，有些家庭高达一两万。在调查过程中发现85%的被调查人员认为近两年来用于人情方面的支出大大增加，而有将近45%的人认为过多的人情支出已成为生活的负担。

再次，不文明消费生活习俗有所抬头。少数村民生活富裕了，却缺乏健康的信仰和追求，封建迷信活动开始蔓延，也给社会风气、精神文明建设带来了负面影响。有些地区农民手中有了一定的积蓄后，不是把这部分钱用于改善生产条件和提高生活质量，而是用于建造庙宇、修造坟墓；有些地方本属于特困地区，但是为建祠堂、塑菩萨，耗费了大量资金，大大超过了农民的实际承受能力，也在一定程度上影响了农民的消费水平，也与低碳消费所倡导的合理、科学消费理念相违背。

（四）影响河南省农村居民低碳消费的因素分析

著者通过访谈和问卷调查，得出河南省农村在宣传低碳理念，倡导低碳生活已取得了一定成效，但低碳消费模式的形成还是任重而道远，造成的原因有农村居民自身因素，也有政府因素。

1. 收入水平的制约

收入是消费的基础，目前河南省农村居民收入水平与沿海经济发达省份相比偏低，这在客观上影响居民践行低碳理念。因为很多低碳产品价格相对高，农民现有收入一般不会选择低碳产品。

一是农民收入增长缓慢，可支配收入不高，而消费和收入尤其是可支配收入是紧密联系的，收入增长慢导致了农民消费水平不高。自1998年以来，河南省农民人均纯收入增长速度缓慢，年均增长值维持在大概4%的水平。由于收入的限制，很多生活日用品在城市居民看来是必需品，而在农民眼中却成了奢侈品。

二是农民收入差距仍在扩大。收入差距的悬殊导致了农民整体消费水平难以提高，更不用说低碳消费了。伴随着经济社会发展，人们的生活水平逐渐提高。虽然农民的生活水平也是逐年提高的，但农民收入差距却不断在拉大。据对村民走访调查，以经商办企业和进城务工等工商活动为主的农民收入增长较快；而以粮食兼家庭副业户为主的农户的收入增长比较慢，这在无形中加大了高低收入农户之间收入的差距，同时也制约着农民消费能力的提高。

三是农民收入的不确定性使得其低碳消费需求难以转变为真正的低碳消费行为。长期以来，我国城乡经济二元结构存在，农村地区发展落后，基础设施滞后，农业生产仍主要是靠天吃饭，农民抗风险能力较弱，而近年来自然生态环境遭到破坏，使得气候变得较为异常，这也在一定程度上增加了自然灾害爆发的可能性。在自然灾害面前，农民抗灾能力较差，有可能使得其多年积累的财富一夜之间化为乌有。虽然三农问题我国政府一直在努力解决，但是当前仍然存在较多的问题，同时农民外出打工收入报酬也较低，且在劳资关系中处于弱势地位。上述因素都会使得农户收入取得存在较大不确定性，这也使得农民在消费时存在较大的顾虑。

2. 传统消费心理和消费习惯的制约

低碳消费是一种有目的性的消费行为，主体基于个人需要而进行的购买行为，这一行为带有很强的主观色彩，同时这一行为从始至终都是受到个人的消费意识和心理的影响。

长期以来，河南农民收入水平较低，农村社会保障体系不健全，农民日常的生活消费支出只能是量入为出，加上长期以来受中华民族的勤俭节约的传统美德的影响，能用则用，该不花的钱不花，导致农村居民消费能力相对较弱，而且随着经济发展和城镇化推进，农村地区的剩余劳动力或者是年轻力壮的人大部分到城市谋生，留下的人多数为老人和小孩，小孩消费能力较弱，而老人们受传统消费观念影响较深，这就导致了消费群体制约着农村消费能力的扩大，不利于低碳消费模式的形成。

同时，相较于城镇，农村对于人情往来看得更重，“面子消费”“攀比消费”支出大。以“四色”消费为例，“红色”消费是指结婚消费，主要表现为结婚时的大操大办，不仅追求结婚用品的高档化、现代化，而且结婚场面声势浩大；“白色”消费是指与丧葬有关的消费，主要体现为丧事奢办、墓地挤占耕地、鬼节消费现代化等；“黑色”消费是指人情方面的消费，主要体现为送礼名目繁多、金额猛涨等；“黄色”消费是指色情、黄毒等的消费。这些非理性的消费不仅浪费了宝贵的资源，也有悖于美丽乡村和生态乡村建设。这种消费观念的偏差使得农民的合理消费需求受到了一定抑制。

再次，这也与居民的知识结构和个人素质有关。随着我国城镇化的推进和大量农民工进城，在农村留守的主要是儿童和老人，他们的知识文化水平有限，一般不会主动去了解有关低碳消费的信息，他们日常生活中所表现出来的一些节约的行为，是出于本能，出于传统的勤俭节约的习惯，而不是因为知道低碳消费理念而消费的。实际上低碳消费在农村是一个新事物，其重要性和必要性远未深入农村。在城市，关于绿色消费、低碳消费的宣传随处可见，而在农村很少有低碳消费的宣传活动，大多数农村居民根本不知道什么是“低碳”。整个社会的低碳氛围还没有形成，缺乏精神方面的激励。低碳生活的深入与推广缺少了必要的奖惩制度，这就使低碳生活的践行缺少了发展的动力。意识是行动的先导，缺乏低碳消费意识，自然影响农村消费低碳化转型的推进。

3. 低碳产品的有效供给不足

低碳消费的实现需要低碳消费品的供给。没有低碳消费品的有效供给，低碳消费无异于纸上谈兵。目前，市场上低碳消费品供给严重不足，可供消费者选择的低碳产品很有限，尤其是符合农村消费特点的更是匮乏。农村市场有效供给不足存在于生产流通及服务的各个环节中。长期以来，农村的购买能力被低估，生产型企业也很少重视农村市场的低碳消费需求，导致提供的产品存在两大问题：一是产品的性能和农村需求存在差距；二是产品价格相对来说偏高，农村低碳消费能力难以支付现行的价格。

4. 政府低碳投入较少

农村低碳投入比较少，低碳意识与低碳生活必备的生活设施不能同步，导致很多想践行低碳生活的居民力不从心。如农村的生活垃圾处理方式落后。随着经济的发展，农村人口居住由分散趋向集中，生活垃圾对环境造成的影响也日益突出，绝大多数农村没有垃圾处理中心，村民随意丢弃生活垃圾，甚至将生活污水直接排放到河流，将垃圾直接堆放在路边或河沿。在被调查的村子中，50% 的村里有处理污水和垃圾的措施但效果差，50% 的村子没有统一处理污水和垃圾的举措。再如用化肥代替有机肥后，生物质能资源尤其是秸秆资源大量剩余。在调查中 35% 的农民通过就地焚烧来处理秸秆，20% 的居民选择卖掉，

40%的居民选择其他的方式，只有5%的居民选择用秸秆来制作沼气。在没有找到经济、有效地利用秸秆途径的情况下，农民采取就地焚烧、推入水中等不适当的处置办法，造成了资源浪费，碳排放提高，也污染了环境。

二、河南省城镇居民低碳消费调查与分析

为了充分了解河南省城镇居民对低碳消费理念的认知度和践行情况，著者对洛阳、郑州、焦作、商丘、平顶山、南阳、驻马店等地城镇居民进行了抽样调查。调查的主要内容包括：对气候变暖的认识、对低碳消费知识的了解、获取低碳知识的主要途径、对倡导低碳消费理念的态度以及对低碳消费理念的践行情况等（调查表见附录）。本次发放调查问卷1000份，收回有效问卷985份。

（一）横向调查分析

1. 问卷发放情况

在本次调查中，共收回有效问卷985份，其中男性500份，女性485份，男女比例接近1∶1，性别比例基本合理。被调查者初中及以下学历者占5%，高中及中专20%，大学（包括专科和本科）65%，研究生占10%，学历层次分布比较合理。被调查者职业覆盖面广，党政机关和事业单位职员占20%，自由职业者、老板、商户占11%，服务业、商业及销售人员占19%，各类专业技术人员、教育科研人员占22%，离退休人员及下岗失业人员占28%。家庭月收入4000元以下占12.5%，4000～7000元占23.5%，7000～10000元的占52%，10000元以上的占12%。家庭平均月收入7000～10000元的家庭占的比重较大，家庭月收入结构比例基本合理。除问卷调查外，课题组还通过访谈等形式了解城镇居民的消费观念、消费习惯等。在访谈对象的选择上，侧重于20～40岁学历在本科以上群体，这一群体思想活跃，对低碳理念认知度较高。

2. 低碳消费认知度分析

著者主要从对气候变暖问题、低碳消费认知、低碳消费的态度等视角调查城镇居民的低碳消费认知度。

“对气候变暖认识”调查结果，由图12可以清楚看出，61%的被调研者比较关注气候变暖问题，其中48%认为气候变暖问题已非常严峻，42%居民认为气候变暖已影响到了大家的生活，这表明部分城镇居民对气候变暖已有相当认知。

“对低碳消费认知”的调查情况结果如下，34.3%的被调查者知道什么是温

室气体，27.1%的被调查者知道怎样减少温室气体的排放，19.7%的被调查者能区分低碳产品和高碳产品。

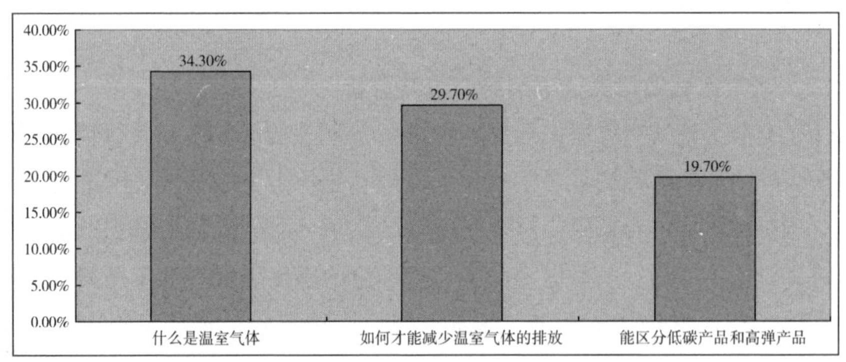

图12 城镇居民“低碳消费的认知”调查统计

“获取低碳知识的途径”调查结果，由图13可以清晰看出，通过“互联网”了解的占71%，通过“媒体广告宣传”了解的占20.7%，通过“报纸杂志”了解的占5.1%，通过“专业学习”了解的占2.3%，选择“其他方式”占0.6%。由上述可见，互联网目前是城镇居民接受信息最重要的渠道。

图13 城镇居民“获取低碳知识的途径”调查统计

“对低碳消费的态度”调研结果，认为有责任减少温室气体排放的被调查者占76.1%，愿意为温室气体减排做出贡献的占78.9%，支持低碳消费的占81.7%，这说明大多数城镇居民对低碳消费的认知态度比较积极，并愿意参与实践。

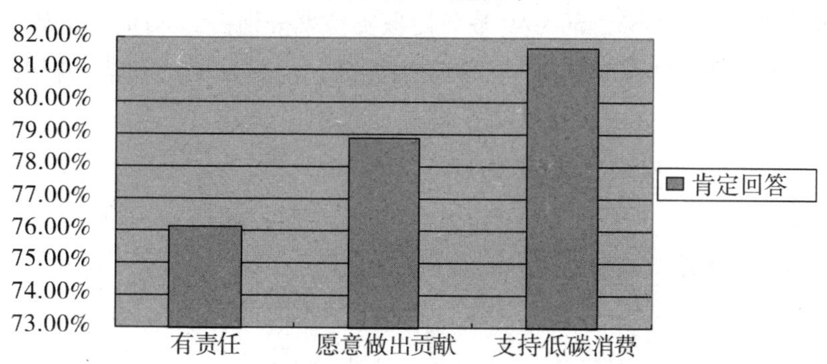

图 14　城镇居民"对低碳消费的态度"调查统计

3. 河南省城镇居民践行低碳消费理念情况

课题组通过居民节能、出行方式两个方面调研河南城镇居民践行低碳消费理念的现状。

从"低碳消费行为"方面的调查情况看，电脑短时间不用，会选择待机的高达91.7%，选择夏天偶尔开空调的占87.3%，选择爱护花草树木的占96.7%，这说明被调查者的日常生活中注意环保，主张节约，但是大多数人这样做是为了省钱，或者是因为喜爱花草，从节约和环保角度考虑的则较少。

在"是否选择购买节能产品"的选项中，有71.3%的被调查者选择视情况而定。他们认为目前的低碳产品价格偏高，"节能不省钱"，且目前低碳产品市场良莠不齐，很难辨别真假。

在出行方式的选择上，大多数被调查者对"是否选择公共交通代替私家车"和"购车时您是否首选混合动力车或小排量车"持否定态度的分别占到总数的67.8%和62.7%。选择乘坐公共交通的多是学生、打工族与家庭主妇，他们选择乘坐公共交通工具是因为买不起车或不会开车，而主要不是为了节能环保。经济上稍微宽裕的大多数居民选择开私家车上班，他们中很少有人因为环境保护而多坐公交少开车。课题组调研得出城镇居民尽管对低碳理念知识认知度比较高，但践行者有限。

（二）纵向调查分析

年龄、收入、学历等对低碳消费理念和消费行为的认知和选择有重要影响。从年龄上看，随着年龄的增加，城镇居民对低碳消费的态度和行为倾向性也逐渐增强。据统计 18 ~30 岁这一年龄段的被调查者支持低碳消费的占 72%，选择购买低碳产品的占 44%；30 ~40 岁年龄段支持率分别占到 80% 和 58%；而 40 岁上被调查群体支持率则分别占到 90% 和 74%，由图 15 可以更清楚看出。

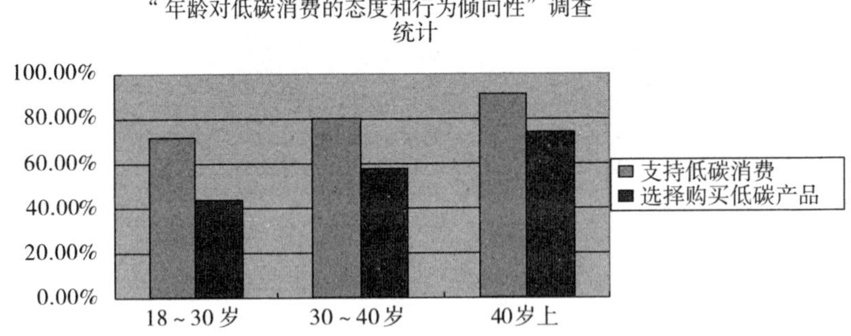

图 15　“年龄对低碳消费的态度和行为倾向性”调查统计

从收入上看，城镇居民个人月收入越高就越倾向于高碳化消费。据调研 3000 元及以下被调查者，83% 的会选择公共交通，77% 的人在购车时首选小排量车；而收入在 3000 ~5000 元收入者选择公共交通代替私家车的比例是 56%，首选购买小排量车的比例占 71%；收入在 5000 ~8000 元收入阶层则分别占到 37% 和 52%；而收入在 8000 元以上的高收入群体则分别占到 3% 和 24%。

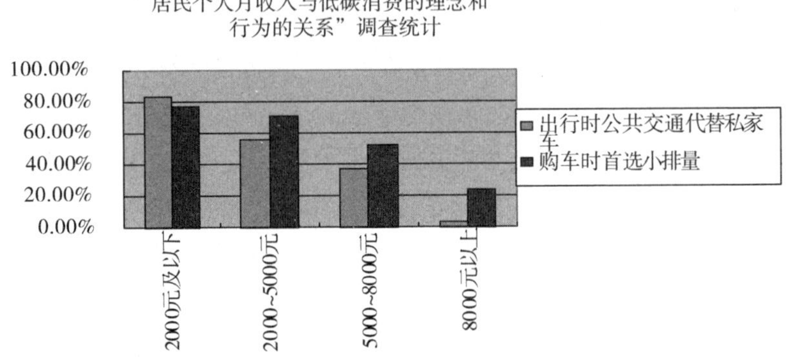

图 16　“居民个人月收入与低碳消费的理念和行为关系”调查统计

从学历上看，高学历者大多关注气候变化。本科及以上学历者，对气候变暖的关注比例高达 91%，86% 的“知道温室气体”，78% 的“知道怎么减少温室气体的排放”，74% 的人能区分低碳和高碳产品，几乎 100% 的高学历者认为自己有责任减少温室气体排放，支持低碳消费，并愿意为温室气体减排做出自己力所能及的贡献。但具体落实到行动上，仅有 17% 的被调查者选择公共交通代替私家车，59% 的首选小排量车，49% 的愿意购买低碳产品。

（三）河南省城镇居民和农村居民低碳消费的比较

农村居民和城镇居民共同构成居民消费的基本单元，二者在低碳消费方面存在着共性和个性。现将河南省农村居民和城镇居民的低碳消费进行比较。

1. 低碳消费认知程度比较

城镇居民和农村居民都有一定低碳消费认知，但认知程度均不高，不过城镇居民比农村居民对低碳消费的认知程度要高，这与城镇居民总体的经济实力、生活方式和教育水平等较高有着密切关系。

2. 获取低碳知识的途径比较

河南省农村居民低碳消费的调查结果显示，大多数人是通过媒体报道了解到低碳；河南省城镇居民低碳消费的调查结果显示，被调查者选择通过“互联网”了解“低碳消费”的占 70% 以上。因而，在普及低碳知识时，针对城镇居民和农村居民要选择不同的宣传教育渠道。

3. 践行低碳消费比较

河南省农村居民与城镇居民践行低碳消费主要集中在日常节能上。尽管大多数居民这样做是为了省钱，但为河南省低碳消费模式的构建奠定了基础。

农村居民和城镇居民的生活方式上存在较大差异，两大群体低碳消费的理解、认知、践行也存在较大差异。如一次性用品的消费。塑料袋有偿使用制度在农村的推行力度并不大，而城市塑料袋的有偿使用制度落实相对较好。再如城镇居民因为就餐环境比较规范，许多餐馆提供了比较完备的消毒设施，消毒餐具的使用范围比较广泛，因而许多城镇居民摈弃了一次性餐具。在出行方式的选择上，由于农村公交车并没有完全普及，摩托车或电动车为主要交通工具，而公交车、电动车是城镇居民大众主要交通工具。

（四）影响河南省城镇居民低碳消费的因素分析

根据对问卷调查的横向、纵向统计分析和面对面访谈，课题组得出城镇居民对气候变化的关注度较高，多数居民对政府倡导的低碳消费做法表示接受和支持，但知强行弱，影响和制约城镇居民践行低碳消费理念的因素很多。

1. 消费者方面的因素

从消费者的角度来看，对河南省城镇居民低碳行为造成影响的主要因素有：消费者的社会责任意识、年龄、低碳消费认知水平、收入因素和生活方式等。

（1）社会责任意识。社会责任意识强、对环境的关注度高、拥有积极环境价值观的群体更倾向于选择低碳消费。其中社会责任意识对低碳行为的影响更为显著，一些人如果认识到“应对气候变化是全社会的问题，每个人、每个家庭都有节能的责任”，往往会选择低碳的购买行为，在家庭行为和交通行为中也表现得更为低碳。另外，个人的环境价值观也发挥着重要作用，持“只要我尽力，就能改善或解决一些环境问题”观点的群体在购买行为和家庭使用行为中更为低碳，承担起地球公民的责任。因此，有必要加强公民的环境意识和社会责任感。

（2）年龄。年龄对居民的低碳消费行为也会产生影响，数据显示年龄大者更倾向于使用低碳产品。年龄大的群体在公共场所和家庭的消费行为中表现较为低碳，使用一次性物品的频率相对较低，在家庭消费行为中更加注重勤俭节约。根据调查发现，过去贫困拮据的生活经历使得老一辈有良好的消费习惯，而生活无忧的年青一代在消费时普遍存在的炫耀、从众、攀比等消费理念。因此，为了构建低碳消费模式，需要社会各个部门的努力，更需要从学校入手，加强青少年的低碳教育。

（3）对低碳消费的认知度。有学者认为：“如果不了解环境对于人类的重要性及当前环境受破坏的严重程度，或不了解自己的消费行为会对环境造成的危害及危害的程度的消费者，即使大学毕业，他们很大程度上还是个文盲—生态文盲。”所以，只有提高居民低碳消费意识，让低碳观念内化为心，然后才能外化为行为。居民对低碳消费的认知程度越高使用低碳产品者就越多。反之，不了解低碳知识或不具有低碳意识的人群，使用低碳产品的就越少。课题组调研得出近 80% 的人区分不清低碳产品和高碳产品。

（4）收入。通过调研我们发现，随着城镇居民可支配收入的增加，低碳产品的购买倾向也得以增强。美国芝加哥大学哈里斯学院的 Don Coursey 的一项研究成果也表明，在影响人们绿色消费的诸因素中，收入是最重要的因素。一旦人均月收入达到 5000 美元以上，人们就会花钱在改善环境方面，进行绿色消费。我国学者的研究也得出同样的结论。在北京的一项调查显示，家庭月收入在 1000 元以下的人对 5% 的绿色产品溢价一般不接受。而月家庭收入在 8000 元以上的人 100% 购买过绿色产品，其购买行为明显表现出深绿色消费者的特征。只有当收入水平达到一定的程度，人们才更有能力关注消费中的生态因素和可持续因素。目前河南省大部分消费者都处于较低或中等收入水平，2015 年河南省城镇居民人均可支配收入 17125 元，远远低于全国的 31195 元，这在一定程度上制约了人们的低碳消费行为。调查结果还显示，收入不仅影响到居民的购买行为，也对居民公共场所、家庭、交通行为影响显著。高收入群体在消费行为中表现欠缺理性，并不能做到低碳消费。这在一定程度上反映了享乐主义在当今社会盛行，随着物质生活的丰富，炫耀性消费、符号性消费、攀比性消费成为高收入群体的消费主流。这种畸形消费价值观亟待社会的矫正。

2. 企业方面存在的影响因素

产品是消费的基础。低碳产品的生产与开发决定着低碳消费市场的水平，决定着低碳消费的内容。目前中国节能产品市场仍处在初级发展阶段，生产低碳产品的企业不是很多，再加上企业由于管理理念落后，资金短缺，低碳产品研发能力不足、低碳技术创新能力不够，技术更新缓慢，致使低碳产品价格较高、质量与可靠性还未得到广大消费者的认可，也影响着低碳消费需求的扩大。因成本和技术水平等原因，低碳节能产品往往比一般商品的价格高一些，这成为阻碍低碳产品推广的重要因素。因此，政府和企业不仅要提高科技研发水平，更要加强检查监督力度，逐步实现低碳产品质优价廉。

（1）低碳产品研发能力不足。企业经营的最终目的是在尽量降低风险的情况下实现利润最大化，但低碳产品开发难度大、成本高、风险大，并且获利不稳定，这使得生产低碳产品的企业在与非低碳产品生产企业竞争时处于不利地位。出于利润的考虑，许多企业会放弃开发和生产当前利益低但未来市场前景良好且有较高的社会收益的低碳产品，而选择能够短期盈利但却不利于环境的高碳产品。而且，许多企业在研发低碳产品时缺乏针对性，往往不舍得花费必要的时间和精力进行市场调研，因而对市场需求情况以及消费群体的需求、心理等缺乏深度了解，致使其生产的低碳产品不是价格高昂就是与消费群体的需求错位，从而导致产品销售出现问题。

（2）技术创新能力不够。发展低碳经济的关键在于低碳技术创新。目前中国对低碳技术创新的投入力度还不够，缺乏对低碳技术研究开发的中长期规划，并且研究开发与产业发展存在脱离现象，转化能力较弱，尚未形成有效的研发与推广相结合的体系。而目前世界上一些低碳技术已经成熟并广泛应用在全球各地，但某些关键低碳技术中国企业还不能掌握，从而阻碍了低碳经济发展的步伐。

3. 政府方面存在的影响因素

市场经济需要政府对市场失灵的缺陷进行宏观调控。低碳消费模式的形成同样需要政府制定和实施相关政策加以引导和支持。近年来，虽然政府表现出对低碳发展的高度重视，但有些地方政府仍然未能制定出全面的、系统的、可行的低碳产业发展规划，甚至没有积极扶持和激励低碳产业的发展政策，更没有低碳产业园。国家对低碳生产企业的信贷优惠和税收等方面的规定与标准还不够明确，各项工作实施起来仍很困难。此外，针对鼓励、刺激居民低碳消费的政策领域也尚处于起步阶段。

（1）政府环保法律体系不健全。市场经济是法制经济，有法可依、有章可循，是发展低碳消费和提高消费能力的先决条件。我国政府一直注重法规政策对低碳发展的先导作用，有关部门先后制定和修订了节约能源法、可再生能源法、循环经济促进法、清洁生产促进法、森林法、草原法和民用建筑节能条例等一系列法律法规，把法律法规作为应对气候变化的重要保证。各级地方政府也出台了很多地方性环境保护法规和地方环境标准以适应环保的需要，这些构成了我国环境保护法律体系。但当前该法律体系还需要进一步完善，在低碳生产经营与消费的诸多领域还缺少必要的法律法规文件，更加缺乏配套实施细则，并且没有与消费者生态环保责任相关的法律。同时，有法不依、执法不严的现象比较突出。按照中国现行的行政管理体制，环保部门是地方政府的一个职能部门，它既有对促进低碳经济发展的政策落实情况进行监管的职责，又有服从于地方政府、为地方的经济发展服务的义务。各地方政府为发展本地区经济，往往过于关注经济的增长，弱化环保问题，这使得环保部门处境尴尬。

（2）政府的政策支持力度不够。建设社会主义市场经济，既要发挥市场对资源配置的基础性作用，又要发挥政府的宏观调控作用。政府可以运用价格、税收、信贷等政策，影响市场主体的行为，以实现经济社会协调发展。但是，目前中国在低碳产业政策、低碳税收政策以及低碳消费政策等方面还比较落后，缺少系统的发展规划，并缺少国家对低碳生产企业的税收优惠、信贷优惠等方面的详细规定和标准，使得相关企业往往因为成本优势的丧失而在与同类企业竞争中处于不利地位。

三、河南省大学生低碳消费现状调查与分析

大学生是一个特殊的消费群体，为掌握当前河南大学生的低碳消费意识以及影响其低碳消费的因素，著者对洛阳师范学院、洛阳理工学院、河南科技大学学生采取随机抽样方法进行了调查，共发放问卷500份，收回有效问卷484份。

（一）调查结果及分析

著者通过调研得出河南大学生对可持续发展的认识比深刻，对低碳消费以及生态文明建设认识度较高。70%的被调查大学生知道低碳消费的含义和大概内容，16%的大学生对其含义和内容较为熟悉，只有2%的大学生从未听说过；且93%大学生认为低碳消费与每个人息息相关，大学生更应该关注。“在您认为中国今年发生的一些自然灾害与生态破坏有关系吗”的调研中，60%的同学认为有很大关系，只有1%的同学认为没有关系。在您认为“‘三废’（废水、废气、废渣）对我们生活有什么影响”的调研中，93%的大学生认为有较大危害。

河南大学生的低碳意识较高，与大学生得到低碳知识渠道比较多有关系。当前很多高校通过开展多种活动鼓励大学生认同并践行低碳理念，如利用课堂、各种论坛等平台对大学生开展形式多样的低碳宣传和教育，通过“基础文明月”“低碳从我做起”等活动倡导大学生在衣、食、住、行、用中践行低碳理念。

（二）河南大学生践行低碳消费的情况

河南省大学生不仅通过多种途径了解低碳消费，在日常生活中也能积极践行低碳消费观念。在“是否愿意参加环保活动”这一问题的回答中，48%的人选择了“愿意”，37%的人选择“很愿意”，有意愿参加环保活动的人超过了半数。

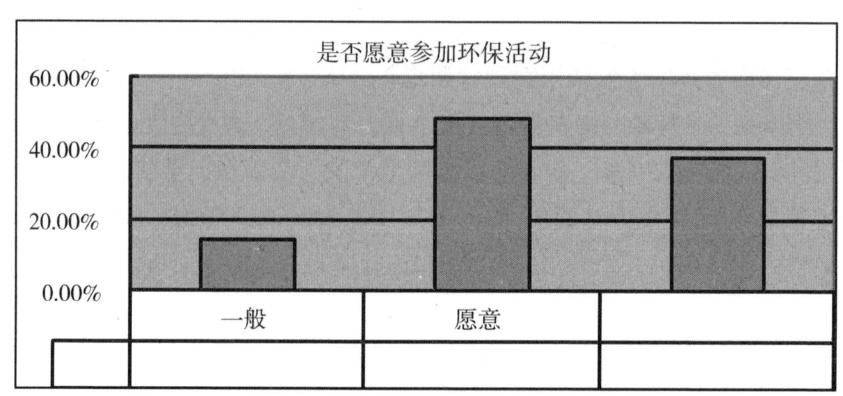

图 17　河南大学生参加环保活动意愿调查

大学生还经常通过一些公益活动和改变自身的行为来践行低碳消费理念，最基本的就是从小事做起，节约每一滴水、每一度电、每一张纸、每一粒饭，尽量少使用一次性产品；出门购物时，一般都带环保袋，无论是免费或者收费的塑料袋都尽量减少使用；自带喝水杯尽量减少使用一次性杯子；随手关闭电器电源，尽量避免浪费用电等。

“你会主动分类把垃圾丢进垃圾桶吗?”的调研结果表明：42%的同学选择“时常”，30%的同学选择“有时”，选择“较少和几乎不会”的同学占28%。在“你是否关心与环保有关的新闻或主动查阅相关知识”的问题中，选择“时常查阅”的同学占4%，选择“有时”的同学占48%，选择“较少和几乎不会”的同学占48%。在“你经常开展或者参加环保活动吗?”的问题中，4%的同学选择“时常”，37%的同学选择“有时”，选择“较少和几乎不会”的同学占59%；在“到商店或超市购物，你会随时带上购物袋吗?”的问题中有22%的同学选择“时常”，28%的同学选择“有时”，选择“较少和几乎不会”的同学占50%。关于大学食堂不提供一次性餐具的做法大约有65%的同学选择“赞同”，选择“不赞成”、“无所谓”和“有条件赞成”的同学达到35%。

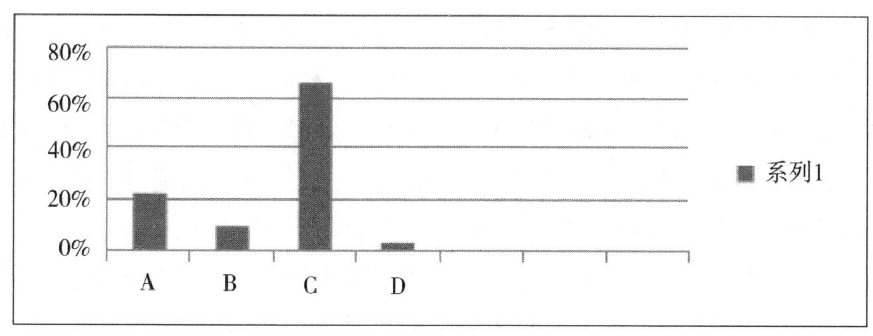

图18 “你会主动分类把垃圾丢进垃圾桶”调查

（备注：问题“对于只使用一次性的塑料袋，请问你通常会怎样处理？”A 循环利用；B. 直接丢弃；C. 质量较好的留下再度利用；D. 其他做法）

尽管很多同学认为个人的力量对于整个社会低碳消费模式的形成作用十分有限，但他们认为在生活中自身的行为还是能影响到他人，不仅在日常生活中践行低碳理念，还主动地进行低碳宣传，让更多的人认识到低碳消费的重要性。在校园内，多数大学生积极参加低碳消费宣传教育活动，加入环保志愿者队伍，有的同学还发挥自己的专业特长，关注各种环境保护法规，减少环境污染，同时教育更多的民众树立绿色低碳消费观，引导民众参与到践行低碳理念的活动中。如洛阳师范学院后勤集团在宿舍水管旁边张贴的标语“珍惜水资源，生命真永远”、文传志愿者部宣传语“爱惜生命之源，关注点点滴滴”等。

（三）大学生低碳消费存在的主要问题

1. 对低碳消费认识模糊且动力不强

低碳消费行为是一种体现人的道德观、责任感的行为，虽然通过不断的学习，大学生在校期间综合素质可以不断提高，但目前大学生低碳消费知识和低碳消费能力不高。由于经济来源的限制，多数同学认为“便捷性”和“服务”是购买商品时考虑的最主要因素，57%的学生认为“环保”在购买商品时是比较重要的因素，而71.2%的学生认为低碳产品的价格是最重要的影响因素，表示较贵的产品不会去购买，在条件允许下可以考虑。价格因素成为主要考虑因素，低碳消费行动相对很少，动力不足。

2. 低碳消费宣传教育还有待强化

大学生人情消费盛行与低碳消费倡导的消费观念相悖。目前河南大学生的收入主要来源于家庭供给和勤工俭学，“人情消费”“面子消费”等在大学校园也比较流行。人情消费主要指大学生用于人际交往和恋爱方面的支出。课题组对河南大学生生活消费支出进行调查，月消费水平 800～1000 元的人占 52%，1000 元以上的人占 12%，800 元以下的占 36%。除了日常生活学习方面的消费，通讯、交际、娱乐等方面的消费占了一定比重。每月用于人情消费 100 元以下的人占了 68%，100～150 元的人占 21%，150 元以上的人占到 11%。在人情消费方面，请客吃饭、同学聚餐、生日送礼等成为人情消费的主要内容。多数大学生认为，请客或被请客都是一种人际关系的投资，在校园中和同学搞好关系，既是一种潜在的人际资源，也可为以后步入社会培养交际方面的能力。因此，校园内同学聚会次数越来越多，通过请客吃饭这种方式来交流感情，维持自己的人情网络。大学生的人情消费日益沉重，呈现出一种上升趋势，“吃喝风”流行。

再次，大学生过度消费现象突出与低碳消费倡导的适度消费理念相悖。低碳消费反对过度消费。在大学生消费中，大部分学生能够从节约的角度出发，但少数学生存在过度消费现象。过度消费的一般表现为：一是超前消费，为了提前享受或追赶潮流，在消费过程中，超出自己的经济承受能力；二是炫耀性消费，这种消费的目的不是为满足个人基本消费需求，而是通过消费来攀比，追求所谓的时髦、品牌，获得某种心理满足。调查得出 57% 的学生购买品牌服饰的初衷是为了让陌生人注意自己，也有 38% 的学生是为了让身边的人注意自己，而只有少数学生是为了满足自己的需要。在这种消费观念的影响下，他们喜欢以一个人消费水平作为评价其能力及社会地位的标准，使得大学生之间的攀比消费现象比较普遍。过度消费除了增加对资源的索取和环境的污染，还助长校园内的“消费主义”风气和“享乐主义”的发展。

再次消费行为盲目化影响大学生进行低碳消费。市场上一些放心产品、健康食品、纯天然食品数不胜数，产品标志也种类繁多。很多大学生对安全、健康食品了解甚少，在眼花缭乱的食品面前显得无所适从，导致盲目购买。眼下消费者虽然注意食品安全的重要性，但有些由于盲目追求“低碳消费”，被商家误导。

另外，在大学生的日常消费中，生活学习方面的消费占了主要地位。考研消费、考证消费、上网消费成为当前大学生消费热点。在接受调查的大三、大四学生中，13% 的同学表示曾经决定参加到考研或考证队伍中后来却又放弃。在考证的过程中，这些学生都要购买多本教材和指导书，甚至要参加培训机构的培训。考研的学生在提前准备的过程中更是购买多本复习书和资料，之后成为废书便扔掉或以废纸卖掉，浪费了时间、金钱，也造成了资源浪费。另外，62%的学生已考过部分证书，其中28%的人考过两个以上的证书。在这些考证消费中，他们几乎都认为考证只是为了增加就业砝码，在毕业简历中能够有东西可写，而对于它们的实际作用不甚关心或者不清楚，部分学生是觉得身边同学都考了，自己也就跟着考了，“随大流”盲目现象突出。

（四）影响大学生低碳消费的主要因素

影响大学生低碳消费意识提高的因素有很多，低碳教育不系统是最为重要的因素。在“学校多长时间举行一次低碳环保活动?”的问题中有3%的学生选择“时常”，37%的学生选择“有时”，选择“较少和几乎不会”的同学占60%。在开放性问题“你在大学期间，接受过哪些低碳环保教育?”中有13%同学说在学校参加过环保与健康协会；6%的同学参加过关灯一小时；14%为同学回答通过讲座、老师授课横幅宣传了解；50%的同学说没有接受过教育，4%的同学是通过挑战杯活动了解，有13%的同学是在学校期间通过看书或者和同学交流了解的。在“学校举行过哪些关于低碳环保的活动?”中有43%的同学说“不知道”或“无”，有17%的同学说“关灯一小时”，还有15%的同学说是环保与健康协会举办了“进入社区张贴关于低碳环保的宣传海报”。从以上的数据中我们可以看出，大学生受到的低碳环保教育相当不系统，并且内容单一，学生的低碳环保知识，也只限于那些政府经常提出的一些低碳环保的口号。中国高校低碳教育教学的发展受到多种因素的影响和制约，主要表现在以下几个方面：

一是低碳理念和低碳意识未能在教育教学体系中得到很好贯彻。人们对于新生事物从认识到认同，进而内化为行为需要一个过程，对低碳理念的认同到转化为行为也是如此。目前虽有大学在教育教学体系中尝试引入低碳理念，但相关制度不健全、不完善。近年来低碳生活、低碳经济成为热门话题，大多数学校响应政府的号召开展了一些关于低碳环保的讲座、宣传等，学生也自发地组织了一些宣传低碳环保活动，但因学校的重视程度不够，低碳环保宣传效果并不理想。

二是政府引导不够。政府在低碳教育教学建设中应发挥主导作用，不仅要制定低碳教育相关的制度和法规，且在财政上应予支持和补贴，在教育发展规划中应融入低碳理念，倡导高校以低碳化理念对校园基础设施进行改造，营造低碳校园文化氛围，构建低碳教育教学体系，尤其是要重视对大学低碳教育教学的管理和监督，督促高校低碳转型，显然中国政府在这方面引导还不够。

三是校园低碳文化氛围尚未形成。低碳教育教学的发展需要整个社会低碳文化氛围的形成作为基础。目前我国居民低碳意识尚待提高，低碳理念尚未融入校园文化、机关文化、企业文化、社区文化等文化建设中。浓郁的低碳文化氛围在中国远未形成，这也是制约我国低碳教育教学质量提升不可忽视的因素。

第四章

河南省构建低碳消费模式的优势分析

本章主要从中央政府制定的与低碳相关的法律法规、确定低碳发展目标、扩大低碳消费需求以及取得的成绩，自身优势等方面分析河南省构建低碳消费模式的有利条件。

一、具备了一定政策和法律法规基础

自“低碳生活”等口号提出以来，中国政府相继出台了一系列与低碳相关的政策和法律法规，为发展低碳经济、构建低碳消费模式以及加快生态文明建设提供了法律和制度保障。建设生态文明被写进中国共产党的十七大报告，是十八大报告的核心内容。中国国民经济和社会发展“十五规划”（2001—2005）和“十一五规划”（2006—2010）都提出了节约能源、提高能源利用率、降低单位 GDP 能耗和利用新能源的具体约束性目标，“十二五规划”提出的约束性目标更高。十八届四中全会首次提出创新、协调、绿色、开放、共享五大发展理念。“十三五规划”中规定必须坚持节约资源和保护环境的基本国策，坚持可持续发展，推进美丽中国建设。

配合国家战略部署，2004 年中国国务院通过了《能源中长期发展规划纲要（2004—2020）（草案）》；同年国家发改委公布中国第一个《节能中长期专项规划》。2007 年 6 月成立了由温家宝总理亲自挂帅的“国家应对气候变化领导小组”，国家发改委发布了《中国应对气候变化国家方案》，是全球第一个全面、系统、透明地制定应对气候变化的指导思想、原则、目标和相关政策措施的国家。中国已颁布了《国家中长期科学和技术发展规划纲要》《国家气候变化评估报告》《国家环境保护“十一五”规划》和《国家环境保护“十二五”规划》等纲领性文件，前两者明确提出要解决能源、水资源和环保技术的科技优先发展，把监测全球环境变化与对策研究作为科技工作的主要任务，在国家科技计划中予以重点扶持，并加强节能技术，可再生能源技术和高效利用，清洁煤技术和减缓温室气体排放技术的研究和开发。后者则指出，坚持可持续发展框架，努力改变经济增长方式，推进技术创新，走低碳经济的发展道路。《国家环境保护“十一五”规划》增加了应对气候变化的内容，提出要加强政策导向的能源节约和高效利用，提高能源管理的实施力度，努力减少温室气体排放，大力发展可再生能源和控制工业生产过程中的温室气体排放量。除了纲领性文件，自2003年以来，国务院已颁布《节能和长期专项规划》《做好建设节约型社会近期重点工作的若干意见》《关于加快发展循环经济的决定》《关于加强节能减排》等系列政策文件。

此外，国家还出台了一系列的法律法规。2005年中国政府通过《可再生能源法》，2007年通过修订后的《节约能源法》，2008年8月第十一届全国人大常委会第四次会议通过《中华人民共和国循环经济促进法》，以促进循环经济发展，提高资源利用效率，保护和改善环境，实现可持续发展。还先后颁布了《中华人民共和国清洁生产促进法》《中华人民共和国森林法》《中华人民共和国草原法》和《中华人民共和国民用建筑节能条例》等法律法规。同时还对《中华人民共和国水环境保护法》《矿产资源法》《煤炭法》和《电力法》等法律进行了修订。这一系列法规政策的修订和新法规政策的出台，为我国构建低碳消费模式提供了保障，目前无论是单位国内生产总值的能耗还是能源消费结构，都有了明显改善。

除了上述政策，中国在农业、森林和其他自然生态系统，水资源和海岸带、沿海地区等生态脆弱地区，积极落实政策和行动，应对气候变化，取得了显著的成果。

表17 2004年以来我国颁布的与环境保护相关的法律法规（部分）

法律法规	颁布时间
渤海生物资源养护规定	2004年1月15日
国家林业局印发行政许可工作管理办法	2004年6月25日
环境保护行政许可听证暂行办法	2004年6月17日
林业科技重奖工作暂行办法	2004年6月2日
气象探测环境和设施保护办法	2004年8月9日
能源效率标识管理办法	2004年8月13日

续表

法律法规	颁布时间
国家环境保护工程技术中心管理办法	2004 年 9 月 30 日
环境污染治理设施运营资质许可管理办法	2004 年 11 月 8 日
地方环境质量标准和污染物排放标准备案管理办法	2004 年 11 月 11 日
黄河河口管理办法	2004 年 11 月 30 日
入河排污口监督管理办法	2004 年 11 月 30 日
水电站大坝运行安全管理规定	2004 年 12 月 1 日
危险化学品生产储存建设项目安全审查办法	2004 年 12 月 14 日
草畜平衡管理办法	2005 年 1 月 19 日
全国文明风景旅游区评选和管埋办法	2005 年 1 月 7 日
环境影响评价工程师职业资格登记管理暂行办法	2005 年 2 月 23 日
中华人民共和国可再生能源法	2005 年 2 月 28 日
国家水土保持重点建设工程管理办法	2005 年 4 月 18 日
环境保护法规制定程序办法	2005 年 4 月 25 日
城市湿地公园规划设计导则（试行）	2005 年 6 月 24 日
非法采矿、破坏性采矿造成矿产资源破坏价值鉴定程序的规定	2005 年 8 月 31 日
污染源自动监控管理办法	2005 年 9 月 19 日，
中华人民共和国防治船舶污染内河水域环境管理规定	2005 年 8 月 20 日
草原征占用审核审批管理办法	2006 年 1 月 27 日
草种管理办法	2006 年 1 月 12 日
取水许可和水资源费征收管理条例	2006 年 2 月 21 日
病原微生物实验室生物安全环境管理办法	2006 年 3 月 8 日
农业转基因生物加工审批办法	2006 年 1 月 27 日
农村水电建设项目环境保护管理办法	2006 年 7 月 6 日
国家级自然保护区监督检查办法	2006 年 10 月 26 日
环境统计管理暂行办法	2006 年 11 月 4 日
国家环境保护总局工作规则	2006 年 12 月 22 日
环境信息公开办法（试行）	2007 年 4 月 11 日
环境监测管理办法	2007 年 7 月 25 日
绿色建筑评价标识管理办法（试行）	2007 年 8 月 21 日

续表

法律法规	颁布时间
中华人民共和国节约能源法	2007 年 10 月 28 日
国务院批转节能减排统计监测及考核实施方案和办法的通知	2007 年 11 月
民用核安全设备无损检验人员考核与资格鉴定管理办法	2008 年 3 月 6 日
民用核安全设备设计制造安装和无损检验监督管理规定	2007 年 12 月 28 日
中华人民共和国水污染防治法	2008 年 2 月 28 日

资料来源：根据网络上相关资料整理。

2010 年以来更具有针对性的与低碳、生态文明建设相关法律法规和发展规划也相继出台，如 2012 年 11 月环境保护部、国家发展改革委、工业和信息化部、卫生部联合发布了《“十二五”危险废物污染防治规划》，《规划》提出要将危险废物污染防治作为“十二五”深化环境保护工作的重要内容，综合运用法律、行政、经济和技术等手段，进一步提高无害化利用处置保障能力，提升全过程监管能力，不断提高危险废物污染防治水平，降低危险废物环境风险。到 2015 年全国危险废物产生单位和经营单位的危险废物规范化管理抽查合格率分别达到 90% 和 95% 以上。① 再如 2012 年 10 月国务院新闻办发布了《中国的能源政策（2012）》白皮书，白皮书提出，大力发展新能源和可再生能源是推进能源多元清洁发展、培育战略性新兴产业的重要战略举措，也是保护生态环境、应对气候变化、实现可持续发展的迫切需要。根据白皮书的规定，要加快构建有利于能源科学发展的体制机制，改善能源发展环境，推进能源生产和利用方式变革，保障国家能源安全。到“十二五”末，非化石能源消费占一次能源消费比重将达到 11.4%，非化石能源发电装机比重达到 30%。

二、我国已明确了低碳发展目标

2010 年 8 月国家发改委发布了《关于开展低碳省区和低碳城市试点工作的通知》将在广东、辽宁、湖北、陕西、云南五省和天津、重庆、深圳、厦门、杭州、南昌、贵阳、保定八市开展低碳试点工作，这是中国政府首次以单独文件的方式要求实施低碳工作，在该《通知》中明确了我国低碳社会发展的近期

① 环保部等四部委：危险废物管理合格率须超 9 成. 经济日报，2012 - 11 - 02.

目标、中长期发展目标和远期目标。

低碳转型近期目标：实现低碳技术快速或者跨越式发展，温室气体排放显著降低和可控。

低碳转型中长期目标：以低碳技术为核心的产业结构转型促成经济结构调整，使经济的发展与碳排放脱钩，形成低碳生活和低碳消费的社会风尚。

低碳转型远期目标：资源综合利用程度较高，环境保护成为社会常态，最终达到人与自然和谐共存和永续发展。①

该《通知》中还明确了五省八市低碳试点的五大任务，即编制低碳发展规划；制定支持低碳绿色发展的配套政策；加快建立以低碳排放为特征的产业体系；建立温室气体排放数据统计和管理体系；积极倡导低碳绿色生活方式和消费模式。② 其中第五点明确要求试点地区积极倡导低碳绿色生活方式和消费模式，大力开展宣传教育普及活动，鼓励低碳生活方式和行为，推广使用低碳产品，弘扬低碳生活理念，推动全民广泛参与和自觉行动，这也为其他省市发展低碳经济、建设低碳社会以及倡导低碳生活方式和消费模式提供了发展方向和明确目标。

十八大报告中明确提出，大力推进生态文明建设，是关系人民福祉、关乎民族未来的长远大计。面对资源约束趋紧、环境污染严重、生态系统退化的严峻形势，必须树立尊重自然、顺应自然、保护自然的生态文明理念，把生态文明建设放在突出地位，融入经济建设、政治建设、文化建设、社会建设各方面和全过程。《中共中央国务院关于加快推进生态文明建设的意见》提出我国生态文明建设的具体目标是到2020年，资源节约型和环境友好型社会建设取得重大进展，主体功能区布局基本形成，经济发展质量和效益显著提高，生态文明主流价值观在全社会得到推行，生态文明建设水平与全面建成小康社会目标相适应。十八届四中全会提出：必须坚持节约资源和保护环境的基本国策，坚持可持续发展，推进美丽中国建设。根据“十三五规划”，在经济发展的过程中，必须要坚持节约优先、保护优先、自然恢复为主的方针，着力推进绿色发展、循环发展、低碳发展，形成节约资源和保护环境的空间格局、产业结构、生产方

① 《国家发展改革委关于开展低碳省区和低碳城市试点工作的通知》，http://www.sdpc.gov.cn/zcfb/zcfbtz/2010tz/t20100810_365264.html.

② 《国家发展改革委关于开展低碳省区和低碳城市试点工作的通知》，http://www.sdpc.gov.cn/zcfb/zcfbtz/2010tz/t20100810_365264.html.

式、生活方式，从源头上扭转生态环境恶化趋势，为人民创造良好生产生活环境，为全球生态安全做出贡献。

三、我国节能减排已取得了举世瞩目的成绩

近三十年来中国政府高度重视气候变化问题，为应对气候变化做出了不懈努力和积极贡献。在国际舞台上，中国是联合国气候谈判的积极推动者，1992年6月里约热内卢会议上，时任中国总理李鹏亲自出席并代表中国政府签署了《联合国气候变化框架公约》，使中国成为《公约》首批缔约方之一。2009年温家宝总理亲自出席哥本哈根气候大会，承诺到2020年中国单位GDP二氧化碳排放量将比2005年下降40%～45%。中国也是联合国最主要的气候变化科研机构——联合国政府间气候变化专门委员会（IPCC）的发起国之一。2012年11月16日习近平总书记要求全党“深刻理解把生态文明建设纳入中国特色社会主义事业总体布局的重大意义，深入领会生态文明建设的指导原则和主要着力点，自觉把生态文明建设融入经济建设、政治建设、文化建设、社会建设各方面和全过程”①。

中国是近年来节能减排力度最大的国家。中国政府通过落实工程减排、结构减排、管理减排三大减排措施，强化治理工程建设，提升环保监管能力，完善税收制度、推进资源性产品价格改革，深入推进循环经济试点，大力推广节能环保汽车，实施节能产品惠民工程，推动淘汰高耗能、高污染的落后产能等措施，污染物减排能力极大提升。1990年至2005年，单位国内生产总值二氧化碳排放强度下降了46%。2009年底中国单位国内生产总值（GDP）能耗比2005年下降了14%，相当于少排放8亿吨二氧化碳。②“十一五”时期，我国首次将节能减排作为国民经济和社会发展规划的约束性指标，提出并顺利完成化学需氧量、二氧化硫两项主要污染物排放总量减少10%的目标。2010年全国化学需氧量、二氧化硫排放总量分别比2005年下降12.45%和14.29%，双双超额完成“十一五”目标任务。2011年我国再次将污染减排作为“十二五”规划纲要约束性指标。③ 在能源开发利用上采用多元化能源战略，如表18所示。

① 习近平. 认真学习党章　一个遵守党章. 经济日报，2012-11-20.

② 华红琴. 低碳城市：从理念到行动，格致出版社，2010：37.

③ 鲍晓倩. 总量减排向纵深推进. 经济日报，2012-10-19.

表 18 “十二五”期间能源资源开发重点

大型煤炭基地：加快陕北、黄陇、神东、蒙东、宁东、新疆等煤炭基地建设，优化开发晋北、晋中、晋东、河南、两淮和云贵煤炭基地资源，控制冀中、鲁西煤炭基地开发规模和强度，到“十二五”末，形成10个亿吨级和10个5000万吨级特大型煤炭企业，产量占全国的60%以上。 非常规天然气开发区块：建成沁水盆地寺河、潘河、成庄、潘庄、赵庄和鄂尔多斯盆地柳林、韩城－合阳煤层气地面开发项目，推进山西、辽宁、安徽、河南、重庆、四川、贵州等省市重点矿区煤层气井下规模化抽采。建成长宁、威远、富顺－永川、昭通、鄂西渝东等21个页岩气规模化勘探开发区。 大型水电基地：重点开工建设金沙江白鹤滩、乌东德、梨园、龙开口、鲁地拉、观音岩、苏洼龙、叶巴滩、拉哇、昌波、旭龙，雅砻江两河口、牙根一级、牙根二级、孟底沟、卡拉、杨房沟，大渡河双江口、猴子岩、硬梁包、丹巴、老鹰岩、安谷、金川、安宁、巴底、枕头坝二级、沙坪一级，澜沧江古水、黄登、苗尾、乌弄龙、里底、托巴、人华侨、橄榄坝、古学、如美，黄河上游班多、羊曲、门堂、玛尔挡，雅鲁藏布江中游加查、街需、大古，长江干流小南海，怒江松塔，汉江旬阳，第二松花江丰满重建，乌江白马，红水河龙滩二期，帕隆藏布忠玉，库玛拉克河大石峡，开都河阿仁萨很托亥等项目；深入论证、有序启动澜沧江上游侧格、卡贡，黄河上游宁木特、茨哈峡，金沙江中游龙盘，怒江干流六库、马吉、亚碧罗、赛格等项目。 大型风电基地：建设河北、蒙西、蒙东、吉林、甘肃、新疆、黑龙江以及山东沿海、江苏沿海风电基地，到2015年，大型风电基地规模达到7900万千瓦。 太阳能电站：按照就近消纳、有序开发的原则，重点在西藏、内蒙古、甘肃、宁夏、青海、新疆、云南等太阳能资源丰富地区，利用沙漠、戈壁及无耕种价值的闲置土地，建设若干座大型光伏发电站，结合资源和电网条件，探索水光互补、风光互补的利用新模式

同时我国各地也通过多种措施，在降低能耗方面，取得了显著成绩。2011—2014年我国单位GDP的能耗逐年下降，2014年下降了4.8%，碳强度也下降了6.2%，这也是“十二五”节能减排取得最好成绩的一年。2011年全国化学需氧量、二氧化硫排放量分别比2010年下降2.04%、2.21%，氨氮排放量同比下降1.52%。2012年上半年氨氮排放量同比减少1.98%，氮氧化物排放量与去年同期基本持平略有下降。

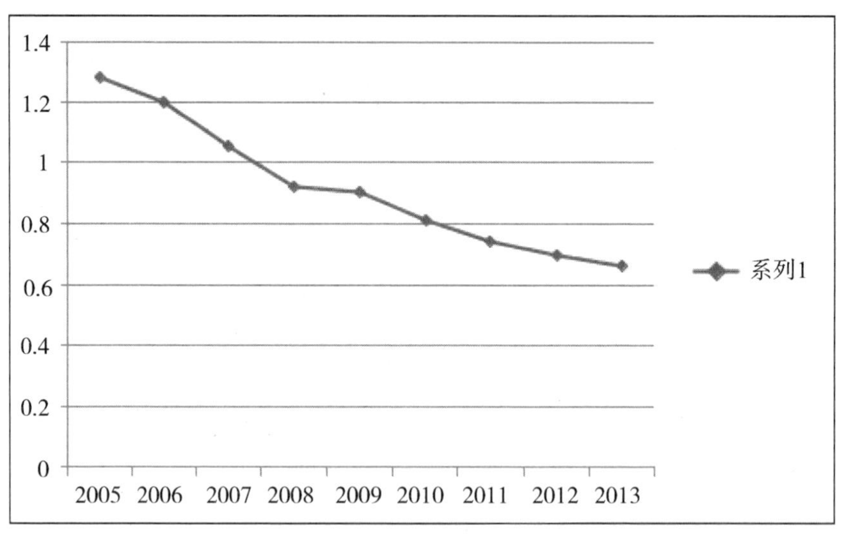

图19　2005—2013年我国单位GDP能耗（单位：吨/万元）

中国不仅是节能减排力度最大的国家，也是新能源和可再生能源增长速度最快的国家。在保护生态基础上，我国有序发展水电，积极发展核电，鼓励支持农村、边远地区和条件适宜地区发展生物质能、太阳能、地热、风能等新型可再生能源。2005年至2008年可再生能源增长51%，年均增长14.7%。2008年可再生能源利用量达到2.5亿吨标准煤。农村有3050万户用上沼气，相当于少排放二氧化碳4900多万吨。① “十一五”期间清洁能源比重进一步增加。2010年，我国水电装机规模达到2.2亿千瓦，位居世界第一；核电在建规模2924万千瓦，占世界核电在建规模的40%以上；“十一五”时期新增风电装机规模约3000万千瓦，2010年并网规模位居世界第二；太阳能热水器集热面积继续保持世界第一。根据十二五规划，我国能源消费的目标是非化石能源消费比重提高到11.4%，非化石能源发电装机比重达到30%。天然气占一次能源消费比重提高到7.5%，煤炭消费比重降低到65%左右。

① 华红琴．低碳城市：从理念到行动．上海：格致出版社，2010：38.

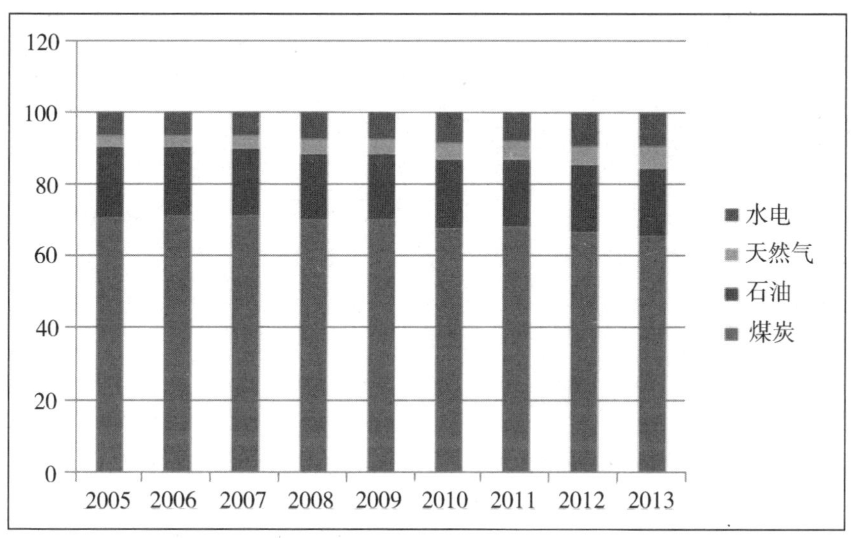

图 20　中国能源消费构成 2005—2013 年变化趋势图

数据来源：《中国统计年鉴 2014》。

随着国家节能减排工作的推进，在我国的能源生产结构中，水电、风电、核电所占的比例在逐年上升，如图 20 和图 21 所示。到 2015 年，煤层气、页岩气探明地质储量分别增加 1 万亿和 6000 亿立方米，商品量分别达到 200 亿和 65 亿立方米，非常规天然气成为天然气供应的重要增长极。全国常规水电、抽水蓄能电站装机分别达到 2.6 亿千瓦和 3000 万千瓦。风能发电装机规模达到 1 亿千瓦；太阳能发电装机规模达到 2100 万千瓦；生物质能发电装机规模达到 1300 万千瓦，其中城市生活垃圾发电装机容量达到 300 万千瓦。运行核电装机达到 4000 万千瓦，在建规模 1800 万千瓦。

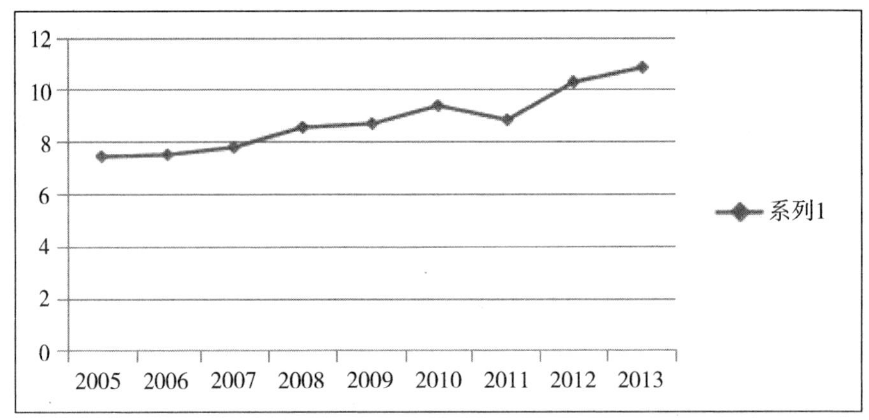

图 21　2005—2013 年水电、核电、风电占能源生产总量的比重

此外，节能减排的实现需要全社会各个部门通力合作，在中国已形成广泛共识。节能减排工作需要从生产、流通、分配、消费和再生产全过程系统地防范环境污染和生态破坏。总之，中国“十一五”以来在节能减排、生态文明建设方面取得的成绩为我国也为河南省发展低碳经济，倡导居民践行低碳生产方式和消费方式提供了经验和借鉴。

四、扩大低碳消费需求是国家未来扩大内需的重点

扩大内需是国家的重要工作之一，扩大低碳消费需求更是未来我国经济发展政策的重要关注点。商务部市场运行和消费促进司副司长王斌曾表示，商务领域构建扩大消费的长效机制，既要注重处理好扩大消费规模和优化消费结构的关系，又要注重处理好扩大消费与资源环境承载能力的关系，形成与国情相适应的文明、节约、绿色、低碳的消费模式。① 2012 年 1 月 5 日我国召开的全国商务工作会议提出未来扩大内需、促进消费的重点主要是对节能环保产品和建立废旧回收体系进行财政补贴。商务部将研究制定节能环保产品消费扶持政策，构建资源节约、环境友好的消费模式，在政策方面以废弃电子和老旧汽车等回收利用，扩大居民服务消费，促进网络购物等新型消费业态为重点。由商务部扩大内需的导向我们可以看出构建低碳消费模式，扩大低碳消费需求，是我国未来扩大国内消费需求的重点。

---

① 李予阳．我国将着力扩大城乡居民消费．经济日报，2012 －01 －08.

五、河南发展低碳消费模式的自身优势

自“十一五”国家大力开展节能减排以来，河南在提高能源利用效率，优化能源结构，降低碳排放方面取得了重要进展。“十二五”前三年，全省万元生产总值能耗、二氧化碳排放总量累计下降 13.97%、15.07%，化学需氧量、氨氮、二氧化硫、氮氧化物排放总量分别减少 8.64%、7.39%、12.93% 和 1.52%。2014 年全年万元生产总值能耗和二氧化碳排放量均降低 1.5%，化学需氧量、氨氮、二氧化硫、氮氧化物四项主要污染物排放总量分别控制在 133.39 万吨、13.94 万吨、124.15 万吨和 142.47 万吨，分别比 2013 年削减 1.5%、3.3%、1% 和 9%，淘汰落后产能电解铝 5 万吨、造纸 12 万吨、制革 100 万标张、印染 2000 万米，提前一年完成“十二五”落后产能淘汰任务，全年新增光伏和风力发电装机 80 万千瓦左右，天然气和可再生等清洁能源消费比重提高到 10% 以上。全省节能环保产业总产值争取达到 1800 亿元。此外，森林覆盖率从新中国成立初期的 7.81% 提高到 20.16%，这些都为河南省构建低碳消费模式奠定了一定基础，使河南省在构建低碳消费模式方面具备了一定优势。

（一）节能减排发展空间大，成本相对低

因产业结构、消费结构处于高能耗阶段，加上节能技术水平低，能源管理和评价机制不完善、不够科学，使得河南的能耗强度和能源效率偏低。有关研究表明，中国的能源系统效率为 33.4%，比国际先进水平低 10 个百分点，电力、钢铁、有色、石化、建材、化工、轻工、纺织八个行业主要产品单位能耗平均比国际先进水平高 40%，机动车油耗水平比欧洲高 25%，比日本高 20%，单位建筑面积采暖能耗相当于气候条件相近发达国家的 2 ~ 3 倍。而相对于国内的平均水平，河南的能源利用效率则更低。根据有关统计资料显示：当前河南省工业单位产能为世界平均水平的 2.3 倍。因此，通过结构调整、技术革新和改善管理等途径，实现节能减排的余地较大。

此外，相对于发达国家，河南省的减排成本比较低。从国际上看，框架公约规定每吨成本超过 30 美元，中国的成本大体在 15 美元。加上河南能源需求增长、符合减排条件的项目多、规模经济效应明显的特点，有利于开展国际碳排放交易，从而吸引国际资金进入减排项目。自 2005 年我国正式加入 CDM 市场以来，凭借巨大的温室气体减排市场及政府的正确引导与支持，我国 CDM 项目一枝独秀，已注册项目的预期年排放量、获联合国清洁发展机制执行理事会

(EB) 签发的 CERs 数量和在 EB 成功注册的 CDM 项目数均超过印度，位居全球首位。截至 2015 年 5 月 5 日，国家发展改革委批准的全部 CDM 项目 5073 项，在各省区分布中河南有 174 项，排 11 名。

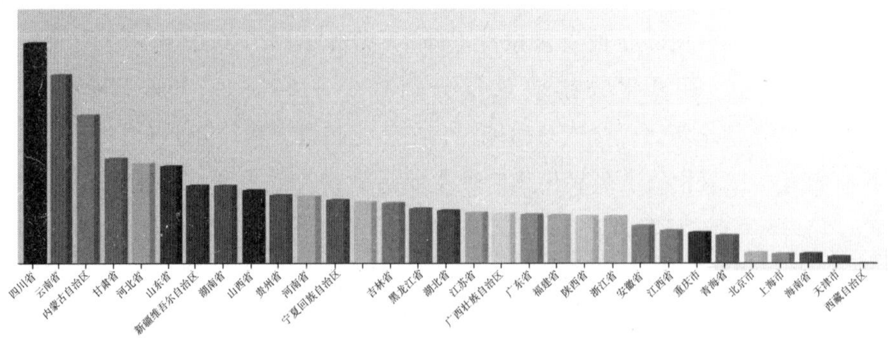

图 22　国家发展改革委批准的全部 CDM 项目按省区市分布图

数据来源：http：//cdm. ccchina. gov. cn.

（二）节能减排的国内国际技术合作潜力大

从我国目前的国际合作来看，一方面，包括河南在内的中国与发达国家在低碳技术方面还存在较大落差。如，煤电的整体煤气化联合循环技术、高参数超临界机组技术、热电多联产技术等仍不成熟；可再生能源和新能源技术方面，大型风力发电设备、高性价比太阳能光伏电池技术、燃料电池技术、氢能技术等，与欧洲、美国、日本等发达国家相比有不小差距。另一方面，低碳技术国际合作的机会在增加。《联合国气候变化框架公约》规定发达国家有义务向发展中国家提供技术转让。在全球高度关注气候变化、发达国家承诺要向发展中国家大规模转让温室气体减排技术的背景下，为河南发展低碳经济提供了很好的机遇。因此，应抓住时机，积极引进先进技术，加快低碳技术的创新和推广速度，在低碳消费和低碳生产相互促进和相互影响中推动河南低碳社会发展的进程。

（三）中原文化也为河南发展低碳消费奠定了基础

消费文化影响甚至决定着消费者的思想和行为，能否形成健全的低碳消费文化对发展低碳经济至关重要。河南地处中原，中原文化在历史上曾对河南甚至整个中国的经济发展产生了重要影响。道家的鼻祖老子、庄子生于河南，儒家鼻祖孔子和孟子虽生于齐鲁，但他们的思想学说却对中原文化产生了极其深远的影响。荀子曾提出“足国之道，节用裕民而善臧其余”。孔子视“竭泽涸渔”“覆巢毁卵”行为为不义、不孝之举；孟子明确提出“仁民而爱物”的命题。孟子说：“不违农时，谷不可胜食也。数罟不得入洿池 鱼鳖不可胜食也。斧斤以时入山林，材木不可胜用也。”管子曰：毋杀畜生、毋拊卵、毋伐木、毋矢英，所以息百长也。儒学、道学是孕育中原文化精魂的两大文化基因，使中原文化、中原民风呈现出古朴厚道、勤劳节俭、崇尚节俭、天人合一的特性，形成了“量入为出”消费观念和人与自然和谐相处的环保观念。这些传统的理念都为河南省构建低碳消费模式奠定了厚重的哲学和文化基础。

第五章

十大低碳城市建设现状及给河南省的启示

城市是人类经济、政治和社会生活的中心，是社会经济发展的主要力量，近5/8的城市人口贡献了全球80%以上的GDP,① 但城市温室气体排放量也占到了全球温室气体总排放量的78%左右。国务院发展研究中心区域部部长侯永志曾表示，我国转变经济发展方式首先要解决城市发展的可持续性问题，城市创造了中国90%左右的国民产出，城市能不能实现可持续发展也就决定了发展方式能不能转变，以及科学发展观能不能落实的问题。② 城市的发展速度、人口数量、能源消耗以及产业结构都直接影响着温室气体减排量，建设低碳城市是发展低碳经济的重要载体。2010年8月国家发改委决定在天津等八市开展低碳试点工作，揭开了中国低碳城市建设的序幕，2011年经济日报社、国家发改委等有关国家部委评选出了“中国十大低碳城市”。本章主要对十大低碳城市建设现状进行考察，为河南发展低碳经济，建设低碳社会，构建低碳消费模式以及建设河南省低碳试点城市提供借鉴和参考。

一、我国出现的低碳城市热

（一）低碳城市的含义及其体系构成

建设低碳城市是推动节能减排和发展低碳经济的重要载体。所谓低碳城市，目前国内外尚无统一的界定，一般认为是以城市空间为载体发展低碳经济，倡导居民消费中践行低碳理念，创新低碳技术，从而达到最大限度地降低城市温室气体的排放。低碳城市体系主要包括四个方面内容：一是能源消费结构低碳

① Nicholas Stern, the Economics of Climate Change, American Economic Review: 2008.

② 侯永志：《转变经济方式首先要解决城市可持续发展》，商会中国 http://news.china.com.cn/shanghui 2012-05-22.

化，开发和使用低碳能源。低碳能源是指高能效、低能耗、低污染、低碳排放的能源，包括可再生能源、核能和清洁煤，其中可再生能源又包括太阳能、水力能、风力能、海洋能、地热能及生物质能等；二是重视低碳研发投入，提高低碳技术；三是重视低碳城市规划，以低碳化标准和评价体系衡量城市建设的水平；四是健全低碳相关的法规和政策。

（二）我国出现的低碳城市建设热潮

低碳城市是发展低碳经济、倡导居民践行低碳生活方式和消费方式的重要载体，这一点已成为国内外的共识。自 2010 年 8 月我国确定五省八市开展低碳试点建设以来，低碳城市建设热潮在中国展开。八个试点城市在低碳规划、低碳政策制定、产业支撑体系、低碳宣传和教育等方面采取形式多样的措施，推动低碳经济的发展，倡导践行低碳生产方式和生活方式。如天津，2010 年 9 月排放权交易所发起“企业自愿减排联合行动”，招募 20 家具有行业代表性的大型排放类企业参与该行动；先后在社区进行社区环保改造、家庭碳排放调查以及在南开大学等 11 所大学开展大学生环保低碳主题创意大赛等活动，向社区居民普及低碳环保知识，宣传低碳生活方式和节约各种资源能源的小窍门，号召广大居民朋友们在日常生活中选择低碳生活方式；① 天津市妇联还积极推进“低碳家庭时尚生活”主题活动。重庆，2010 年 10 月 13 日联合英国总领事馆在重庆启动中英“低碳生活行动周”项目，以此来提升民众的环境保护意识和保护能力。广州，举办“2010 广东省地产商会年会暨广东绿色低碳地产论坛”，绿色低碳地产专家和环境保护专家学者、广东地产界企业家们齐聚一堂，共同探讨如何推动广东绿色低碳经济的发展。武汉，2010 年 5 月 19 日首批 54 家企业签订低碳联盟，倡导企业要以产品质量为生命，生产加工与产品质量要以低碳为准绳，做“绿色低碳企业”。② 贵阳，每周 7 天谈探讨不同的低碳主题。各地采取多种形式、通过多种渠道倡导低碳环保理念，积极推动低碳社会、低碳经济的发展。据了解，到 2012 年全国 600 多座城市中已有 200 多座城市提出了建设低碳城市的目标。③ 我国出现的低碳城市建设热潮在某种程度上反映了人们已经认识到气候问题的严重性，在发展上认同了向低碳转型是必然选择，也

---

① 《天津低碳环保宣传走进社区》，中国网，2010 - 09 - 30.

② 周钢等．武汉首个低碳企业联盟成立 54 家‘新汉阳造’加入．中国新闻网，2010 - 05 - 09.

③ 低碳城市评价结果出炉．中国环境报，2012 - 02 - 02.

认识到低碳消费风尚、低碳消费方式是低碳城市建设的重要内容。

二、中国十大低碳城市建设现状及启示

面对我国出现的低碳城市热潮，2011 年底由经济日报社、国家发改委、工信部等有关国家部委主办的“2011·中国自主创新年会”评选出了大连、三亚、南昌、杭州、无锡、南宁、保定、厦门、长春、贵阳为“中国十大低碳城市”。① 这十个城市在低碳能源、低碳经济、低碳环境、低碳社会、低碳技术建设方面走在全国其他城市的前列。考察这十个城市低碳建设的情况不仅能为河南发展低碳经济、构建低碳消费模式提供借鉴和参考，也可为其他城市低碳化转型，构建低碳消费模式提供启迪。纵观这些城市低碳建设具有的共同点大致如下。

(一) 编制低碳城市发展规划

低碳城市建设需要科学的发展规划作指导，规划的制定要从城市建设目标、发展理念、建设体系、评价指标等方面进行全方位筹划和设计。在 2010 年 8 月国家发改委发布的《关于开展低碳省区和低碳城市试点工作的通知》中，明确提出低碳城市试点的五大任务，第一条就是编制低碳发展规划，即“试点城市要将应对气候变化工作全面纳入本地区‘十二五’规划，研究制定试点城市低碳发展规划。要开展调查研究，明确试点思路，发挥规划综合引导作用，将调整产业结构、优化能源结构、节能增效、增加碳汇等工作结合起来，明确提出本地区控制温室气体排放的行动目标、重点任务和具体措施，降低碳排放强度，积极探索低碳绿色发展模式。”② 十大低碳城市基本都制定了低碳发展规划。

1. 保定低碳城市发展规划纲要

保定是中国城市中最早开始低碳化建设的城市之一，2008 年 1 月入选国家建设部与 WWF（世界自然基金会）“中国低碳城市发展项目”试点城市（共两个，另一个为上海）；2009 年 3 月又成为中国内地首个官方宣布加入“地球熄灯一小时”活动的城市；2010 年 8 月被国家发改委确定为全国首批低碳城市建设试点市。保定也是中国首个以政府文件形式提出促进低碳发展的城市，2008 年

① 胡文鹏，张双．经济日报推出十大创新型城市、十大低碳城市、十大创新型企业和十大创新人物．经济日报，2011 - 12 - 29.

② 《国家发展改革委关于开展低碳省区和低碳城市试点工作的通知》，http://www.sdpc.gov.cn/zcfb/zcfbtz/2010tz/t20100810_ 365264.html.

12 月 24 日，保定市政府向社会公布了《关于建设低碳城市的意见》，出台了《保定市低碳城市发展规划纲要（2008—2020 年）》（草稿），这标志着保定发展步入了以能源节约、新能源推广应用和碳排放降低为主要标志的低碳模式。保定市政府公布的《关于建设低碳城市的意见》① 主要内容包括：

第一，要求保定市各部门充分认识建设低碳城市的重大意义，强调在加快推进工业化和城市化进程中必须把发展和环境保护结合起来，彻底摒弃传统粗放型的生产、生活方式，着力推进以能源节约、新型能源推广应用和二氧化碳排放强度降低为主要标志的低碳发展模式，探索出一条城市经济以低碳产业为主导、市民以低碳理念为生活和行为特征、政府以低碳社会为建设蓝图的新型工业化和城市化发展道路。

第二，明确了指导思想和建设目标。强调以贯彻落实科学发展观，加快建设资源节约型、环境友好型社会为指导，把推广应用新型能源、发展壮大能源设备制造产业和降低 CO_2 排放强度作为建设的突破口和抓手，坚持政府推动、规划先行，示范带动、公众参与，重点推进、循序渐进原则，积极推动低碳经济发展。规划指出到 2010 年保定万元 GDP 二氧化碳排放量比 2005 年下降 25% 以上；人均二氧化碳排放力争控制在 3.5 吨以内；新能源产业增加值占规模以上工业增加值的比重达到 18%。到 2020 年万元 GDP 二氧化碳排放量比 2010 年下降 35%；人均二氧化碳排放力争控制在 5.5 吨以内；新能源产业增加值占规模以上工业增加值的比重达到 25%。

第三，明确了建设任务。保定低碳城市建设的主要任务主要包括以下几个方面：发展低碳经济，培育低碳产业，推进能源结构调整，构建低碳产业支撑体系，加快低碳技术开发与应用，发展静脉产业，推行清洁生产；建设低碳社会，提高低碳意识，推进生活方式低碳化，推进城市建设低碳化；实施低碳化管理，加强节能减排，抓好农村节能，强化工业企业节能减排，推进建筑节能，推进商贸流通业节能减排，强化城市交通运输节能减排；加速淘汰高耗能的老旧汽车，到 2020 年城市公交车尾气排放全部达到欧Ⅲ标准。

第四，明确了重点低碳建设六大工程。一是“中国电谷”建设工程，力争经过 10 年左右的努力，建设太阳能光伏发电、风电、高效节电、新型储能、电力电子器件、输变电和电力自动化等产业园区，建成具有世界影响力的国际化

① 《保定市政府关于建设低碳城市的意见》，www. cusdn. org. cn. 2010 年 2 月 10 日。

新能源及能源设备制造基地。二是“太阳能之城”建设工程，力争用三年左右的时间，基本实现太阳能的综合利用。三是城市生态环境建设工程，力争用三年时间，全面取缔市区建成区内分散的燃煤锅炉，到2010年卫星城、所有县级城（区）镇及部分重点镇都要建成污水处理厂并规范运营，到2015年人均绿地面积达到13.5平方米，绿地率达到40%，绿化覆盖率达到43%。此外还要实施办公大楼低碳化运行示范工程、碳化社区示范工程、低碳化城市交通体系整合工程三大工程。截至目前，这六大工程都在有序推进，已基本实现预期目标。

第五，制定保障措施。一是加强领导，落实责任。成立以市长为组长的低碳城市建设协调机构和统一的管理部门；二是制定规划，明确任务；三是加强政策引导，加大扶持力度。加大对低碳产业的扶持力度，优先保证低碳产业项目建设用地。在财政预算内安排低碳城市建设专项资金，在政府采购、城市建设等方面优先考虑本地化的低碳产品。以高校为基础，通过与国内外低碳领域先进单位合作，吸引相关技术人才和管理人才，培养和建立一支高水平的低碳研究队伍；四是加强合作，建立联盟；五是加强宣传，全员参与。

2. 厦门出台全国首个低碳城市总体规划纲要

厦门市为推动低碳减排，建设低碳城市，在全国率先出台了《低碳城市总体规划纲要》。厦门重点从占碳排放总量90%以上的交通、建筑、生产三大领域探索低碳城市建设模式。根据规划，预计到2020年厦门的单位GDP能耗在2005年的基础上下降40%，达到0.39吨标准煤/万元GDP；厦门低碳城市的建设侧重在城市规划、可再生能源利用、建筑节能、地下空间开发、生态城市建设、低碳交通等领域。在低碳城市发展的对策措施上，厦门将全力推进城市生活低碳化，积极倡导生活简单、简约化，引导人们在衣、食、住、行等日常生活中节约能源。①

3. 其他城市

2010年3月无锡低碳城市规划获专家通过，2010年8月《深圳市城市总体规划（2010－2020年）》获批；2011年低碳理念融入了《三亚市国民经济和社会发展第十二个五年规划纲要（草案）》；2011年5月杭州“十二五”低碳城市发展规划通过专家评审；2011年6月大连把发展低碳经济纳入“十二五”发展规划；2011年11月南昌出台了《南昌市低碳城市发展规划》；2012年1月长春

---

① 孙毅．厦门出台全国首个低碳城市总体规划纲要．法制今报，2010－08－16.

市低碳城市总体规划获批，2012 年 7 月《贵阳市低碳发展中长期规划（2011—2020 年）》通过评审。

（二）制定低碳发展相关政策及实践

1. 主要城市采取的节能减排举措及成绩举例

贵阳坚持产业绿色化、绿色产业化发展理念，把发展绿色经济作为转变经济发展方式的主要途径，加快构建以生态从严保护、资源深度开发、生产清洁低碳、产业升级高效为主要特征，以绿色农业为基础、绿色工业为支撑、绿色服务业为主导的绿色经济体系。贵阳发展基本思路为“调整经济结构、做大三产，发展循环经济、做优二产，突出生态优势、做特一产”。2010 年贵阳单位地区生产总值能耗较 2005 年下降 20.01%，二氧化硫实际排放量削减了 45.5%，化学需氧量削减了 14%，全市工业固体废弃物处置利用率达到 97.88%。2011 年贵阳采用油改气技术的公交车有 1500 辆，2012 年底贵阳市 936 辆出租车和剩余 700 辆公交车将全部实行“油改气”，预计减少二氧化碳排放约 1.22 万吨。① 2013 年完成全部 1850 辆公交车的“油改气工程”，成为国内使用液化天然气公交车数量最多的城市。贵阳将绿色低碳建筑作为基础性工作，强化建筑节能综合管理，大力推广以磷渣等工业固体废弃物为原料生产的环保型墙体材料和其他建筑节能材料，实现了新建建筑节能 50% 的要求。“十二五”末实现新建绿色建筑达 30%，公共建筑节能改造面积 250 万平方米，构建起具有贵阳特色的绿色居住体系。《贵州省“十三五”建筑节能与绿色建筑规划》中规定，力争五年后新建建筑强制性节能标准执行率达 98%，城镇新建绿色建筑比例达 50%，建筑领域实现节约标准煤 240 万吨②。

三亚积极抢抓海南国际旅游岛建设的重大机遇，不断优化和调整产业结构，优先发展现代旅游业，着力培育金融业、现代商贸业以及智慧型产业等低能耗、低污染、低排放高增值产业，初步形成了以旅游业为龙头、以新兴产业为支撑的低碳产业发展格局。“十一五”期间三亚市拆除了五条立窑水泥生产线，在全省率先彻底拆除了所有的实心黏土砖厂，并在关闭落后产能砖厂后，积极支持和引导企业开发技术先进、科技含量高的新型墙体材料产品，积极引进新型墙体材料企业。三亚“禁实”城区建筑工程项目新型墙体材料使用率已达 90%。

① 田米亚. 贵阳：从“酸雨城市”到“低碳城市”. 经济日报，2012-03-02.

② 贵州“十三五”建筑节能与绿色建筑规划出炉. 贵阳晚报，2016-08-04.

“十一五”期间，三亚共计年减少生产实心黏土砖 3.2 亿块，少用优质黏土 365 万立方米，减少每年消耗不可再生的优质黏土资源 223 亩，节煤 3.43 万吨，节约用电 1100 多万千瓦时。重点推进的亚龙湾冰蓄冷区域供冷站示范项目，每年可直接节约电量约 1500 万千瓦时，节约液化石油气约 200 万立方米。通过安装路灯节电器等措施，将原先的日用电时间 10 小时缩短为平均 8 个小时，每年可节约电费 100 多万元。积极推进交通运输节能，鼓励使用清洁能源车型，淘汰高耗能、排放超标的老旧车型，制定了《三亚市公交车辆更新工作方案》。三亚还开展公共机构节能，对政府办公建筑、大型公共建筑进行能耗统计和审计工作，建立公共机构节能联席会议和联络员工作制度。三亚市从 2007 年开始实施太阳能建筑一体化工程，规定凡新建、改建的 12 层及以下住宅建筑和宾馆酒店必须全面应用太阳能热水系统一体化，积极推广新能源景观灯照明项目，并积极推进农村沼气等生物能源的利用，全市循环农业沼气用户已突破了 2 万户。红沙污水处理厂升级改造、市区污水管网改造工程等污水处理项目完成建设，鹿回头污水处理厂、亚龙湾污水处理厂等污水处理厂站顺利建成，创意新城污水处理厂稳步推进，形成了覆盖全市东、中、西的城镇污水处理骨干工程布局。2012 年，三亚市生活垃圾无害化处理率和城镇生活污水集中处理率分别达到 100% 和 81.7%。①

南宁市也采取多种举措积极推动低碳城市建设。工业方面，重点改造制糖、造纸、电力、化学、建材等行业，淘汰了一批落后水泥生产线，支持企业采用节能、降耗、减污的高效新工艺新设备。坚持推行清洁生产审核，创新水煤浆技术，成立一批新型工业化和实践循环经济的工业企业。“十一五”期间全市共淘汰电力 1.666 万千瓦、炼钢 8 万吨、铁合金 0.75 万吨、水泥 423 万吨等落后产能。农业方面，大力推广农机节油、灌溉节水技术，发展农村户用沼气和开展沼气综合利用。新能源建设方面，南宁市初步建立了生物质能、太阳能、中小水电、地热能和工业余热等新能源研发和利用体系；大力开展乙醇、生物燃气和垃圾焚烧发电项目；在太阳能水泵、太阳能热水器、太阳能光伏发电、太阳能灯具方面开展推广示范工作；地热能在民用建筑方面的项目不断增多。②建筑方面，大力发展节能省地型建筑，严格执行新建公共建筑和居住建筑节能

① 坚持绿色发展　打造低碳城市．经济日报，2012-03-01.

② 南宁：低碳给“中国绿城”增辉．经济日报，2012-02-22.

50% 的设计标准，加快推进可再生能源建筑应用示范城市建设。交通运输方面，加快推进城市轨道、高铁等交通基础设施建设，优化交通运输资源配置，着力构建面向东盟的区域性国际综合交通枢纽中心。

其他几个低碳试点城市在节能减排方面也采取了多种举措，也取得了系列成绩，如万元 GDP CO_2 排放量明显降低，均低于全国平均水平，如南昌 0.38 吨万元，南宁 0.59 吨万元，长春 0.88 吨万元，三亚 1.56 吨万元，杭州 1.85 吨万元，无锡 1.97 吨万元①。

2. 制定支持低碳绿色发展的配套政策和法律法规

十大低碳城市在支持和保证低碳城市建设法律法规方面也走在全国其他城市的前列，如南昌出台了《关于推进低碳经济、绿色发展建设的若干意见》和《南昌市发展低碳经济，建设低碳城市行动计划》，对低碳产业在技术引进、人才培养、劳动用工、土地征用和企业融资方面给予支持。再如贵阳成立了全国第一家环保法庭，出台了全国第一部生态文明建设地区性法规。三亚出台了《关于推广应用太阳能热水系统与建筑一体化技术的通知》等。

（三）构建了低碳产业体系

低碳产业是低碳消费模式形成的基础和保证。厦门、长春、保定等 10 个城市立足各自资源禀赋优势，分别构建了具有自身特色的低碳产业体系，并且逐步显示出了发展优势，下面以厦门、南昌等为例，考察十大低碳城市低碳产业建设情况。

厦门市正在以龙头企业为引领，培育产业链，建设产业集群，推动传统产业升级、新技术产业化、高技术规模化，构建低碳化产业体系。厦门是我国节能灯三大生产基地和全国首批“半导体照明工程产业化基地”，是国内 LED 外延片芯片生产的最大基地；由此延伸的光电产业、光伏产业等，聚集为我国最大的光电产业链。

厦门非常注重推进产业低碳化建设，提高服务业比重，积极推动结构减排。2011 年厦门三次产业结构调整为 0.9：51.5：47.6，服务业占 GDP 比重接近 50%，中心城区思明区服务业比重超过 82%。据《2015 年厦门市国民经济和社会发展统计公报》显示，2015 年厦门三次产业结构进一步优化，即为 0.7：43.5：55.8。在产业导向上，厦门在对外开放和特区建设中注重引进和发展高

① 参考 2012 年 1～3 月《经济日报》十大低碳城市系列报道数据。

技术、高效益、低能耗、低污染的产业。2011 年每平方公里创造 GDP1.5 亿元，万元 GDP 综合能耗 0.5 吨/标煤，处于全国领先水平。① 厦门还推动传统产业升级换代，支柱产业从电子、机械、化工逐步发展转变为航运物流、金融与商务、机械、电子、旅游会展、软件与信息服务等。2011 年厦门市有高新技术企业 665 家，占福建省一半，创造全市规模工业产值的 50%。厦门建成了我国第一个光电产业集群，已聚集了戴尔、联想、冠捷等世界排名前列的光电企业，火炬高新区成为我国首个每平方公里产值超百亿和福建省首个超千亿的高新区。实行配网“调控一体”管理模式，使厦门成为全国首批智能电网先进城市。重视发展战略性新兴产业，重点培育新一代信息技术、生物与新医药、新材料、节能环保、海洋高新产业等，提升视听通讯、钨材料、新能源等国家特色产业创新能力。大力开展减碳技术创新，已拥有含银固体废物综合开发技术、钨废料回收利用等多项达到国际先进水平的自主知识产权。拥有中科院城市环境研究所、国家第三海洋研究所、海洋环境国家重点试验室、厦门大学新能源中心等研究机构，在海洋碳汇、细菌产氢、微藻固碳产油、城市环境、醇醚酯化工清洁生产等领域形成了一批较高水平的研究成果。

厦门工业企业基本实现了园区化，现已形成机械工业集中区、火炬高技术产业园区、国家半导体示范基地、轻工食品工业区等特色园区。厦门对新园区建设坚持高标准、低碳建设，在环境设计、综合管理、清洁生产方面提出明确的要求，湖里高新区、厦门软件园等都成为低碳园区。②

南昌市坚持产业改造和结构调整并重，结合新型工业化、新型城镇化推进，坚持用高新技术改造传统产业，实现传统产业的低碳化；同时，大力发展新型的低碳产业，优先发展太阳能光伏、绿色照明、文化旅游四大产业，重点发展服务外包、新能源汽车、现代物流业、航空制造和新能源设备、生物与新医药、新材料等六大产业，构建以低排放为特征的新型产业体系。太阳能光伏、LED、服务外包、信息技术和新能源汽车等低碳产业，被授予“十城千盏”、“十城万盏”和“服务外包”的示范城市。

保定市积极开展“中国电谷”、“太阳能之城”、“十城万盏节能灯具”等一系列主题活动，初步形成了光电、风电、节电、储电、输变电和电力电子 6 大

---

① 厦门：发展战略新兴产业　建设旅游休闲城市．经济日报，2012－02－21.

② 优化产业结构　推进低碳发展．经济日报，2012－02－21.

产业体系。① 大连走老企业在搬迁中实现改造升级之路，战略性新兴产业在大连市已初具规模，产值占全市规模以上工业的比重达到65%，成为工业经济增长的主要带动因素。② 杭州构筑了“3 + 1”现代产业体系。其他城市也都在低碳产业体系构建方面取得不寻常的业绩，不再枚举。

（四）积极倡导低碳生活方式和消费模式

十大低碳城市在推动低碳经济发展的同时也采取多种措施鼓励居民在生活中积极践行低碳理念，采取的共同举措主要可以归纳为以下几点：

1. 推动低碳宣传教育

低碳教育是发展低碳经济，构建低碳消费模式的基础，在一定程度上影响着实现低碳经济发展方式和成效。十大低碳城市采取的低碳教育形式主要包括低碳社会宣传教育、企业对员工的低碳培训、学校低碳教育三类，采取的低碳教育形式主要有：

一是颁布条例，要求公民学习环境知识。为增强公民环境意识与责任，2011 年天津市编制了《环境教育条例》，③ 要求学校把环境教育列入教学工作计划，纳入教师培训内容，保证环境教育的质量和效果；鼓励高等院校非环境类专业开设环境教育相关课程，中等职业学校非环境类专业在相关课程中安排环境教育内容；学校结合教学实际，采取班队会、趣味游戏、课外活动、社会实践等多种形式和措施，确保环境教育的时间、质量和效果；每学年环境教育：幼儿园不少于 32 学时，小学不少于 4 学时，中学不少于 2 学时；教育行政主管部门应将学校环境教育纳入素质教育考核评价体系。条例中明确规定，企业每年开展环境教育活动不少于 1 次，开展环境专题教育时间不少于 2 小时；化工、石油、造纸、钢铁、运输等高耗能、高污染企业以及新建项目企业的负责人、环保管理人员和环保设施操作人员，每年参加由市级环境保护行政主管部门组织的环境教育培训，时间不少于 8 小时。被依法查处的有环境违法行为的企业负责人及相关责任人，应当接受由市级环境保护行政主管部门组织的环境教育培训，时间不少于 24 小时。除此之外，各级组织、人事部门应将环境教育纳入新任领导干部的任前培训。公务员主管部门应当把环境教育列入公务员培训内

---

① 保定：建设低碳城市　营造环境　提高市民意识．中国城市低碳经济网，2010 – 11 – 05.

② 在搬迁中　实现改造升级．经济日报，2012 – 02 – 13.

③ 天津市颁布环境教育条例．中国城市低碳经济网，2011 – 12 – 29.

容，组织对公务员进行环境教育培训和考核。国家机关、事业单位对本单位干部职工进行环境教育，每年至少进行1次，时间不少于2小时，受教育面不低于95%。《条例》还拟将每年6月5日所在的星期为全民环境教育宣传周。同时，各级人民政府应当把环境教育纳入国民经济和社会发展规划，每个区（县）应当有1个以上环境教育场所。环境教育工作应当列入各区（县）、各单位及其负责人工作目标管理考核内容。

保定市印制了近百万份“低碳城市家庭行为手册”发放给市民，广泛开展低碳教育活动，开展“节约小标兵”“变废为宝小制作”“校园小巧手”“今天你低碳了吗?”等活动。[①] 保定市高等院校在校生近十万人，几乎每所学校都有倡导低碳生活的社团，形成了“绿色保定高校环保联盟”。河北大学研究生会多年来致力于低碳公益宣传，普及节能理念，倡导低碳之风，该校绿色生命环境发展协会定期开展小学义务环教、绿色讲堂、绿色书架等活动，是全国青少年环保创意传播大赛优秀社团。深圳市强调低碳社会、低碳生活要全社会的参与，尤其是要发挥好社会公益团体组织在教育、激励等方面的促进作用。厦门市通过低碳企业文化等对企业和社会的教育作用，如厦人居展。[②]

二是编写针对性教材，对学生进行生态环保知识教育。贵阳编写了小学、初中、高中不同版本的《贵阳市生态文明城市建设读本》，编制《低碳生活市民手册》、确定步行日、开展“地球一小时”活动和节能减排宣传周活动、建立全国首个低碳社区试验点等，向市民普及低碳知识，涌现出一大批生态文明社区、生态文明企业、生态文明学校，低碳生活理念和消费方式在贵阳已蔚然成风。南昌市也编写了针对中小学生的低碳知识读本。

2. 倡导低碳生活

十大低碳城市各自根据城市发展优势，倡导居民在衣、食、住、行、用中践行节能减排理念。如厦门倡导居民采用步行、自行车及电动自行车出行，目前非机动化出行方式比例已经达到43%。再如南宁市通过开展节能宣传周、低碳生活进社区、企业职工节能减排义务监督员等活动，众多市民积极参与环保袋设计与展示、低碳知识竞猜等系列环保活动；在“低碳体验日”6层以下办公楼停开电梯1天，停开办公区域空调1天；干部职工换乘公共交通工具、骑

---

① 保定：建设低碳城市　营造环境提高市民意识. 中国城市低碳经济网，2010-11-05.

② 厦人居展让市民接受低碳教育　低碳人居深入人心. 厦门商报，2011-05-25.

自行车或步行上下班，当天用电量节约近60%。杭州在全国率先推出“免费单车”，就近布点、通租通还、系统配送。坚持“公交优先”，构建地铁、公交车、出租车、水上巴士、免费单车“五位一体”的大公交体系，建设快速公交系统。同时，深入开展无车日和“绿色出行”主题宣传活动。据初步测算，杭州公共自行车平均租用时间约为0.56小时，每次出行里程按2千米计，全年二氧化碳减排量可达34500吨。①

十大低碳城市在城市建设方面确实采取了不少举措，其他建设还有很多，如建立温室气体排放数据统计和管理体系，南昌在全国城市中第一个做了碳排放摸底，开展了绿色政绩考核试点。总之，在低碳化建设过程中，低碳试点城市通过发展低碳产业、建设低碳社会、倡导低碳生活方式，不仅提高了能源效率，优化了产业结构，且在一定程度上推动居民消费方式低碳化转型。

（五）十大低碳城市建设的启示

十大低碳城市在低碳社会、低碳能源、低碳经济、低碳技术等方面采取了行之有效的措施，取得了系列成绩。

低碳能源方面，人均碳排放量都比较低。荷兰环境评估机构PBL和欧盟联合研究中心（JRC）18日发布最新研究报告称，中国人均碳排放量（温室气体CO_2）在2011年同比上涨了9%，达到每人7.2吨。② 除贵阳外，大多数低碳城市的煤炭占能源消费总量的比重都低于全国平均值（见表19）。2015年国家煤炭在一次能源消费总量所占比例将由2010年的70.9%下降到63.6%。③ 从低碳经济建设方面，可以看出这些城市第三产业增加都比较快，基本都在40%以上，三亚达到61.87%。

① 杭州：低碳提升生活品质．经济日报，2012－02－22.

② 张亚东．中国人均碳排放量已接近欧洲水平　美国仍高居首位．国际在线，2012－07－23.

③ 王秀强．十二五”能源规划量化指标征求意见：煤炭占能源消费比重下调7.3个百分点．21世纪经济报道，2011－09－06.

表 19　从低碳城市评估体系看低碳城市建设

	低碳能源		低碳经济		低碳环境		低碳社会		低碳技术		低碳城市综合发展指数
	煤炭占能源消费总量比重	人均碳排放量吨/人	万元 GDP 的 CO_2 排放量（吨万元）	第三产业增加值比重	森林覆盖率	空气质量达到二级以上的天数	市辖区万人公共汽车拥有量	每百人私家车拥有量	R&D 占 GDP 比重	万人科技人员数量	
	80.51	10.00	4.08	54.20	41.78	347	11.57	6.93	1.38	17.25	0.456
	48.92	11.78	1.85	49.33	64.00	327	18.80	9.02	2.74	68.67	0.634
	58.64	1.5	0.38	38.59	16.10	347	11.71	6.02	2.06	38.72	0.616
	54.80	15.84	1.97	41.30	26.20	341	12.53	6.48	2.36	73.37	0.588
	56.65	1.38	0.59	51.48	43.65	362	10.02	3.31	0.97	17.51	0.622
	64.56	3.27	0.88	41.49	15.50	340	12.20	5.25	2.48	38.85	0.563
	14.56	4.65	1.56	61.87	68.00	365	7.36	9.22	0.6	44.71	0.659
	54.40	6.90	0.98	43.89	41.5	359	15.6	7.18	1.37	30.20	0.629
	52.79	8.82	1.28	51.56	42.8	361	17.63	7.74	2.02	65.28	0.633
	65.52	1.11	0.70	34.29	19.27	331	19.91	4.54	0.46	2.92	0.575

资料来源：参考 2012 年 2～3 月《经济日报》十大低碳城市系列报道数据。

十大低碳城市给河南及其他城市低碳建设的启示：

一是立足资源禀赋优势，制定具有自身特色低碳建设发展规划。城市建设是一个复杂的系统工程，要考虑很多因素。我国城市众多，城市特点各不相同，文化传承和历史积淀也有所区别。而城市发展模式和治理制度的设计必须结合本地区的制度、经济、文化、历史等。这就要求地方政府在进行低碳城市制度设计时必须考虑本地的区位特点和产业结构特点。低碳城市建设必须要在秉承科学原理的基础上，走出切合实际、因地制宜的地方特色道路。综合国内十大低碳城市发展实践，可以看出城市的资源禀赋、产业基础与所在地区的发展战略不同，选择的低碳发展模式也不同。低碳城市的发展主要集中于低碳园区示范，低碳产业选择和新能源开发利用等方式的探索。在发展低碳产业方面，各城市也各有侧重。不同的城市依据自身发展特征和比较优势的不同，可选择低碳产业拉动模式或低碳支撑产业发展模式。

国际上，英国应对气候变化的城市行动模式、日本的低碳社会模式、丹麦的低碳社区模式和瑞典的废物回收利用模式等都不尽相同，都具有其自身特点。就国内而言，各城市也各有其自身的功能定位。自然条件、发展基础不同，建设低碳城市的模式也有所区别。例如，日照的“太阳能之城”发展策略，就不一定适用于光照并不充裕的重庆、贵阳等城市。刘文玲和王灿在低碳城市发展模式分类体系中，将保定、德州归为低碳支撑产业模式，将上海、南昌、贵阳等归为低碳示范发展模式，各城市要根据自身优势来打造特色低碳模式。

表 20 国内城市的低碳实践

城市	发展愿景	行动措施或规划
南昌	低碳经济先行区	围绕太阳能、LED、服务外包、新能源汽车等的低碳产业定位；打造三大经济示范区
保定	绿色，低碳，新能源基地	启动六项重点工程“中国电谷”建设工程、“太阳能之城”建设工程、城市生态环境建设工程、办公大楼低碳化运行示范工程、低碳化社区示范工程、低碳化城市交通体系整合工程，打造以电力技术为基础的产业和企业群，力争建设中国首座低碳城市
上海	碳中和地区	新能源、氢能电网、环保建筑、燃料电池公交
德州	低碳产业	风电装备开发，生物质发电，“中国太阳谷”
珠海	低碳经济示范区	新能源发展战略，推动液化天然气、公交车和出租车的使用，发展高端服务业、高端制造业和高新技术产业等“三高”产业
无锡	低碳城市	成立国内首家低碳城市发展研究中心，实施绿色建筑“4610”计划，鼓励太阳能光伏设备生产企业的发展，进行公共照明和高速公路的太阳能照明工程
重庆	低碳产业园	地热能利用，将建设低碳研究院
杭州	低碳城市	起草了50条“低碳新政”，提出率先打造低碳经济、低碳建筑、低碳交通、低碳生活、低碳环境、低碳社会等“六位一体”的低碳城市，成立低碳基金，实施“环境立市”战略，构筑绿色农业、节能工业、现代化服务业与杭州特色文化产业协调发展的产业体系；率先叫响“绿色出行”口号，优先发展公共交通
天津	中新天津生态城	绿色建筑、绿色交通，新能源开发利用
厦门	低碳城市	编制了《低碳城市总体规划纲要》，确定重点从交通、建筑、生产三大领域建设低碳城市。大力推进 LED 照明，太阳能建筑，能源博物馆
贵阳	生态城市	生态低碳避暑社区，LED 节能照明试点项目
吉林	低碳示范区	探索重工业城市的结构调整战略，把新能源开发当作实施能源工业可持续发展的长远战略，在吉林市区新建筑上推广节能建筑目标

续表

城市	发展愿景	行动措施或规划
日照	“气候中和”网络城市成员	普及居民太阳能热水器；公共照明设备使用太阳能光伏发电技术，在农村推广太阳能保温大棚、太阳能灶

资料来源：苏美蓉等《中国低碳城市热思考：现状、问题及趋势》，《中国人口·资源与环境》2012 年第 3 期，第 48 ~55 页。

二是发展低碳城市需要政府、企业、居民通力合作。发展低碳城市不是简单的市场行为，也不可能完全是政府的行为，而是公共治理的三方主体：政府、企业和居民相互影响、相互作用共同参与的过程。政府在低碳城市的发展中主要起到规划、引领等作用，居民和企业也是低碳城市的发展的重要主体。只有充分发挥政府、企业和社会公众三类主体的作用，形成以政府为主导，企业、公益性组织、社会公众等社会多元主体共同参与的机制，才能实现低碳城市发展目标。

政府应充分运用规划指导功能和政策扶持手段，引领和推动低碳城市发展，通过市场调节，使得低碳产品、低碳技术、低碳服务市场化，强化企业在低碳城市发展中的重要地位，通过发挥企业的积极性和创造性，大力推进节能减排、清洁生产和资源综合高效利用，建立符合低碳城市发展要求的生产体系和开发模式；通过各种媒介大力进行低碳宣传，开展广泛、深入、持久的宣传教育，提高公众的低碳意识，营造人与自然和谐发展的文化氛围，鼓励其树立科学的消费观念，积极践行低碳消费；引导全社会广泛参与，建立公众参与机制和舆论监督机制，夯实低碳城市发展的群众基础，逐步改变城市的消费模式和生活模式。

三是低碳城市建设是系统复杂的战略工程。低碳城市建设是一项长期、复杂的系统工程，需要建立“低碳社会”作为发展基础，需要关注城市经济发展的方方面面。低碳城市建设涉及经济增长、产业结构、能源结构、能源利用技术、交通体系、社会消费、碳汇、制度等诸多要素，需要经济、环境、园林、交通、工程、规划、管理等各领域专家通力协作，从系统规划、阶段性方案实施、方案实施后评估与修订（温室气体减排效果、项目的成本效益分析、技术的社会适用性、产品的公众认可度）等环节进行全生命周期跟踪管理，确保低碳城市建设沿着正确方向顺利推进。

第六章

河南省低碳消费模式构建的基本原则和路径

构建低碳消费模式，推动居民消费方式低碳化转型，是河南当前应对环境危机、加快产业结构优化和转型的重要内容。构建低碳消费模式离不开低碳经济等的支持。低碳消费模式的构建是一项长期的系统工程，应从河南省的实际出发，在低碳理念的指导下，借鉴国内外低碳消费实践的经验，选择有针对性的策略和措施，构建以政府为主导、企业和居民共同参与的低碳消费模式。本章立足河南省资源、能源、经济基础、历史文化传统等优势，对构建低碳消费模式的基本原则和路径进行探讨。

一、构建原则

（一）可持续性原则

低碳消费模式构建应以科学发展观为指导，尊重科学规律，选择适合于既满足自身发展需要，又有利于河南省经济社会发展的消费方式，不仅要有利于河南经济发展，还要有利于河南生态环境保护；不仅要使自然资源利用效率最大化，还要实现废弃物排放量最小化。建设低碳消费模式要求人们放弃传统高耗材、高耗能、高污染的生产方式、消费模式，树立既利于经济发展，又有利于人与自然和谐的消费意识。

（二）公正原则

低碳消费模式建设要遵循消费公正原则。消费公正原则是指人们在进行消费活动时应考虑到其他人的消费权益以及对自然界产生的影响，其包括代内、代际和对自然界的消费公正三部分。

所谓代内消费公正是指少数人消耗过多的生态资源是对其他人的不公正。尽管从法律角度看，每个人都有权支配自己的财产，但从生态伦理的角度看，每一个人在利用自然资源满足自身利益上机会均等，先富裕起来的人，消耗过多的生态环境资源，造成自然环境的恶化以及使人类生存必要的资源变得短缺，这在一定程度上是对其他人享用自然资源、过健康生活权利的侵犯，是对他人消费的不公正。

所谓代际消费公正是指当代人要对后代的生存和发展负责。因当代人的短视与自私行为，在生产和生活中消耗过多的不可再生资源和对环境的破坏，造成不可再生资源的枯竭和生态环境的危机，影响到后代人的生存安全和生活质量，这是对后人消费的不公正。

所谓对自然界的消费公正是指人类对生命和自然界负有道德责任。人类要抛弃“人类中心主义”伦理观，承认自然界具有内在价值及生存权利，在生活中把“资源共享”由人类扩大到其他生命体。人类消耗过多的地球资源，造成生态环境危机损害了其他生命体的生存和发展，这是对自然界其他生命体的不公正。

（三）适度消费原则

适度消费是指在资源与环境约束下的一种消费方式。适度消费与中国传统消费文化倡导的节制消费原则是一致的。宋代理学大师程颢曾大声疾呼：“用之无节，取之无时”后患无穷，呼吁设立专职能部门保护自然资源。日益严峻的生态危机和能源危机验证了他预见的正确性。因此，低碳消费模式的构建应该遵循适度原则。河南省是一个能源消耗大省，基于当前河南省的发展现状，消费必须本着“节约每一寸土地、每一份矿产、每一块木材、每一滴水、每一度电”原则，减少非必要性消费。

（四）环保性原则

环保性原则是指人们在选择低碳消费模式时，要讲究生态效益，要考虑到生态环境的承载能力，尤其是不可再生资源的承载限度。一般而言，环保必须低碳，而低碳不一定环保。因为很多低碳消费品，虽然碳排放量不高，但是对于城市生态系统仍然有污染。例如，日常生活中人们经常使用洗洁精洗手、洗碗、洗水果、洗衣物，这些化学合成物一旦排放出来，必然对城市水资源造成污染；还有城市中的各类电子垃圾，也是环境污染的直接来源。因此，选择低碳消费模式，必须与保护生态环境紧密结合。

（五）高质性原则

低碳消费首先要保证人类的消费需求和安全、健康，达到提高生活质量的基本要求。在构建低碳消费模式时，应有利于提高居民的生活水平和生活质量，促进人们的物质生活与精神生活协调发展，从而得以全面地享受生活乐趣。人不仅要有物质生活，还要有精神文化生活，且随着食、衣、住、行、用等基本物质生活需要满足程度的不断提高和人自身的发展，精神文化生活就更显得重要。居民除了要有一定的物质生活，还要有多方面的精神活动，才能深切感受到生命的价值，全面领略生活的乐趣。反之，如果过分沉溺于物质享受，而精神生活贫乏，或者品位不高，这种不和谐的生活很难说是真正快乐和幸福的。因此，河南省在构建低碳消费模式时，应注重引导居民合理、均衡地安排消费支出，追求适度、实用、舒心的物质生活，尤其是要增加健康有益的精神文化消费，从而拓展精神生活空间，提升其精神境界。

（六）长期性原则

河南省低碳消费模式的构建不仅需要消费主体共同参与和相互配合，更需要培育、沉淀和积累相关经验。消费主体主要由政府、企业以及居民组成，其中践行低碳理念的最大群体是居民，他们是一个个具有独立情感、意志、性格的个体，把这些分散的个体意识形态进行整合与提升，绝非一朝一夕之功，因此低碳消费体系的构建、低碳消费理念的落地是复杂的和艰难的过程，需要持之以恒地逐步推进。

二、河南省低碳消费模式构建的基本路径分析

倡导低碳消费，使全社会对低碳、绿色、环保观念形成共识，逐步改变人们的非低碳消费方式，推动产业结构升级与转型，推动河南省低碳经济的快速发展，需要河南全体人民共同努力，还需要借鉴国内外经验，构建低碳消费模式形成需要的产业基础、教育文化基础等。

（一）发挥政府主导作用

推动低碳经济发展，构建低碳消费模式以及传播低碳消费理念，政府应该充分发挥主导作用，建议从以下几个方面入手：

1. 建立健全相关法律法规

发达国家和国内其他地区的成功经验表明：在发展低碳消费的过程中，法律是必不可少的。完善而有力的法律法规是保证社会有序进行的必要条件，对经济运行起着重要的指导性作用。所以，为了全面落实节能减排工作，保证低碳消费活动的顺利进行，河南省应当借鉴国内外先进经验，结合本省实际情况，健全和完善低碳相关法律法规以及具体实施细则，为低碳消费模式和生态文明

建设提供法制保障。目前，低碳消费立法在我国尚处于初级阶段，不仅体系不够完善，且执行力低，效果有限。从国家层面来说，就我国经济发展的前景及推动消费模式低碳转型而言，应细化低碳消费相关法律法规，如制定对低碳消费产品的认证制度，建立低碳消费管理体制，重视低碳消费宣传教育体系构建和落实，加强低碳消费研究等工作。在现有条件下，就河南而言，应该借鉴国内外成功经验，立足资源、能源、环境、历史文化等禀赋优势，制定河南省低碳建设发展规划，运用国家相关环境和资源保护方面法律、法规，对企业、个人、政府的消费理念和消费行为等进行规范和约束，从而推动低碳消费理念的传播，推进生态文明建设的进程。

2. 建立健全奖惩机制

河南省各级政府应健全和完善支持低碳消费、生态文明建设的奖惩机制，如建立企业准入制度，限制高污染、高耗材、高耗能产业的市场准入；改革现行税制，采用征收能源税、财政补贴、税收减免等制度刺激有关机构和企业增加对低碳生产的投入，扩大市场低碳产品的供应量，逐步推进“碳税制度”；改革对地方政府的绩效评比制度，在其中加入生态环保指标等。

3. 政府机关发挥示范作用

在低碳行为的发展中，政府有着非常重要的模范带头作用。因此，政府部门应以身作则，进行低碳化运作。政府机关要率先将低碳生态理念进行具体落实，对低碳经济、低碳消费模式和低碳消费文化的形成和发展起示范和导向作用。首先，政府在采购环节应注重低碳消费，在满足政府正常运作的条件下，尽量采购低碳产品，并定期对各单位的采购情况进行考核。其次，政府日常办公过程应注重低碳消费，制定符合低碳消费的规章制度，规范工作人员的消费方式。如严格控制公车使用和公款消费；率先使用节能减排型设备和办公用品，逐步实现无纸化、网络化办公；规定空调温度设定区间；尽可能将办公大楼建设或改造成节能型建筑，树立低碳消费的榜样。同时政府还应完善社会监督机制，建立政府低碳消费行为的披露制度，让民众和社会组织对政府的低碳消费行为进行监督，及时纠正不合理的消费行为。此外，政府还要把低碳消费观念融入社区文化、村屯文化建设之中，引导河南人树立低碳消费、低碳生产光荣的意识。

4. 营造低碳生态文化氛围

尽管近年来河南省居民的低碳消费观念大大加强，但总体意识仍不高。所以必须加大对人们进行环保低碳教育。鉴于当今社会媒体对人们的影响越来越大，所以可以借助媒体对低碳消费进行宣传。政府应充分利用电视、报刊、广播、互联网等媒体，大力弘扬和传播低碳环保理念，进行低碳知识、低碳消费、环保知识、环保法律、法规的宣传和普及，积极发展低碳消费文化，广泛宣传建立节约型社会的重要意义，使消费者认清目前我国资源和环境面临的严峻形势，清楚科学合理生活、标准消费的重要意义，使低碳环保理念深入人心，使低碳消费、低碳生产在河南成为一种时尚。

5. 加强监管优化低碳消费环境

政府要加强市场监管，严惩制造假冒低碳产品的企业和个人，维护市场安全，增加居民对低碳产品的信任度，同时保证真正制造低碳产品和企业的合法权益。政府还应对低碳消费市场的运行进行宏观调控，充分发挥工商、环保等部门的监督作用，对企业生产的低碳产品仔细进行核查，坚决禁止假冒伪劣产品的出售。

6. 推进公共消费和集中消费

政府应在尊重和保护消费者个人权利的前提下，为公共消费和集中消费提供条件，提倡和鼓励消费者多选择公共消费和集中消费模式。如优先发展公共服务行业，对公共消费品尽可能地实行集中生产和供给，优先发展公共交通，对水、电、气、热实行集中生产和供给，住宅、学校、体育运动场馆、文化娱乐设施集中供给和使用等。

（二）借鉴国际先进经验

1. 国际低碳消费发展概况

节能减排，保护环境，与居民的消费观念和消费行为方式选择密不可分。近二三十年来，绿色低碳消费理念逐步被人们所接受，并成为一些发达国家居民追求的消费时尚。

英国一些环保组织早在 2007 年就极力倡导绿色消费理念和消费行为。2007 年 5 月 1 日英国奥德伯里镇成为欧洲第一个禁用塑料袋的城镇，该镇所有商店不再向顾客提供塑料袋，改用可生态分解的淀粉袋、可回收的纸袋或者可多次使用的棉麻袋。最大的连锁超市“特易购”承诺 2008 年消耗于储存的能源减少 50%。“宜家”宣布不再使用塑料袋，为减少零售业每年产生的 130 亿只塑料袋做贡献。① 2009 年 7 月英国政府正式发布名为《英国低碳转型计划》的国家战略文件，提出到 2020 年将碳排放量在 1990 年基础上减少 34%，其内容涉及能源、工业、交通和住房等多个方面。《英国低碳转型计划》中还提出，所有英国政府机构都必须建立自己的“碳预算”，严格控制碳排放量，如果达不到标准则会受到相应处罚。计划到 2050 年通过采用低碳能源和提高能效，将家庭的温室气体排放降为零。政府投入大量资金用于住房的节能改造，为低碳家庭提供融资，对采用清洁能源的家庭和企业给予资金奖励。英在积极倡导低碳行为方面，不但英国官方身体力行，一些非政府绿色组织（NGO）在促进社会节能习惯养成方面也发挥了重要作用。他们以多种方式提供和传播低碳经济的信息和知识，引导人们改变以往的生活方式，英国的公益广告有不少都是关于低碳经济的，如“充电器不用时拔下插头每年能节约 30 镑，换个节能灯每年能省 60 镑”等。② 英国政府和非政府组织在潜移默化中引导民众逐渐改变传统的生活方式，使低碳消费观念日益深入人心。

日本从 2004 年到 2008 年相继完成了“面向 2050 的日本低碳社会情景”、“面向低碳社会的 12 项行动”等研究计划，建立了低碳社会发展框架。2008 年 6 月提出了防止全球气候变暖对策的“福田蓝图”，设定了日本温室气体减排的长期目标，同年 7 月日本政府还公布了“低碳社会行动计划”，提出通过税收优惠政策鼓励和支持开发风能、核能和太阳能等新能源。日本《家电回收利用法》从 2001 年开始实施，对电视、冰箱、洗衣机、空调和电脑等废旧家电的回收利用有着严格规定，目前日本的家电回收率世界第一。2009 年 5 月开始，日本政府宣布全国统一实行家电生态积分制度。作为低碳社会发展的一个有机组成部分，制度规定：凡购买绿色低碳家电的国民，均可获得可交换各种商品与服务的分数。2009 年日本将家电、汽车、住宅作为“低碳生态消费三大支柱”，2010 年 3 月 8 日正式启动“低碳生态住宅积分”，推动新建的节能低碳房地产发展。依据日本的低碳生态住宅积分制度，对于提高窗户和外墙绝热性的工程，无论是新、旧房，都可以得到最高 30 万分（一分等于一日元）的激励；如果在装修房屋中通过换窗和安装双层隔热降噪玻璃，则可以获得 2000 至 1.8 万分；如果使用日本国家规定的标准绝热材料，则外壁可获 10 万分，天花板 3 万分，地板

① 郭林. 从“绿色消费”到“伦敦熄灯”. 光明日报，2007－08－25.

② 李芙蓉. 低碳消费引导的国际经验及我国政府的现实选择. 经济论坛，2011（10）：95.

5 万分。而用于分数交换的商品除了各种节能环保商品外，还有全国使用的商品兑换券和购物卡等。同时，2007 年日本环境部就提出了低碳规划，提倡物尽其用的节俭精神，通过更简单的生活方式达到高质量的生活，从高消费社会向高质量社会转变。①

尽管美国在国际上应对气候变化的态度比较消极，不断的逃避节能减排的责任，但国内却颁布了一系列的法律法规来促进低碳的发展，努力改善人们的消费观念，倡导节约低碳的消费方式。2005 年美国政府发布《能源政策法》。2007 年美参议院提出《低碳经济法案》，同年又颁布了《能源独立和安全法》，致力于降低美国能源的对外依存度，开发可再生能源。2009 年 2 月美国总统奥巴马签署《复苏与再投资法案》，实施总额为 7872 亿美元的经济刺激计划，内容包括开发新能源、节能增效和应对气候变暖等方面。在新能源的开发方面，美国相继出台了多项政策加大对新能源的投入。2009 年 6 月通过了《美国清洁能源法案》，明确规定减少化石能源的使用。《美国清洁能源安全法案》提出，在 2005 年的碳排放量的基础上，到 2020 年减少 17%，到 2050 年减少 83%，为促进替代能源发展还将建设一个碳交易市场。2001 年至 2010 年美国政府在核能方面和可再生能源方面的投入分别是 88.5 亿美元和 64.2 亿美元，共占总能源研发投入的 40%，从 1978 年到 2010 年的 33 年中核能和可再生能源占总能源研发投入的比例是 53.1%，如果从 1948 年开始计算，这一比例是 61%。在交通方面，美国先后制定了多套计划方案来促进汽车的节能减排。计划从 2012 年开始，使美国的汽车制造商要逐渐提高汽车的燃油效率，2016 年时，汽车的年耗油量要比 2012 年减少 40%。而且还通过各种税收补贴来刺激电动汽车的使用，为那些购买电动汽车的消费者提供优惠政策，根据车型可以免税 10% ~30%。为了推广新能源汽车，美国提出“绿色汽车信用”政策，该政策要求汽车制造厂商要销售一定比例的“绿色汽车”，依据销售额度可以获得相应的信用，对于那些无法完成汽车生产配额的企业就需要从新能源汽车厂商那里购买信用，这一举措大大促进了美国新能源汽车的发展，从而减少了温室气体的排放。在节能建筑方面，美国实施了一系列减税政策鼓励消费者使用节能设备和购买节能建筑。凡在 IECC 标准基础上再节能 30% 以上和 50% 以上的新建建筑，每套房可以分别减免税 1000 美元和 2000 美元。对在住宅中使用节能玻璃和节能电器的

---

① 李芙蓉. 低碳消费引导的国际经验及我国政府的现实选择. 经济论坛，2011 (10)：96.

居民减免税收等。为引导居民使用节能减排产品，美国政府还颁布实施了产品能效标准，该标准分为自愿性和强制性两类。自愿性标准就是指企业自愿加入该体系，然后政府通过广告宣传、优先采购等手段对加入该体系的企业给予一定支持，鼓励其生产高能效产品。强制性标准就是设置具有法律效力的“准入门槛”，把能效比较差的企业强制淘汰出市场。在终端用能方面，全面直观的披露产品的用能信息，使消费者能更好地了解用能产品所带来的经济效益和环境效益，从而做出最合理的消费选择。

2. 发达国家采取的低碳激励举措

发达国家为推动节能减排，不仅重视低碳理念的宣传和教育，出台了系列法律法规，而且在财政、税收等方面支持低碳理念的落地，对政府、企业、居民消费思想、消费行为起到了引领、规范和约束作用。发达国家采取的主要举措可以归纳为以下几个方面：

（1）政策法规引导、规范和约束。低碳理念是低碳相关法律和法规的灵魂，而低碳相关法律和法规是发展低碳经济、建设低碳社会、低碳消费理念落地的基础和保障。低碳立法不仅可以约束政府、企业、居民三大消费主体的消费思想和消费行为，还能起到强制政府、企业、居民三大消费主体积极践行低碳理念的作用，能有效推进居民接受低碳生活理念，促使企业建立动态产业链、清洁生产、低碳营销、加大低碳技术的研发和应用。这方面德国和日本政府做得比较成功，也因此，日本、德国循环经济、节能减排、居民践行低碳理念方面取得突出成绩，值得我们借鉴和参考。

德国 20 世纪 50 年代经济迅猛发展，但与此同时环境也遭到前所未有的污染和破坏，工业废水使许多河流变色发臭，有些河流里鱼类动物甚至濒临绝迹。自 20 世纪 70 年代起德国政府高度重视环境问题，制定的相关法律更是多得不计其数。1970 年德国就立法限制车辆的尾气排放。为鼓励人们节约能源 20 世纪 80 年代初，德国政府规定凡在住房改装双层玻璃门窗上所花的钱，年终可在个人收入税中得到补偿。20 世纪 90 年代德国成功推行了垃圾收集双轨制，关于“垃圾”这一项，就有三十多种相关法律；为了加强民众的环保意识，节约生产各种饮料罐的原材料以利环保，2003 年 1 月 1 日起无论是易拉罐、玻璃瓶还是塑料瓶，都必须交纳押金。①

① 任春．德国的环保．德国研究，2004（3）．

日本情况和德国相似，20 世纪六七十年代经济的快速发展带来了严重的污染问题，为此日本也于 20 世纪 70 年代开始制定不计其数法律法规，要求政府、企业、居民重视低碳环保问题，制定的主要法规法规课题组绘制一简表（表 21）。

表 21　日本政府颁布的与能源问题相关的立法与政策

时间	法律或政策名称	核心内容	主要目标
1974 年	“阳光计划”	重点研发太阳能、地热、煤炭、氢能源	减少对石油的依赖
1979 年	节约能源法	制定严格的能源消耗标准	节约能源
1993 年	“新阳光计划”	合并“阳光计划”和“月光计划”	综合推进新能源、节能和地球环境 3 个领域的技术开发
1998 年	地球温暖化对策促进法	明确实现温室气体减排目标是政府、地方公共团体、企业和国民的共同责任	减少温室气体排放
2003 年	可再生能源标准	能源公司必须提供一定比例的可再生能源	使得 2010 年可再生能源在总能源中的比例达到 3. 1%
2004 年	面向 2050 年的日本低碳社会情景研究计划	研究日本 2050 年低碳社会发展的情景和路线图	提出在技术创新、制度变革和生活方式转变方面的具体对策
2006 年	国家新能源战略	实现世界最先进的能源供需结构；全面加强资源外交与能源环境合作	全面推动各项节能减排措施的实施
2007 年	21 世纪环境立国战略	综合推进“低碳社会”、“循环型社会”和“与自然和谐共生的社会”的建设	克服地球变暖等环境危机，实现“可持续社会”

续表

时间	法律或政策名称	核心内容	主要目标
2008 年	低碳社会行动计划	未来太阳能的发展目标	日本的太阳能发电量到 2010 年达到目前的 10 倍，到 2030 年达到目前的 40 倍
2009 年	推进低碳社会建设基本法案	削减温室气体排放量	到 2050 年实现本国温室气体排放量削减 60% ~80%

资料来源：何鸣，鲍泓：《日本低碳产业国际竞争对策分析》，《现代日本经济》，2011 年第 3 期第 30 页及网站搜集整理。

日本上述法律法规不仅鼓励企业节约能源，同时也鼓励企业加大低碳技术研发投入，而且推动了日本建设低碳循环社会的进程，为整个社会的低碳理念传播和深入人心提供了法律法规依据。

（2）低碳知识的宣传普及和教育。发展低碳经济，缓解日益严重的能源、生态、气候危机是世界经济发展不可阻挡的历史潮流，低碳经济社会建设不仅需要技术创新的支撑，还需要低碳人才的培养、低碳知识的普及、低碳文化观念在全社会的形成作为内在支撑。发展低碳教育，德国、日本等国的经验也值得我们借鉴。

德国非常注重国民环保素质教育，坚持从幼儿开始培养的原则，把环保知识纳入学校教育的基本内容与科研范围，同时重视环保理念、环保知识的宣传和教育，且结合多种法规约束消费者的行为。德国有关幼儿教育的法规规定，幼儿园要把教导儿童“维护自己以及周围环境的卫生”作为一个重要内容；一年级的小学生，刚到学校注册报到，就会领到一册环保记事本。各级学校也把维护令人舒适的雅致的环境作为人格素质教育的一项重要内容，对青少年进行与环保相关的创造等。

日本已建立了较为完善的低碳教育体系。日本学校低碳教育根据不同年龄段设置相关的理论与实践课程，实施大致可分三个阶段：亲近自然教育、了解自然教育和保护自然教育。日本各门学科教学中都渗透环境教育，这使日本人从小接受了系统的环保教育，使低碳理念在他们思想中扎下了根。日本家长也会将低碳理念灌输给孩子们：吃饭尽量不买快餐，购物时用自己家的袋子，尽量少购买一次性的产品，选择用手绢代替纸巾，用固定的水壶带水，用可以清洗并能重复利用的餐盒进食等。同时，日本政府和相关团体还通过电视、网络、刊物、讲座等形式向日本国民普及低碳知识，进行低碳宣传教育。学校、家庭、社会三管齐下的高强度、系统、全面低碳教育，使低碳理念深入日本公众内心，而且转变化部分居民的自觉行为。

（3）财税政策上鼓励低碳消费发展。发达国家在财税政策上出台一系列措施激励企业和居民践行节能减排理念，使用的工具主要包括：政府预算拨款、财政直接补贴或补助政策、政府采购等。

一是政府预算拨款向低碳研发倾斜。2007 年加拿大政府发表了题为“让科技成为加拿大优势”的新科技发展战略，2008 年细化了此发展战略，其中在环境科技上拨款 6600 万加元，用于支持制定工业废气排放法规框架并对生物燃料排放进行科学分析和研究；政府还承诺 5 年内拨款 2.5 亿加元支持汽车工业开发环保型汽车的战略性大项目；在能源领域，加拿大政府计划到 2020 年 90% 的电力需求由水电、核电、清洁煤和风能供给。为此，政府将继续支持生物燃料、风能和其他替代能源的研究，计划拨款 2.3 亿加元执行生物能源技术计划①。再如德国为达到气候保护目标，不断加大气候保护方面基础研究的财政支持力度，特别是节能领域，联邦教研部 2008 年拨出 3.25 亿欧元用于能源研究，2010 年项目资助的金额进一步增加，预计金额将超过 4 亿欧元。②

二是采取财政直接补贴或补助政策推动企业、居民节能减排。在日本，太阳能发电已经非常普及。同时，为在家庭方面也能普及太阳能发电，1994 年日本实施了家用太阳能发电设备的补贴政策，2005—2008 年中断 3 年，2009 年恢复了家用太阳能补贴政策，对安装太阳能设备的用户发放 70000 日元/千瓦的补贴。此外，从 2009 年开始日本政府向购买清洁柴油车的企业和个人支付补助金③。英国政府也出台了一系列可再生能源补贴政策，2008 年颁布了《能源法案》对可再生能源进行补贴；2010 年 2 月英国能源与气候变迁部（DECC）宣布从 4 月 1 日起将推行新的“可再生能源电力强制收购补助计划”，该计划补贴对象为规模小于 5MW/百万瓦）的小型太阳能发电系统家庭用户，补贴金额为

---

① 万莎．发达国家发展低碳经济的财政政策及其经验借鉴．新金融，2010（5）：46.

② 万莎．发达国家发展低碳经济的财政政策及其经验借鉴．新金融，2010（5）：46.

③ 万莎．发达国家发展低碳经济的财政政策及其经验借鉴．新金融，2010（5）：46.

每年返还900英镑，年限为10～25年不等。同一天，英国政府还公布了“可再生能源供暖补贴”政策，这是全球首例以补贴电价的形式鼓励居民采用可再生能源采暖措施。①

三是推动政府绿色和低碳采购。为建立节能的国家标准和标识体系，1992年美国环保署（EPA）推出著名的“能源之星”（Energy Star）商品节能标识体系，符合要求的商品会贴上带有绿色五角星的标签，并进入美环保局的商品目录得到推广。1995年美国能源部（DOE）也加入“能源之星”计划，并将“能源之星”的认证范围进一步扩大，认证范围涵盖办公设备、家用电子、家用电器、冷暖空调、照明产品等。“能源之星”是普通民众购买耗能产品的基本依据，也是美国联邦政府采购的决策依据。美国《政府采购法》中，明确规定联邦政府采购的耗能产品须是能源之星认证或联邦能源管理办公室指定的节能产品。② 这项措施促使“能源之星”标识制度获得极大成功，并成为加拿大、日本等国家的节能标准。③

四是采取鼓励低碳经济、低碳消费的财政收入政策。1990年芬兰在全球率先实施了碳税，随后丹麦、芬兰等多个国家相继开征了碳税。征收碳税使得使用污染性燃料的成本变高，促进公共事业机构、商业组织及个人减少污染性燃料的消耗并提高能源的使用效率。另外，碳税提高了绿色清洁能源的成本竞争力，使它们能与价格低廉的污染性燃料相抗衡。碳税收入还可用于发展低碳技术、开发低碳能源，促进就业与长期经济发展。根据估计1990—1998年芬兰因为碳税而有效抑制约7%的CO_2放量。1990—2006年瑞典温室气体的总排放量下降了9%，而同期GDP却增长了44%。④

3. 思考与启示

发达国家构建低碳消费模式的尝试可以给河南省发展低碳经济，构建低碳消费模式提供以下几点启示：

首先，要制定明确的低碳发展规划和评价考核体系。河南省政府应制定明确的低碳经济、低碳社会以及构建低碳消费模式发展规划，加强在各行各业、各个消费群体中宣传低碳消费的重要性，确立低碳理念在经济发展中优先地位。

---

① 万莎．发达国家发展低碳经济的财政政策及其经验借鉴．新金融，2010（5）：46.
② 万莎．发达国家发展低碳经济的财政政策及其经验借鉴．新金融，2010（5）：46.
③ 万莎．发达国家发展低碳经济的财政政策及其经验借鉴．新金融，2010（5）：46.
④ 万莎．发达国家发展低碳经济的财政政策及其经验借鉴．新金融，2010（5）：47.

对低碳经济的先导产业要分行业制定明确发展规划，特别是高消耗和高污染行业，合理引导各个行业分阶段、有重点、循序渐进地推进低碳生产方式。同时，政府还应制定一套符合中国国情、河南省省情的低碳发展统计、考核标准和指标体系。

其次，各级政府要扩大对低碳经济的财政支持面，加大扶持力度。采取财政补助等方式，加快新型能源的推广，各级财政还应设立专项扶持基金，用于低碳技术研发、推广以及应用。同时，制定促进节能减排的激励措施，鼓励企业对新能源的开发。

再次，促成能有效推动低碳经济发展的技术创新机制。伴随《京都议定书》的执行，清洁和高效能源技术将逐渐成为最具竞争力的技术。在这个技术领域谁先取得突破，谁就能够抢占市场，在激烈的国际竞争中占得优势。要加快低碳技术开发与应用，提高资源生产率及能源利用率，加强低碳技术领域的信息交流。

最后，重视低碳教育，引导消费观念转变，倡导低碳生活方式。通过电视、报纸杂志、网络等媒介让社会大众了解低碳经济的优势，提高公众对低碳经济的认知度。倡导城乡居民生活中节水、节电，鼓励搭乘公交车等。

（三）调整和优化产业结构

当前，我国经济发展的内外部环境正在发生着深刻变化。从国际看，全球经济格局深度调整，产业竞争异常激烈。国际金融危机爆发后，发达国家纷纷提出“再工业化”战略，试图在新的技术平台上提升制造业和发展新兴产业，继续以核心技术和专业服务牢牢掌控全球价值链的高端环节，对我国提升产业层次、发展先进制造业形成巨大压力；新兴市场国家也在加快产业升级，一些发展中国家利用其低成本优势，加紧与我国在传统国际市场上展开竞争。在国际竞争中，我国面临着发达国家抢占战略制高点、发展中国家抢占传统市场的双重压力。从国内看，经济结构性矛盾突出，传统发展模式面临诸多调整。高投入、高消耗、高排放的粗放发展方式还没有根本改变，劳动力、土地、燃料动力等生产要素价格持续上升，能源、资源和生态环境约束日趋强化，对优化产业结构形成倒逼机制。产业结构调整优化不到位，不仅影响短期稳增长促转型目标的实现，还将严重制约经济可持续发展的实现，这在河南省表现尤为突出。

党的十八大报告明确提出，要适应国内外经济形势新变化，加快形成新的经济发展方式，把推动发展的立足点转到提高质量和效益上来，使经济发展更多依靠内需特别是消费需求拉动，更多依靠现代服务业和战略性新兴产业带动，依靠科技进步、劳动者素质提高、管理创新驱动，依靠节约资源和循环经济推动，依靠城乡区域发展协调互动。要通过产业结构优化和转型升级，提高产业创新能力和技术水平，改变产品附加值低、产能过剩、高端产品供给不足的状况，提升产业整体素质。着力提高资源利用效率，促进产业发展模式向绿色低碳、清洁安全转变。调整和优化产业结构是加快河南省在全球经济和产业格局低碳转型大背景下，转变经济发展方式的重点任务。在河南省当前产业结构高碳特征显著的背景下，河南省必须构建和完善低碳产业体系，调整产业结构，推动第二产业企业节能减排，重点培育和发展低污染、低排放、低碳耗材、高产出、高附加值的第三产业、战略性新兴产业，切实推进我省旅游强省战略、文化强省战略的实现。建议从以下几个方面入手：

坚持把生态文明建设放到河南省调整和优化产业结构的总体布局中，以破解能源、资源瓶颈约束和缓解生态环境压力为出发点，树立设计开发生态化、生产过程清洁化、资源利用高效化、环境影响最小化的理念，加快发展资源节约型、环境友好型产业。加大节能降耗力度，严格能耗物耗准入门槛，推广重点节能技术、设备和产品，提高能源资源利用效率。推行清洁生产和污染治理，加强低碳技术研发和推广，逐步削减重点行业污染物排放量，加强重金属污染防治，促进污染末端治理向源头预防、过程控制并重转变。大力发展循环经济和再制造产业，建立完善生产者责任延伸制度。健全激励和约束机制，探索合同能源管理、节能自愿协议、碳交易、排污权交易等新机制新模式，增强产业可持续发展能力。

（四）构建低碳消费模式的智力、文化支撑体系

1. 加大低碳技术投入

低碳技术是构建低碳消费模式的重要支撑。技术是决定低碳经济发展速度的关键，只有通过推进科技进步，利用科技创新，提高效能，降低能耗，掌握核心技术资源，才能够争得先机，赢得低碳经济的主动权。所谓低碳技术，是指涉及电力交通、建筑、冶金、化工、石化等部门，在可再生能源及新能源和煤的清洁高效利用、油气资源和煤层气的勘探开发、二氧化碳捕获与埋存等领域，开发的有效控制温室气体排放的新技术。具体到企业来说，低碳技术使用包括五个方面：一是推广现有低碳技术；二是加大低碳新技术研发投入；三是

开发、使用替代能源；四是实现建筑低碳化；五是开展废弃物的回收利用。

低碳技术是发展低碳经济的关键，然而河南低碳技术发展相对落后，总体偏低。河南省煤炭资源丰富，煤炭消费比重大，因此应着重于煤炭清洁技术的创新，提高煤的利用效率。河南省还应加大对节能和提高能效技术，可再生能源和新能源技术，生物与工程固碳技术，煤炭、石油和天然气清洁、高效开发和利用技术，农业和土地利用方式控制温室气体排放技术等的研发和应用投入，为河南省发展低碳经济、建设低碳社会、构建低碳消费模式提供技术和智力支持。

2. 重视低碳宣传教育

低碳文化是构建低碳消费模式的内在支撑。学校是传播低碳文化、低碳知识的重要场所，可以通过各种教育手段和方法对学生开展正规环境教育，通过校园环境、生活方式和管理方法的转变传递低碳理念，培育低碳文化，把低碳教育纳入河南省教育发展规划中，明确规定各级教育行政部门及学校的低碳职责；针对不同年龄、不同需求的人群，制定不同的低碳教育内容；完善低碳教材体系，加大低碳教育的师资培训，把低碳教育引入课堂教学；学校倡导低碳理念和低碳行为，如规定学生课本的循环利用等。重视家庭、社会低碳教育，家长不仅要学习了解低碳环保知识，还要以个人的言传身教影响孩子，教育孩子从小学习低碳环保知识，让低碳环保变成习惯。此外，还要发挥学校智囊作用，建立低碳经济的教研机构，比如低碳经济研究中心、低碳经济政策中心等。

（五）提高消费对经济增长的贡献率

河南省不仅要深刻认识消费需求的拉动作用，而且要充分发挥消费需求的导向作用，一是提高消费水平和质量，促进人的身心健康和全面发展，兼顾资源、能源和环境的承受力；二是推动低碳、绿色消费热点的形成；三是形成低碳经济增长点；四是促进消费主体与经济、社会、环境的协调发展。曾任商务部部长陈德铭说拉动中国经济最根本的动力是消费，建立扩大消费需求的长效机制，有六个方面的基本设想：一是扩大安全消费；二是引导绿色消费；三是提高服务消费；四是提倡品牌消费；五是规范发展网络消费；六是提倡信用消费。① 上述商务部的六项设想的核心就是扩大低碳消费需求来拉动中国经济。

扩大消费需求，基础是提高居民收入，增强居民消费能力，尤其农村居民

---

① 着重建立扩大消费需求长效机制．经济日报，2012－11－11.

的消费能力，为此要继续加大强农惠农政策力度，促进农民持续增收，提高企业退休人员养老金和社会优抚对象待遇水平，提高中低收入者收入水平。其次要拓展消费空间，优化消费环境。建设河南省生态城市、生态社区、生态村镇。在此，大力发展生态农业，从源头上治理污染，确保农产品质量安全，认真搞好从农田到餐桌的全程质量安全监管，特别是要加强食品安全监管。同时还应从各个方面净化消费市场，培育优良的社会机体。

第七章

河南省构建低碳消费模式的建议

本章主要在借鉴国内十大低碳城市、五个低碳试点省份建设经验和国外低碳消费建设经验的基础上，立足河南省资源禀赋优势，提出构建具有河南特色的低碳消费模式的建议。

一、构建农村低碳消费模式的建议

（一）总体思路

针对当前河南省农村居民低碳消费意识比较薄弱、低碳消费相关知识匮乏、低碳观念远未内化到居民内心、经济基础薄弱等问题，课题组建议在学习和借鉴国内外先进经验的基础上，立足本省农业大省、人口多、能源消费结构高碳特征显著的现状，构建具有河南特色的农村低碳消费模式发展规划，在该规划中，一是要重点突出农业发展的优势，推动低碳农业的发展，为河南省以及全国居民饮食消费低碳转型提供物质基础；二是要选择一批基础好的农村作为低碳农村建设试点，重点突破；三是重点强化农村低碳宣传和低碳教育；四是大力倡导农村居民践行低碳生活方式和消费方式。

（二）河南省农村低碳消费模式构建的具体建议

河南省农村低碳消费模式的构建是一项复杂工程，既要有物质基础、社会文化基础，还要有低碳技术支撑，更要有居民消费观念和消费方式转变作保障。为此，建议从以下几个方面着手构建。

1. 建立健全与农村经济社会发展相适应的低碳法律法规体系

近十年来，我国已制定一批法律法规来减少二氧化碳等温室气体的排放、推动节能减排。但目前就相关法规和法律的实施情况来看，由于缺乏具体的实施措施，虽取得一定成绩，但无法改变农村消费模式中碳排放不断增加的发展趋势。为此，河南省应在国家法律法规的基础上，结合本省情况，组织开展立法调研，制定适应本省的细则，使法律和法规真正落地，如制定农村关于废弃物再生、垃圾收集、节能减排、资源有效利用等方面的法规。此外，各级政府还应构建鼓励农村居民践行低碳消费理念方面的奖惩体制机制，如建立企业准入制度，限制高污染、高耗材、高耗能企业进入农村；改革现行税制，采用征收能源税、给予财政补贴等制度刺激农民增加对低碳农业的投入，扩大农业低碳产品的供给量。

2. 强化农村低碳知识的宣传和教育力度

长期以来，中国对国民环保教育重视不够，所以导致当前我国居民对低碳消费的认识不足。根据对河南农村居民的调查，亦是如此。因此，对农村居民进行环境知识教育是低碳消费能否在农村展开的关键，也是形成低碳消费模式的关键。因此河南省各级政府应重视在农村进行低碳知识的宣传和教育工作。首先利用电视、广播、手机、网络平台等渠道对农民进行低碳宣传和教育；借助文化下乡、文艺演出等形式宣传低碳理念和低碳知识；利用村委会等基层组织传播和宣传节约资源、简约环保的生活方式。针对传统节日，安排有益的各项活动，丰富人们的生活，改变人们的面子消费、攀比消费倾向和浪费现象。在地方电视台多播放一些有关环境保护的公益广告等。

3. 大力发展新型农业现代化

新型农业现代化是以粮食优质高产为前提，以绿色生态安全、集约化、标准化、产业化程度高为标志的农业现代化。目前化肥、农药是农业发展的支柱，不仅耗费了大量的化石能源，且对农村环境土壤、水等造成严重污染。河南是农业大省，推动农业低碳化转型，降低对化石能源的依赖是未来发展的必然趋势。为此，一方面要科学使用化肥和农药，倡导使用粪肥和堆肥，把农作物收割后的秸秆作为饲料、肥料等，促进农产品加工业向低消耗、低排放、高效率生产方式转变。另一方面，要积极改变农业发展方式，大力发展以低碳、绿色、环保为核心的观光型农业和高效型农业。

当前河南省农村能源消费需求不断扩大，优化能源消费结构是发展低碳农业、构建农村低碳消费模式的能源基础。因此，可结合农村资源的实际情况，建立农村绿色能源结构体系。根据河南资源优势，主要应采取以下方式：一是大力发展沼气能源。沼气的主要原材料是秸秆、动物粪便等，农村有大量的原材料，这也正好可以解决了农民为处理秸秆等生物质进行燃烧造成的环境污染问题；二是推行秸秆综合利用工程，支持开发秸秆固化、气化技术，通过循环利用农业废弃物，如稻秆、棉花壳、玉米芯或稻草等作为有机肥还田或利用农作物稻秆作为清洁能源进行发电或建筑材料等；三是普及太阳能；四是扎实推进社会主义新农村建设，加强清洁能源、信息通信等基础设施建设。

4. 大力发展农村公共交通系统，减少交通碳排放

由于农村公交车并没有完全普及，农民出行主要采用电动车、摩托车。对于电动车这一交通工具，从近期来看不仅价格适中，且节能环保；但从长远来看，电动车虽不排放尾气，但它的废弃电瓶一样会造成环境污染。电动车电瓶的使用寿命长的在一年左右，如果是劣质产品三五个月就得更换。而目前处置废旧电瓶的办法还不够完善。目前市面电动自行车使用的大多是铅酸蓄电池，这种电池腐蚀后溢出的含铅重金属和酸性物质对土壤和人体健康危害很大，废弃电瓶已成为新的污染源。因此，政府部门应加大对农村公共交通的财政投入力度，解决农村居民的出行方式。

5. 引导农村居民转变消费观念

著者调研得出河南农村普遍存在婚丧嫁娶盲目攀比、从众消费心理，面子消费、人情消费支出大，不仅影响农村居民生活水平的提高，而且与低碳消费所倡导的适度消费、科学文明消费理念相悖，为此政府要引导河南省广大农村居民摒弃互相攀比、浪费等消费观念，打破传统的“面子消费”，以科学的消费观为指导树立低碳消费意识，形成健康、正常的消费心理和行为。

总之，各级政府应立足河南省的省情，大力发展新型现代化农业，构建绿色能源体系，加大对低碳消费的宣传和引导，鼓励农民树立低碳消费理念，真正实现农村消费由“高碳”时代向“低碳”时代的转型。

二、构建城镇低碳消费模式的建议

（一）构建的总体思路

著者认为河南省城镇低碳消费模式的形成，一是需要以发展低碳城市试点为依托；二是要制定明确的低碳城市发展规划；三是要制定完善的低碳法律法规体系；四是要加大低碳消费理念和知识的宣传；五是鼓励在全社会践行低碳理念，在衣食住行用等生活各个方面形成崇尚低碳消费的风尚和消费模式。

（二）确定一批河南省低碳试点城市

1. 确定低碳试点城市

目前河南省正处于城镇化加速发展过程中，城镇化建设会增加碳排放，有

研究表明城镇化对能源消费量的拉动作用相当大，城市化水平每增加1%，将导致能源消费量增长1.56%。低碳城市是低碳经济发展的重要载体，建设低碳社会的主要平台。借鉴国内外经验，确定河南省低碳城市试点不仅是推动河南省低碳经济发展，也是构建低碳消费模式的重要主体。先选出试点城市，形成经验后再在全省范围内推广。目前郑州已经提出要打造低碳城市的概念，千年古都洛阳以双载体战略打造低碳城市也正在如火如荼地进行。济源市是国家第二批低碳经济试点城市，郑州新区低碳经济发展规划已通过评审。

结合我国十大低碳城市的评选标准与发展路径，初步拟出河南低碳城市建设路径的主要任务，包括构成、核心内容及衡量指标三个部分，其中主要构成包括低碳建筑、低碳交通、低碳产业、低碳能源、低碳消费、碳捕获与封存、低碳管理与制度七个方面的内容。

表22　低碳城市建设路径的主要任务

主要构成	核心内容	衡量指标
低碳建筑	建筑物碳排放 建筑使用	单位面积建筑材料碳排放量 碳排放量/年 自然采光时间比例
低碳交通	交通体系结构 小地域空间便捷度 新能源交通比例	居民公共交通及轨道交通出行比例 人均步行道、自行车道公里数 低碳、无碳交通工具比例
低碳产业	产业模式 经济碳绩效	现代服务业增加值占GDP比例 单位GDP碳排放
低碳能源	能源效率 能源构成 低碳研发	单位GDP能耗 低碳、无碳能源比例 年低碳研发投入
低碳消费	电气节能 煤气消耗 废弃物分类 消费习惯	家用电器能耗效率 家庭人均年消耗煤气量 生活废弃物分类家庭比例 购物碳绩效
碳捕获与封存	碳汇 科技固碳	城市绿化覆盖率 人均公共绿地面积 技术回收碳比例

续表

主要构成	核心内容	衡量指标
低碳管理与制度	碳税 碳交易	碳税总额/年 碳交易/年

总之，低碳城市建设包括低碳建筑、低碳交通、低碳产业、低碳能源、低碳消费、碳捕获与封存技术，以及低碳管理与制度七大系统，其他六个系统是构建消费模式的基础。建议河南省确定一批低碳试点城市作为构建低碳消费模式的先行试验区。

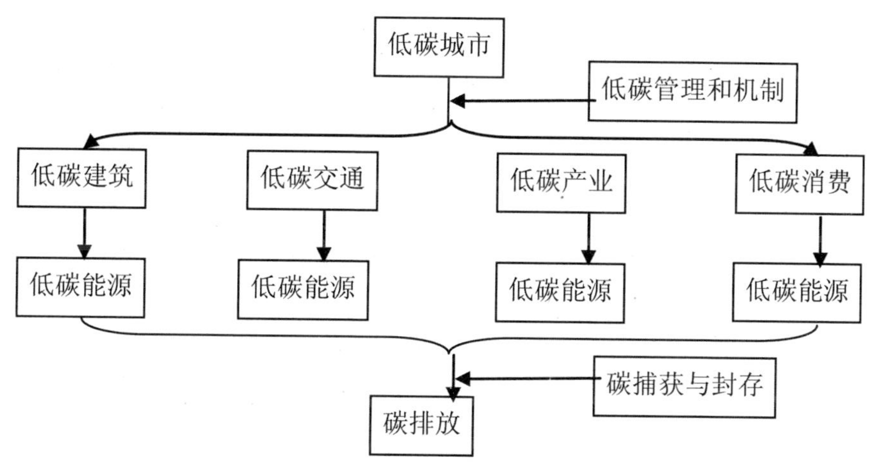

图 23　河南省低碳城市建设模型

2. 河南省低碳试点城市的选拔建议

参考国内外生态城市指标体系相关研究成果，将已有指标体系成果中出现的指标按预设路径层进行分析，并将其中重复、相近或无法操作的指标进行合并，构建河南低碳试点城市初选指标库。表 23 是著者综合国内文献遴选出的指标体系，包含 43 项指标。

表 23 河南省低碳试点选拔指标体系

路径	初选指标
社会经济（6 项）	第三产业占 GDP 比例、人口自然增长率、单位土地的 GDP 产出率、第三产业用地比重、人均住房建筑面积、人均高等教育科研用地面积
生态环境（11 项）	综合物种指数、本地植物指数、建成区人均公共绿地面积、产业的环境承载力指数、城市酸雨频率、市区大气质量、城市空气质量好于或等于二级标准的天数、空气污染指数小于等于 100 的天数、噪声达标率、城市热岛效应程度、公众对城市生态环境的满意度
交通（5 项）	步行系统连通度、公交专用车道长度比重、人均道路面积、公共交通可达性、万人拥有公共汽车数
基础设施（10 项）	人均生活用水、人均生活用电、生活垃圾无害化处理率、城镇生活污水处理率、工业废水达标率、工业固废无害处理率、工业废气处理率、垃圾资源化利用率、雨水回收以及再生水利用率、万人拥有公共厕所数量
资源能源（7 项）	可再生能源比重、人均碳排放量、人均可利用水资源量、清洁能源比重、万元 GDP 能耗、万元 GDP 水耗、热电联产比例
绿色建筑（4 项）	绿色建筑比例、绿化屋顶面积比重、建筑节能达标率、环保建筑材料使用率

根据上述指标体系选出一批城市作为河南省发展低碳经济、建设低碳社会、构建低碳消费模式的试点，从试点城市建设中吸取经验，然后扩大试点城市，最后总结经验在河南省逐步推广。

（三）建设低碳产业体系

所谓低碳产业，是指相对能源密集型产业而言，以相对少的二氧化碳排放拉动经济增长的行业。结合河南省经济的发展特征和比较优势，大力发展低碳产业是发展低碳消费的关键。当然，河南省在发展低碳产业时，除了考虑自身的资源禀赋和产业发展优势外，还要充分结合国家的发展战略做好发展规划。

1. 积极培育战略性新兴产业

战略性新兴产业是引导未来经济社会发展的重要引擎，对河南省而言，在发展新兴战略产业中要系统科学规划，首先要做好“顶层设计”；其次，要选择最有基础和条件的领域进行重点突破，找准突破口；第三，须完善以企业为主体、市场为导向、产学研相结合的技术创新体系；第四，要坚持“引进来”和“走出去”相结合，推进国内国际科技交流合作。

2. 大力发展服务业

河南省服务业发展比较滞后，服务业增加值低于国家平均水平，已成为制约河南省经济社会发展的一块“短板”，河南省要把服务业发展成为扩大低碳消费需求的重要支撑产业。建议从以下几点入手：一是大力发展生产性服务业；二是促进服务业与制造业融合；三是积极发展现代生活性服务业；四是大力发展文化产业。

3. 切实推动旅游强省战略

旅游业具有很强的产业关联性和带动效应，据统计旅游收入每增加 1 元，带动相关行业增收 4.3 元。旅游业直接和间接带动的产业有 100 多个。① 如开封旅游业的带动效应，拉动了吃、住、行、游、购、娱等行业的经济效益。2011 年开封全部国内游客人均景区游览花费 121.4 元，所占人均花费的比重为 20.4%；餐饮花费 117.7 元，所占比重为 19.8%；住宿花费 113.6 元，所占比重为 19.1%；娱乐花费 16.7 元，所占比重为 2.8%；购物花费 82.6 元，所占比重为 13.9%；市内交通、邮电通讯及其他花费 74.2 元，所占比重为 12.5%。从调查情况看，住宿、餐饮、景区游览人均花费所占比重最大。②

河南省应充分利用旅游资源丰富，文化积淀深厚的优势，大力推动文化与旅游相结合，创新旅游产业发展方式，让旅游业成为河南第三产业的龙头和战略性产业；依托旅游业资源消耗低、带动系数大的优势，发挥旅游产业对现代产业体系构建的支撑作用，对服务业发展的龙头带动作用，对建设资源节约型、环境友好型社会的促进作用，将旅游产业打造成为经济发展方式低碳转型的引领产业。

4. 强化企业低碳管埋

企业在推行低碳消费模式、生态文明社会形成中起着重要作用，因为企业既是生态环境破坏的重要主体，又是供给低碳产品的重要主体。河南省低碳消

① 云南旅游业增收 1 元能带动各行业增收 4.3 元．昆明信息港，2010－09－12.

② 国家统计局抽样调查显示开封旅游吸引力增强，河南省政府门户网站 www.henan.gov.cn，2012－07－18.

费模式的形成需要把低碳理念融入企业建设中。企业要树立低碳生产理念，强化清洁生产，尽量减少碳排放、节约使用能源，在低碳技术上不断创新，实施低碳营销战略，树立低碳社会责任意识。鉴于河南省是农业大省和煤炭消耗大省，企业要加快农业低碳技术和煤炭清洁高效利用技术的研发。同时，企业还要强化低碳管理。低碳管理是一种新型的现代化管理思想，它要求企业在经营管理过程中不仅要遵循市场经济发展的规律，还要符合生态规律的要求；不仅要追求经济利益，还要实现可持续发展。在具体实施过程当中，要求管理者树立低碳管理的新理念、构建低碳管理体系，通过引进国际通用的环境标准、能效标准和碳排放标准，设立专门的低碳管理机构对企业内部的生产和经营活动，对物流、生产运营、营销、财务管理等环节的碳排放进行监督和控制。

（四）倡导低碳消费方式和低碳理念

有需求才会有市场。在当前买方市场的条件下，消费者有什么样的需求企业就会生产什么样的产品，因此要加大宣传教育力度，对低碳消费模式的形成有着重要作用。因此，转变消费者不健康的消费观念，首先加强低碳消费宣传，提高城镇居民对低碳消费的认知。如在城市的社区，通过免费发放环境教育周报、低碳生活小册子等方式，多手段多渠道的进行教育宣传；要充分发挥社区委员会的作用，定期不定期地集中组织社区居民进行环境知识的学习，创意性的在社区或者联合多社区共同举办“低碳消费日”以及“低碳消费月”等活动，鼓励人们践行低碳生活。同时，政府可利用某些有影响力的节日开展低碳教育活动，从而使环保低碳的理念深入人心。如利用世界环境日、地球日、水日开展宣传活动，将环境保护意识普及到每个人，在公民中树立牢固的低碳消费观念。其次，倡导城镇居民在衣、食、住、行、用等方面，从传统的高碳模式向低碳模式转变，尽量减少二氧化碳排放。要持续地开展宣传活动，由浅入深，潜移默化，使城镇居民都成为低碳理念的践行者。在日常的办公和生活中，鼓励纸张重复使用或无纸化办公；提倡少使用空调，尽量选择自然通风；提倡尽量采用自然光；提倡废物利用；提倡网上办公、视频会议等。在出行方面，尽量选择绿色环保低碳型的交通工具，鼓励乘坐公共交通工具出行或以步代车；在装修房屋时，尽量避免奢侈型装修，鼓励购买节能型的装修材料和家电。倡导生活简单、简约化，尽量减少“面子消费、奢侈消费”。引导采用节能的家庭照明方式和科学合理使用家用电器。在日常生活中践行低碳和节能降耗的理念，减少温室气体的排放，为河南省低碳经济的发展做出自己应有的贡献。

三、构建大学生低碳消费模式的建议

影响大学生这一特殊群体消费观念的因素很多，但最为重要的是学校的教育和引导，著者认为引导和构建大学生低碳消费模式关键在于学校的宣传、教育，建议从以下几点入手。

（一）以低碳理念构建教育教学保障体系

首先，将低碳理念融入大学精神文化建设中。大学精神是大学文化的核心和灵魂，影响甚至决定着大学及大学生的思想和行为。在经济发展方式低碳化转型成为时代潮流的背景下，把低碳理念融入大学精神文化建设中，使教职员工和学生了解、认同低碳理念，促进大学低碳价值观的形成，推动大学低碳文化体系的形成和发展，是时代发展的客观要求，也是大学低碳教育教学体系构建和落地的精神保证，更是推动大学生积极践行低碳消费的重要保证。

其次，以低碳理念健全和完善大学教育教学管理制度。文化虽是制度之母，但文化的落地需要制度作保证。把低碳理念引入大学教育教学体系建设中是一项重要的研究课题，没有成熟的制度可参考及经验可借鉴。为保证低碳理念在大学教育教学中较好地贯彻，需要建立健全相关制度，在优化现有制度的基础上科学设计新制度，切实保证与低碳教育教学相关制度有效实施和良性运行。

再次，以低碳理念建立和健全大学低碳教育物质环境。低碳教育体系的构建和落实需要相应的物质环境作为保证，一是要在教学楼、宿舍楼、实践实习基地、各类活动场馆等基础设施建设中体现低碳理念，使用低碳材料，运用太阳能、风能、沼气、地热等清洁能源，使学生对低碳环保建立感性认识；二在垃圾、废水等处理中体现循环经济和低碳理念；三是在校园食堂、超市等减少使用高碳商品并提供相应的物质保证，如食堂提供消毒餐具和消毒设施，禁止使用一次性餐具；四在教育教学管理中提供低碳管理的基础设施，实行低碳化办公；五是校内推行低碳化出行并提供相应基础设施。上述均是低碳教育教学发展需要的物质环境保证。

最后，以低碳理念建立健全低碳教育教学监管和评价机制。低碳教育教学体系构建并不难，难的是落地，这就需要有能体现低碳理念且可量化的监管和评价机制的建立，学校年度发展规划中应有低碳教育相关的安排，并要进行有效监督和管理。低碳评价机制是充分利用现代信息技术，搭建低碳教育教学管理信息系统和网络平台，减少纸质材料等物质能源的消耗，提高评价效率和评价公正、公平性为目的的一种新型评价机制，是低碳教育教学监督和管理的重要保证。此外，还要将低碳理念纳入学校发展规划。要开展调查研究，明确试点思路，发挥规划综合引导作用，积极探索低碳学校建设模式，加快建立以低碳排放为特征的教育教学管理体系。

（二）以低碳理念健全和优化教育教学内容体系

要在大学教育教学体系中体现低碳理念，就要对当前教学体系进行重构和优化。

首先，完善和健全多元化低碳教育教学课程体系。高校应根据各自优势制定低碳教育建设计划，对现有课程体系进行改革。传统教育教学体系中没有系统的低碳环保课程体系，因此不仅要在通识课程体系中增加与低碳环保相关课程，而且还要在各专业课程设置中积极进行关于可持续发展、低碳环保相关内容的渗透教育，还要将低碳知识融入大学综合素质拓展课程体系中，从而逐步形成多元化低碳教育课程体系。还可针对不同年级学生安排不同的课程，如对大一新生进行低碳素质通识教育，把低碳知识、价值观教育纳入学校德育教育体系中；对大二、大三的学生重视他们低碳实践能力的培育，开设低碳经济等课程，把环保理念融入学生三下乡等社会实践活动，开展低碳教育的调查和科研活动等。

在低碳教育的过程中，要特别注重对学生社会责任感的培养。根据调查研究，我们发现社会责任感对大学生低碳消费活动具有显著影响，所以学校应着重培养大学生的社会责任意识。一直以来，很多在校大学生对环境污染都持有无所谓的态度。所以在对大学生进行教育的过程中需要要求他们进行自我提升，加强社会责任感的培养。在提升大学生社会责任意识的过程中，要充分发挥学校的能动作用，用多种方式引导大学生形成保护环境、低碳节能的意识，鼓励学生为环境保护贡献自己的力量。为此，学校可以在课堂教学中培养和引导大学生的社会责任，首先应培养一支具有强烈社会责任感意识的教师队伍，通过具有责任感的老师言传身教对学生起到潜移默化的影响，在课堂上培养学生的社会责任感。其次，可通过校园广播、海报等形式大力宣传低碳消费。另外，学校还可以开展多种多样的文体活动，如知识讲座、辩论赛等，让同学们切身了解到低碳消费行为和非低碳消费行为会产生哪些影响，以此来培养同学们的社会责任意识。

除此之外，还要加强对低碳消费理念的引导。近几年，由于媒体的大力宣传和高校对环保教育的重视，大学生已经初步具备了生态消费观念。但从调查情况来看，大学生非低碳消费现象还是比较严重。冲动消费、攀比消费、从众消费、跟风消费问题突出。这说明不少同学缺少环保意识，没有养成低碳节约的习惯，方便自己却忽略了这种消费行为带来的资源浪费。为此，在低碳教育的过程中应引导学生建立健康的消费理念，理性消费，合理消费，这样不仅可以减轻父母的负担，还可以起到保护环境的作用。

其次，改革低碳课堂教育教学形式。大学低碳教育自然离不开课堂知识教育，要以课堂教学为主阵地，引导和帮助学生正确地学习低碳理论，树立低碳观念，激发低碳价值认同。与此同时，通过各类低碳实践活动开展低碳教育教学的第二课堂体系，这样不仅能使学生了解与低碳相关的信息，领悟低碳理念和价值观的精髓，增进低碳理念情感体验，而且能够使低碳理念逐渐被学生认同，从而成为学习和生活的指导。

再次，改进教学方法，提高教学效率。低碳教育形式要灵活，除采用传统课堂教学形式，在高校开设与低碳经济相关的必修课或选修课外，还要使教学形式多样化，如通过开展低碳教育专题系列讲座，以低碳理念成立相关协会或社团，组织学生进行低碳调查等形式，推动学生普及低碳知识。以课题为中心培养学生低碳研究、实践能力和低碳技术创新能力，传播低碳理念。

（三）积极开展低碳研究

低碳研究和低碳教学二者是相互促进和相互制约的关系，低碳教育的发展能对低碳研究具有促进作用，而低碳研究的发展又能促进低碳教学水平的提升。低碳教育研究不仅能使学生对低碳理论的认识由感性上升到理性，充实教学内容，提高教学质量，提升学校办学层次，还能推动教育教学改革。开展低碳研究首先要转变领导和教师的观念，强调开展低碳研究的重要意义，鼓励教师积极从事低碳相关科研活动，完善低碳教育科研成果的管理，建立和完善低碳研究激励机制，建立健全低碳研究科研队伍，不断提高低碳研究队伍的科研能力，进而推动低碳教学质量的提升。在开展低碳教育研究中还要加强国际交流与合作，和国内外高校共同探索低碳教学经验。

（四）强化校园低碳化管理

一是对教职工办公进行低碳化管理。低碳办公是指在办公活动中使用节约资源、减少污染物产生、排放。学校要充分发挥无纸化办公的优势，能够不用纸张而在网上传递的纸张就在网上传送，需要打印的资料可以正反两面打印。

各类文件校对无误后再打印，减少重复打印，节约用纸；下班后关电源：电脑主机、显示器、打印机、复印机、饮水机、可开关的插线板、会议室投影仪和麦克风等，所有下班后不用的设备电源要关掉；多用自然光：白天上课时，把灯关闭，打开窗帘，用自然光不仅健康同时也环保。在对教职工进行低碳化管理过程中，学生看到老师们的行动，也会受到影响，从而参加到低碳环保中来。

二是对学生进行低碳化管理。学生宿舍用电采用统一管理，在规定的时间段内才能亮灯；在学生宿舍可以安排节能电器，例如感应灯和感应水龙头等。学生用水，无论是平时用水还是洗澡用水，采用刷卡计费制度；学校食堂尽量减少一次性餐具的使用，鼓励学生用自己的环保碗筷就餐。另外，对于大家不用的旧书，旧杂志或者旧衣物，倡导同学间交换使用，以达到循环利用的目的，即减少了不必要的浪费，也丰富了别人的资源。

三是对后勤集团进行低碳化管理。学校的电灯、电扇、麦克风、投影仪等归后勤部管理的，学生下课之后，需要检查一下是否关闭；防止学生乱扔粉笔，破坏公共物品；校内电瓶车也可以像公交车那样，制作站牌，在比较常下车的地方安放站牌以减少停车次数，节约能源。超市的塑料袋收费，鼓励大家去超市购物最好带上环保袋，养成环保节约的好习惯。

总之，强化校园低碳管理，创建良好的校园低碳环境，是大学生低碳消费行为的有力保障，是大学生低碳消费路径构建不可缺少的环节。

（五）发挥大学生社团的作用

为能让更多的同学加入到低碳消费的队伍中来，应该充分发挥大学生社团的作用。大学生社团，属于自主开展活动的学生群众组织，在大学校园中具有广泛的参与性、成员之间具有较强的互动性和活动广泛性的特点。低碳消费观教育和实践离不开大学生社团，通过社团开展活动在校园里容易形成低碳消费文化的氛围。校园内的环保社团有广大的学生基础，可以通过低碳消费知识讲座、校园低碳消费调查等形式，提高学生的环境保护意识，鼓励大学生进行低碳消费。大学生社团也可组织学生去那些在环境保护做得好的企业进行参观，同时还可组织学生参加生态环保活动。通过参观和亲身体验，观察社会生态问题，才能对自身的消费行为进行反省，改变不良的消费理念和消费习惯，增强社会责任感。

参考文献

一、著作类

[1] 罗钢，王中忱．消费文化读本．北京：中国社会科学出版社，2003.

[2] 张筱薏．消费背后的隐匿力量：消费文化权力研究．北京：知识产权出版社，2009.

[3] 卢泰宏．中国消费者行为报告．北京：中国社会科学出版社，2005.

[4] 孙桂娟．低碳经济概论．济南：山东人民出版社，2010.

[5] 华红琴．低碳城市从理念到行动．格致出版社，2010.

[6] 刘倩．支撑低碳经济发展的可持续消费．经济科学出版社，2010.

[7] 李振明．经济转型与居民消费结构演进．经济科学出版社，2001.

[8] 尹世杰．消费力经济学．北京：中国财政经济出版社，2001.

[9] [法] 鲍德里亚刘成富．全志刚译．消费社会．江苏：南京大学出版社，2008.

[10] 熊焰．低碳之路：重新定义世界和我们的生活．北京：中国经济出版社，2010.

[11] 熊焰．低碳转型路线图：国际经验．中国选择与地方实践．北京：中国经济出版社，2011.

[12] 庄贵阳．低碳经济：气候变化背景下中国的发展之路．北京：气象出版社，2007.

[13] 杨圣明．中国式消费模式选择．北京：中国社会科学出版社，1989.

[14] 范剑平．居民消费与中国经济发展．北京：中国计划出版社，2000.

[15] 尹世杰．消费经济学．北京：高等教育出版社，2003.

[16] 柳思维．现代消费经济学通论．北京：中国人民大学出版社，2006.

[17] 祁京梅．我国消费需求趋势研究及实证分析探索．北京：中国经济出版社，2008.

[18] 范剑平．中国城乡居民消费结构的变化趋势．北京：人民出版社，2001.

[19] 尹世杰．中国消费结构合理化研究．长沙：湖南大学出版社，2001.

[20] 中国城市科学研究会编．中国低碳生态城市发展战略．北京：中国城市出版社，2009.

二、论文类

[1] 郭立珍．我国低碳消费文化建设路径探析．现代经济探讨，2011（8）：42－45.

[2] 王淑新等．低碳经济时代中国消费模式的转型．软科学，2010（7）：54－57.

[3] 刘敏．低碳经济背景下构建湖南低碳消费生活方式研究．消费经济，2009（5）：60－63.

[4] 潘晓东．中国低碳城市发展路线图研究．中国人口·资源与环境，2010（10）：13－18.

[5] 陈志恒．日本构建低碳社会行动及其主要进展．现代日本经济，2009（5）：1－3.

[6] 鲁捷．日、美两国生活消费模式的变化及对我国的启示．北方经济，2006（5）：32－33.

[7] 徐冬青．发达国家发展低碳经济的做法与经验借鉴．世界经济与政治论坛，2009（6）：112－116.

[8] 张兵．西方发达国家低碳城市建设的经验与借鉴．辽宁大学学报（哲学社会科学版），2011（3）：151－154.

[9] 孙延红．低碳经济时代对低碳消费模式的新探索．山西财经大学学报，2010（2）：63.

[10] 房尚文．低碳时代的消费模式选择．甘肃社会科学，2010（5）：214－218.

[11] 张一澍．树立低碳理念，引领校园生活．教育探索，2011（1）：36－37.

[12] 潘安敏，陈略．城市低碳消费模式探讨．消费经济，2010（5）：93－96.

[13] 江琴．低碳城市发展的作用机理与对策．青海社会科学，2010（2）：41－44.

[14] 陈新平．低碳经济发展模式下的财税政策——发达国家的经验及启示．宏观经济管理，2010（4）：39－41.

[15] 范况生．低碳经济模式下的河南产业结构调整战略研究．特区经济，2011（2）：194－195.

[16] 倪外，曾刚．低碳经济视角下的城市发展新路径研究——以上海为例．经济问题探索，2010（5）：38－42.

[17] 张琦生．低碳经济与经济发展模式转变——以河南省为例．生产力研究，2010（10）：144－146.

[18] 陈达．中国低碳城市建设研究述评．河北学刊，2011（3）：256－258.

[19] 林风霞．低碳经济理念下河南省消费方式转型的障碍与突破．华北水利水电学

院学报（社科版），2010（4）：21－23.

［20］王渊博．发展绿色消费的现状及对策——以北京市为例．技术经济与管理研究，2011（10）：101－104.

［21］刘芳．低碳经济背景下河南省旅游业发展的建议．经济管理与科学决策，2010（5）：113－114.

［22］梁仁君，林振．高校生态教育的现状及体系构建的思考．黑龙江高教研究，2006（3）：20－23.

［23］曹洁．日本社会的环境教育及启示．河北师范大学学报·教育科学版，2010（7）：50－53.

［24］刘继和，田中实．日本中小学环境教育的发展和基本理念．外国教育研究，1998（4）：30.

［25］邱鹏．探索低碳城市建设新路径——瑞典经验借鉴及启示．西南民族大学学报（人文社会科学版），2010（10）：167－170.

［26］IUD 中国政务景气监测中心．打造“低碳城市”：保定、天津、上海你追我赶．领导决策信息，2009（45）：24－25.

［27］苏美蓉等．中国低碳城市热思考：现状、问题及趋势．中国人口·资源与环境，2012（3）：48－55.

［28］谢守红等．城市居民低碳消费行为影响因素分析．城市问题，2013（2）：53－58.

第二篇 02

河南省旅游经济低碳化转型研究

前　言

旅游经济低碳化转型是当前提高我国旅游经济国际竞争力、推动河南经济发展方式低碳化转型、深入推进生态文明建设等的重要突破口，也是向国内外游客展示河南在加快生态文明建设、发展低碳经济等方面所做努力的需要。低碳旅游理论是当前理论研究中较为薄弱的环节，该课题研究不仅具有理论意义还具有现实价值。在新常态下，加快旅游经济低碳化转型必要且非常紧迫，不仅能带动相关产业节能减排，而且有助于推进河南生态文明建设、破解“三农”难题等。

从低碳旅游资源、低碳旅游文化传统、政府政策、旅游产业发展基础、低碳城市建设等几个方面深入分析了河南省旅游经济低碳化转型的优势。选取洛阳、开封、郑州等河南省代表性旅游城市，深入到景区、旅游服务企业，采用问卷调查、访谈、观察等方法，对旅游景区、旅游服务企业以及游客的低碳实践成效及存在的问题进行调查分析，得出依托丰富的旅游资源，一批景区在践行低碳理念中脱颖而出，出现了一批政府带动低碳旅游景区发展的典范，如云台山景区成为河南景区低碳化转型的标杆，但河南景区低碳化建设中也存在一系列突出问题，如污染问题较突出、开发过度破坏生态环境、景区环境卫生问题堪忧、低碳化管理不足、低碳理念尚未深入景区建设全过程等；河南省旅游服务企业低碳化转型也取得了一定成效，如景区内注重低碳交通的打造，饭店的低碳意识提高等，但也存在低碳旅游交通系统有待完善、管理水平落后影响节能减排、评价标准需要进一步完善等问题。通过研究课题组认为，仍存在政策、技术、资金、环保意识和评价标准等多重障碍制约着河南省旅游经济低碳化转型的发展进程。

著者选取杭州、上海和黄山市作为三种不同类型旅游城市低碳化转型的典型案例进行深入分析，总结出对河南省旅游经济低碳化转型的启示。杭州作为文化资源型旅游城市的代表，走出了一条以政府为主导、以制度为保障、以交通为核心的低碳旅游城市发展之路；上海市依托会展旅游的低碳效应，发挥科技、经济优势，形成了以高科技为核心的全面化都市型城市低碳旅游发展模式；黄山市作为自然资源型旅游城市，立足生态资源优势，探索出以低碳景区建设为重点，旅游、生态、经济协调发展之路。总的看来，三个城市的低碳化转型为河南省低碳旅游的发展提供了很好的借鉴：立足资源禀赋优势因地制宜地发展低碳旅游，发展低碳旅游需要政府、企业和居民等通力合作，政府应发挥主导作用，低碳旅游建设是一项复杂的系统工程，需多方联手建设。

河南省旅游经济低碳化转型的总体思路是：政府主导是保障，旅游企业是主力，全民参与是关键。政府主导低碳旅游管理、主导低碳旅游发展规划、主导低碳旅游标准制定与考评、主导低碳旅游政策与法规制定、主导低碳旅游环境优化。旅游企业是旅游经济低碳化转型的主力，各旅游景区、旅行社、旅游饭店、旅游餐饮、旅游购物、旅游交通等企业应在生产和经营中践行低碳理念。旅游经济发展模式需要包括旅游者、旅游目的地居民、旅游公共服务机构和旅游从业者在内的居民低碳旅游意识的形成及积极参与。旅游景区应从贯彻低碳理念，实施低碳化管理，培育低碳文化等方面入手积极向低碳化转型；通过加强旅游交通业的低碳化开发与经营，发展低碳交通，建设绿色饭店，促进旅游企业的低碳化转型；此外，还应加强宣传引导，培养游客的低碳消费行为。

因著者研究能力及研究时间的限制，对河南省低碳旅游实践效果及存在问题调研的深度不够，所提出的政府、旅游企业、游客和居民共同参与的低碳旅游发展模式的有效性和可操作性也有待检验，拟随后继续深入调研，以期能为河南省旅游经济低碳化转型提出更合理、更具有操作性的建议。

绪　论

一、研究的目的和意义

首先，旅游业低碳化发展是当前我国经济发展方式转型升级的重要突破口。旅游业虽为低碳产业，但因规模巨大，也产生了巨量碳排放，世界旅游组织在《气候变化与旅游业：应对全球挑战》研究报告中指出：2005 年旅游业人均 CO_2 排放量约占全球总排放量的 4.9%，在人为因素引发的全球气候变暖贡献率上，旅游业占了 5% ~14%。十八大报告中提出“面对资源约束趋紧、环境污染严重、生态系统退化的严峻形势，必须树立尊重自然、顺应自然、保护自然的生态文明理念，把生态文明建设放在突出地位”。我国是旅游资源大国，旅游业发展规模逐年扩大，旅游业是节能减排的比较优势产业，具有较强的辐射力，旅游业低碳化转型是当前国际旅游经济发展的基本趋势。因此，低碳化转型是提高我国旅游业在国际上的竞争力、推动生产以及生活方式绿色低碳转型、深入推进生态文明建设的重要突破口。

其次，提高河南省旅游产业竞争力的需要。河南不仅是旅游资源大省，也是碳排大省，推动生产和生活方式低碳化转型，推进生态文明建设任务艰巨。以低碳理念为指导推动旅游业转型升级是我省的基本指导思想，在《河南省“十一五”旅游产业发展规划》中规定“坚持节约资源、保护环境，实现旅游业可持续发展”的建设原则，“发挥旅游产业对现代产业体系构建的支撑作用，对经济结构调整的催化作用，对服务业发展的龙头带动作用，对建设资源节约型、环境友好型社会的促进作用”战略定位。

再次，展示河南省在低碳化转型、生态文明建设方面所做努力的需要。河南省人均碳排放量居全国前列，旅游经济低碳化能向国内外游客展示我们在加快生态文明建设等方面的努力。

此外，本课题还希望通过研究达到如下目的：一是能为河南省政府及相关部门制定旅游产业发展规划提供借鉴；二是对河南省旅游经济发展模式进行全面审视；三是在一定程度上推动河南省低碳经济理论研究的发展。

低碳旅游理论是当前我国理论研究中较为薄弱的环节，该课题研究不仅具有理论意义还具有现实意义，就理论研究而言，该课题的研究能够在一定程度上丰富和推动低碳旅游经济理论研究的发展，还能为河南省政府及相关部门制定旅游产业发展规划提供一定的决策借鉴。

二、国内外研究现状述评

（一）国内外主要相关研究成果

1. 国外研究现状

从研究进程来看，国外有关低碳旅游的研究成果首先体现在国际旅游业界对能源环境问题的反思中。1996 年世界旅游业理事会（WTTC）联合国世界旅游组织（UNWTO）等开始关注资源管理与能源消耗以及旅游业的关系。在此背景下，有学者开始对旅游能源消耗等问题进行探索；世界旅游组织发布的《气候变化与旅游：应对全球性的挑战》中，对气候变化与旅游业的互动关系进行了详细论述，并提出了具体的应对措施；《旅游业对气候变化的适应与缓解：框架、工具与实践》指出低碳是旅游发展的方向。2009 年 5 月，“低碳旅游”的概念在世界经济论坛《走向低碳的旅行及旅游业》的报告中首次提出，该报告提出在旅游的时候要减少碳排放量，走低碳发展之路。之后，低碳旅游引起了学者们的广泛关注，当前低碳旅游的研究内容主要集中在以下几个方面：

一是旅游产业能源消耗对气候变化的影响研究，主要成果有：Gossling 和 Schumacher（2009）以 2005 年为基准对全球旅游业碳排放量的发展趋势进行预测，提出在考虑技术进步和管理效率提高的前提下，随着多数国家旅游业的继续增长，2035 年全球旅游业的碳排放量预计将增加 150%，旅游业应积极承担环境恶化和气候变暖的责任。Scott（2010）等提出如果旅游业继续当前的发展模式，在将来其他产业经济部门完成节能减排后，旅游业将成为温室气体的主要来源。

二是有关旅游能源消耗与碳排放问题的测评，主要成果有：Kuo 和 Chen 利用生命周期评估方法，对旅游业的能源使用、温室气体排放量等进行了定量研究，结果表明旅游者能源消耗量与废弃物排放量均超过当地居民日常用量。Susanne、David 和 Chris 研究提出旅游业能源消耗量与旅游者行为具有很强的相关性，旅游者选择不同的出行方式、不同的住宿设施甚至是饮食方式等都不同程度地影响着旅游过程的能源消耗，旅游交通占据了能源消耗的 65% ~73%。

三是对不同国家发展低碳经济的进程研究和一些典型国家的实证研究，主要成果有：Fitzgerald Yaw 通过对加勒比海地区的研究表明，可再生能源与清洁生产技术对目的地旅游业的可持续发展具有重要意义；Smith 针对往返新西兰的国际航空旅游者的五个不同短途旅游碳抵消计划的可行性进行了研究，认为没有一个计划符合实际情况；Yamaguchi 针对日本航空旅游者的自愿“碳减排”计划进行了分析，认为日本实施自愿“碳减排”计划以来，日本碳排放集中度提高了 3% ~4%。Tol 通过国际旅游流动的模拟模型就碳税政策对国际旅游业的影响进行了研究，认为碳税政策对旅行方式的影响很小。

2. 国内研究现状

我国目前关于低碳旅游的相关研究主要集中在以下几个方面：

一是低碳旅游概念及内涵认识方面的研究。国内学者从不同的角度对低碳旅游的内涵进行诠释，如刘啸认为低碳旅游是借用低碳经济的理念，以低能耗、低污染为基础的绿色旅游①。黄文胜指出低碳旅游是以减少二氧化碳排放的方式，保护旅游目的地的自然和文化环境，保护动植物和其他资源，为自然资源做出积极贡献的旅游方式②。李德山、蔡萌等认为低碳旅游是在旅游发展过程中，通过运用低碳技术、碳汇机制、低碳消费方式，以获得更高的旅游体验质量和更大的旅游经济、社会、环境效益的一种可持续旅游发展新方式③。总之，国内学者尽管对低碳旅游概念阐述的角度和理解不同，但基本发展理念是一致的，即要求在发展旅游经济的同时，必须注重环境问题，尽可能减少碳排放量。

二是低碳旅游的评价指标研究。目前我国有学者已经开始对低碳旅游的评价指标进行探究，如谭锦、程乾（2010）从低碳旅游资源、旅游项目开发、旅游者的接受与支持等方面尝试构建了旅游景区的低碳评价系统；孙菲菲（2013）运用 DPSIR 模型构建了低碳旅游发展的评价指标体系；方金生、徐杨等（2015）

---

① 刘啸．论低碳旅游经济与低碳经济．中国集体经济，2009（13）：81－82.

② 黄文胜．论低碳旅游与低碳景区的创建．生态经济，2009（11）：100－102.

③ 蔡萌，汪宇明．低碳旅游：一种新的旅游发展方式．旅游学刊，2010（1）：13－17.

针对低碳旅游景区建设的现状及发展要求，运用层次分析法构建了评价指标体系，并运用该评价模型对池州九华山天池景区进行评价。

三是低碳旅游的实践总结及具体应用研究。我国对低碳旅游的实践和应用研究主要是定性的、结合某一地区发展的宏观建议研究，如石培华（2010）对旅游业的节能减排与低碳发展进行了研究，形成当前我国对低碳旅游研究较早也是较为全面的著作；高丽敏（2013）等对北京低碳旅游的发展进行了研究；吴莹（2010）认为在低碳经济背景下，旅行社能从营销宣传、产品创新、内部管理等方面获得新的发展契机；郑琦认为低碳旅游可以引导城市消费变革，促进低碳城市功能再造，并提出低碳城市转型的几种发展模式；余佳华（2015）针对六安市低碳旅游发展条件和具体情况，从发展规划与引导、完善低碳设施、低碳化管理、提升游客的低碳意识和行为等方面提出了发展的对策。

3. 国内外研究比较与评述

综上所述，国内外学者对于近年来兴起的低碳旅游已经进行了初步探索，但国内外研究领域各有侧重，总体来说，国外研究起步较早，研究重点集中于旅游交通的碳排放测定，并在测定基础上提出了减碳措施，研究方法以定量研究为主。国内研究起步较晚，研究主要侧重理论研究，学者们对低碳旅游的概念和体系进行了研究，但不少是借用或套用低碳经济的相关理论来分析低碳旅游的发展情况。2011 年以来，对低碳旅游的研究开始重视实践和具体应用。针对目前国内研究现状，对低碳旅游的研究具有以下几个特征：一是主要从旅游管理角度进行研究，从经济学和产业规划角度研究成果较少，研究方法以定性为主；二是从低碳旅游应用研究来看，对地市级地区和景区的具体研究较多，以省为单位进行研究成果较少；三是对影响旅游经济低碳化转型的因素研究不足，探索低碳旅游的必要性及如何开展低碳旅游的成果较少。

（二）与河南低碳旅游相关的研究成果

就河南省低碳旅游进行研究的主要成果来看，课题组运用中国知网检索仅见刘芳的《低碳经济背景下河南省旅游业发展的建议》（《经济管理与科学决策》2010 年第 5 期）、史云等的《低碳旅游景区的培育与管理——以河南云台山风景名胜区为例》（《安徽农业科学》，2011 年第 39 期），茹风云（2012）在《基于“低碳旅游”的河南旅游产业集群构建》一文中，针对河南省低碳旅游发展中存在的问题，提出了低碳旅游产业集群构建的对策；华萍（2015）在《河南旅游业实现低碳转型升级的对策》一文中，提出河南应从建立低碳政策保障机制、构建低碳旅游产业链、开发低碳旅游市场等方面实现旅游业的低碳转型和升级；闫红娟（2014）在对河南省低碳旅游现状调查分析的基础上，总结河南省低碳旅游发展取得的成绩，提出了目前存在的主要问题，并提出了改进措施。但综合来看，关于河南省低碳旅游研究还存在以下不足：首先，研究成果少且较为零散，不够系统，除了以上研究成果，几乎没有专门针对河南省低碳旅游进行的研究，且研究基本为论文；其次，研究角度、方法单一，研究不够深入。以上研究都只是对河南省低碳旅游进行了初步探讨，都没有进行深入、全面、系统研究，这与河南省经济发展方式低碳转型的紧迫形势不相匹配。

三、研究的创新之处和基本架构

（一）创新之处

一是研究内容创新。目前针对河南低碳旅游方面的研究成果较少且零散，该课题结合河南省生态文明建设和经济结构调整和转型的现实需要，对河南省旅游经济低碳转型的必要性及优势、制约条件和转型路径进行探究，并提出了具体的对策建议。

二是研究方法创新。该课题通过广泛阅读国内外相关文献资料，对现有成果进行系统分析，对低碳旅游发展历程、低碳旅游概念等研究成果进行梳理及系统分析。通过问卷调查、政府、旅游企业访谈等多种方法对河南省旅游经济低碳转型的现状及制约因素进行深入研究。

（二）基本结构

第一章　低碳旅游发展的理论基础。本章首先对低碳旅游的内涵进行界定，然后对低碳旅游与低碳经济之间的关系、旅游产业及其构成以及低碳旅游产业的相关理论进行理论梳理，并对相关概念及旅游产业低碳化建设的内容进行理论界定。

第二章　河南省旅游经济低碳化转型的必要性分析。主要从我国旅游业发展趋势、新常态下推动经济发展方式转型发展的需要，河南省提高旅游产业竞争力、加快推进生态文明建设和产业结构升级转型、破解“三农”难题等方面，深入分析了河南省旅游经济发展方式低碳化转型的必要性和紧迫性。

第三章　河南旅游经济发展模式低碳化转型的优势分析。从低碳旅游资源、低碳旅游文化传统、政府政策、旅游产业发展基础、低碳城市建设等方面深入分析了河南省旅游经济低碳化转型的优势。

第四章　河南省低碳旅游发展现状调查及制约因素分析。选取洛阳、开封、郑州等河南省代表性旅游城市，深入到景区、旅游服务企业，采用问卷调查、访谈、观察等方法，对旅游景区、旅游服务企业以及游客的低碳实践成效及存在的问题进行调查分析，揭示出制约河南省旅游经济低碳化转型的主要因素。

第五章　国内旅游城市低碳化转型的案例分析及其启示。首先对旅游城市概念、分类等进行探讨，然后选取杭州、上海和黄山市作为三种不同类型旅游城市的低碳实践典型代表分别进行分析，总结出对河南省旅游经济低碳化转型的启示。

第六章　河南省旅游经济低碳化转型的建议。主要是针对河南省旅游经济低碳实践现状，在借鉴国内外经验的基础上，立足河南自身资源禀赋优势，提出旅游经济低碳化转型的总体思路和具体建议。

第一章

低碳旅游发展的理论基础

本章首先对低碳旅游的内涵进行界定，然后对低碳旅游与低碳经济之间的关系、旅游产业及其构成以及低碳旅游产业的相关理论进行理论梳理，并对相关概念及旅游产业低碳化建设的内容进行理论界定。

一、低碳旅游的内涵

（一）低碳旅游的含义

目前国内学者从不同的角度对低碳旅游的内涵进行了诠释，但尚未达成共识，综合国内外学者的观点，课题组认为低碳旅游的内涵主要体现在以下三个方面：

一是一种新型旅游经济发展方式。低碳旅游是在低碳经济发展背景下产生的一种新型旅游方式，是旅游经济实现可持续发展的重要手段，将“低碳”理念融入旅游开发、生态文明建设中，以节能低碳、减少污染、生态环保为标志，倡导通过低碳技术的革新、旅游消费方式的转变来推动旅游经济可持续发展的目标。

二是强调低碳技术和低碳消费方式的融合。低碳旅游是指在旅游发展过程中，通过运用低碳技术、推行碳汇机制以及倡导低碳旅游消费方式，以获得更高的旅游体验质量和更高的旅游经济效益、社会效益、环境效益的一种旅游发展新方式。①

三是一种新的旅游发展理念。低碳旅游是一种全新的旅游发展理念，需要旅游活动参与的各种主体不仅将“低碳”理念内化于心还要转化为行为，需要政府主导、社会全员参与。低碳旅游的主要构成有低碳旅游主体、低碳旅游客

① 蔡萌，汪宇明．低碳旅游：一种新的旅游发展方式．旅游学刊，2010（1）：16.

体、低碳旅游要素三大部分。低碳旅游主体是指具有低碳旅游理念的旅游活动的参与者；低碳旅游客体包括低碳旅游环境、低碳旅游资源、低碳旅游产品等；低碳旅游要素主要是指低碳化的旅游相关服务产业，如低碳餐饮、低碳住宿、低碳消费、低碳娱乐等。它涉及旅游的三个主要方面——食、住、行，改变着人们的生活方式，要在不降低质量的前提下，在旅游过程中进行节能和减少碳排放。

（二）低碳旅游与低碳经济之间的关系

低碳旅游是在发展低碳经济的背景下旅游产业的响应方式，是低碳经济的重要组成部分。旅游经济发展模式低碳化转型与低碳经济发展之间是相互促进，相互影响的关系，一方面，低碳经济发展为旅游经济低碳化转型奠定基础，低碳理念的普及、低碳技术的推广和应用是低碳旅游发展的前提和基础，低碳消费、低碳经济实践的探索将促进低碳旅游的发展；另一方面，旅游经济低碳化转型又能推进低碳经济的发展。低碳旅游业是带动低碳经济发展的龙头产业，旅游业的发展涉及“食、住、行、游、购、娱”等多个领域，对其他产业的低碳化转型有极强的带动作用，是低碳经济发展的重点产业。

低碳旅游既是一种低碳生产生活方式，也是我国低碳经济发展的重要战略之一。发展低碳旅游，既可以促进旅游业的良性发展，也有助于良好社会风气的形成和生态文明建设，因为加快发展低碳旅游不仅可以提高服务业的比重，促进资源的综合利用，而且能有效扩大就业，促进城镇化建设，带动相关产业的发展；低碳旅游需要在倡导低碳交通、低碳消费方式的同时，丰富旅游生活，增加旅游项目；低碳旅游的发展能在一定程度上扭转社会上流行的奢华浪费之风，通过倡导低碳消费，强化清洁、方便、舒适的功能性，提升文化的品牌性；低碳旅游的发展有助于加强旅游智能化发展，提高运行效率，同时引进节能减排技术，降低碳消耗，最终形成全产业链的低碳经济模式。

二、旅游产业及其构成

（一）旅游产业的含义

旅游业是以旅游资源为凭借、以旅游设施为条件，向旅游者提供旅行游览服务的行业。按照三次产业的划分标准，属于第三产业，又称无烟工业、无形贸易。旅游产业既可以看作是人们的旅游活动、旅游消费行为，也可以将旅游产业定义为：为旅游行为与活动提供各种服务的行业。旅游业有广义和狭义之分。狭义的旅游业，主要指旅行社、旅游饭店、旅游车船公司以及专门从事旅游商品买卖的旅游商业等行业。广义的旅游业，除专门从事旅游业务的部门以外，还包括与旅游相关的各行各业。

依据产业的含义，可以将旅游产业界定为：为人们的旅游活动、消费行为提供各种服务的产业，传统旅游产业主要包括吃、住、行、游、购、娱六个领域。随着旅游业的迅猛发展和业态的融合，传统的旅游产业要素进一步扩展，各要素相互交织形成了一个紧密的旅游产业链，已经极大地突破了传统旅游业的范围。旅游行业专家林峰认为，如今的旅游产业要素已扩展为“食、住、行、游、购、娱、体（体育）、会（会议）、养（养生）、媒（媒体广告）、组（组织）、配（配套）”，各要素之间相互交织组合，形成了多种类别的新业态，构成了一个紧密结合的产业链。

旅游产业具有较强的发展动力和广泛的社会效应。首先，旅游产业具有直接消费、产业发展等动力。游客产生餐饮、住宿、游乐、购物、会议、养生、运动等综合性、多样化的终端消费，带来“出游型消费经济”，进而整个旅游目的地形成产业链及相关产业的聚集，最终带动当地经济社会的全面发展。其次，旅游业的发展不仅给地区发展带来经济效应，提升就业率，还有利于对城市品牌的宣传与塑造、推动生态文明的建设；此外，旅游中以个人“吃喝玩乐”为基础，给旅游者带来视野上的开阔、生活上的享受、精神上的愉悦，还具有提升民众幸福感的作用。

（二）旅游产业链及其构成

所谓旅游产业结构，按照产业经济学的界定，主要是指旅游产业与其他产业之间、旅游产业内部行业之间、旅游产业地区之间的产业构成、产业环节、产业关系等，包括旅游行业结构、区域结构、产品结构、市场结构等，其中行业结构是旅游产业结构中最重要的组成部分。

旅游产业的行业结构是指旅游产业在经济运行过程中所形成的各行业、部门之间的比例关系及相互关系，主要是指旅游产业中最基本的结构，包括旅游交通、游览、住宿、餐饮、购物、旅行社等部门，这些部门按递进关系横向构造旅游产品并形成旅游产业链，满足旅游者在旅游活动中的食、行、住、游、购、娱等基本旅游需求。

旅游产业链是以旅游产品为纽带实现链接的。从整个旅游过程来看，提供旅游产品的不同行业组成了一个链状结构，游客从旅游过程的始端到终端，需要众多的产业部门向其提供产品和服务来满足他们的各种需求，其中不仅包括旅行社、交通部门、餐饮、酒店、景区景点、旅游商店、旅游车船以及休闲娱乐设施等旅游核心企业，还关联到农业、园林、建筑、金融、保险、通讯、广告媒体以及政府和协会组织等辅助产业和部门，前者构成了产业链的链上要素，后者为产业链的动态链接与正常运营提供必要的保障和支持。由于后者涉及范围广泛，与旅游产业低碳化转型关联度低，该课题主要研究旅游产业链中的景点、住宿餐饮、交通娱乐等链上要素。

综上所述，我们根据行业特点及其在低碳旅游建设中的作用，将旅游产业链的构成概括为旅游景区和旅游服务企业两大类。旅游景区是旅游业发展的基础和核心载体，是低碳旅游建设的关键。旅游服务企业是指在旅游过程中围绕旅游的要素——食、宿、行、游、娱、购而展开的为游客提供服务的行业，主要包括旅行社、宾馆、餐饮、交通、商业等。其中旅游宾馆、旅游餐饮、旅游交通是旅游业中的能源消费大户，因此是推动低碳化转型的重点产业。作为旅游活动的基础与重要环节，旅游景点和旅游服务企业的低碳化经营与建设是低碳旅游发展的最重要环节。因此，本文对旅游业低碳化建设研究将主要围绕旅游景区和旅游服务企业（主要是住宿、餐饮、交通）进行。

三、低碳旅游产业的相关理论及其构建

低碳旅游的发展以旅游行业低碳化建设为基础，其中旅游景区、旅游饭店、旅游交通的低碳化建设是重点。为此，需对低碳景区、低碳饭店、低碳交通的含义及其相关理论进一步探讨。

（一）低碳旅游景区的相关理论

旅游景区是旅游业发展的核心元素和基本载体之一，是旅游产业链中的核心环节，其节能减排及低碳化发展具有承上启下的关联和带动作用，对低碳旅游发展具有重要意义。

1. 低碳旅游景区的含义

由于低碳旅游属于新兴概念，关于低碳旅游景区目前尚未形成较为一致的观点，学者们对其内涵的界定往往与低碳景区建设紧密结合。如郭乃文等认为

低碳景区的内涵包括自然内涵和人文内涵两部分①。侯文亮等认为低碳景区可分为绝对低碳景区和相对低碳景区②。谭锦认为低碳旅游景区应从低碳旅游资源评价、低碳开发评价、低碳旅游认知度评价三方面入手③。通过对文献进行梳理，著者认为，低碳景区的概念可以总结为：低碳旅游景区是以旅游吸引物为依托，采用低碳化的建设和经营方式，使其具备低能耗、低污染、环保措施完善的旅游景区。具体来看，其含义包括以下几点：

第一，低碳景区的内涵可分为自然和人文两个方面。自然内涵是在旅游景区的开发、设计、建设过程中，运用低碳理念、使用低碳材料、进行低碳化设计，使旅游景区的基础设施、交通等遵循低碳环保的理念，在开发和经营全过程运用低碳技术、使用低碳材料，坚持低碳化操作，这也是低碳景区的本质要求。人文内涵是指景区建成后，在经营过程中，积极宣传低碳理念，营造一个良好的低碳社会人文环境，提升人们对低碳理念和景区的低碳化认识，使之内化为游客、管理服务人员的一种自觉意识和实际行动，加强景区的低碳化运作。

第二，低碳景区建设是硬环境和软环境的有机统一。硬环境是指景区的基础设施、交通、各种产品的低碳化开发规划及改造；软环境是指景区的规划设计、运营管理、服务人员、游客等要有低碳化理念和环保意识，景区要进行低碳管理、低碳运营、低碳消费等。

第三，低碳景区的建设类型可以分为全面低碳与有限低碳。全面低碳景区就是在建设前期即从规划到中期运营到后期管理等全过程都严格遵循低碳理念，运用低碳设计、低碳技术和低碳管理等将低碳环保贯穿于景区建设的全过程。有限低碳景区是指对景区的某个或某些环节或过程进行低碳运作，如运用低碳技术进行景区设施的低碳改造、低碳交通的运用、低碳化宣传与管理等。

2. 低碳旅游景区的构建

低碳旅游景区的建设是在低碳旅游发展理念的指导下，以低能耗、低排放、低污染为标准，建设新的旅游景区或对传统旅游景区进行低碳化改造，使景区具备低碳可持续发展的特征。

建设低碳旅游景区是发展低碳旅游的关键，但是目前低碳旅游景区的建设

---

① 郭乃文．旅游业节能减排与低碳发展政策技术体系与实践工作指南．北京：中国旅游出版社，2010：19.

② 侯文亮．论低碳旅游与低碳景区的创建．生态经济，2009（11）：100－102.

③ 谭谨．低碳旅游：一种新的旅游发展方式．旅游学刊，2010（1）：13－17.

还缺乏一套完整的发展理念和实质性的发展框架。从实践来看，虽然有很多旅游景区对低碳建设进行了一些探索，如在景区内实施低碳交通、进行低碳宣传、采取措施降低景区的能源、资源消耗等，但大多数是处于零散化的状态，对景区低碳化发展缺乏系统、长期整体规划。实质上，低碳旅游景区的建设与运营是一项复杂的系统工程，它涉及景区从前期规划开发到中期运营管理及后期的宣传和维护，从硬件设施到软件管理，从有形的物质消耗到无形的服务宣传等一整套复杂体系，需要政府、旅游管理部门、景区从业服务人员及游客等的共同参与。

借鉴靳非的研究①，从低碳景区的开发与创建过程来看，低碳景区的构建可分为前期、中期和后期三个阶段，包括理念、开发设计、运营管理、评价四个系统，四个系统相互影响，互为推动。首先，低碳旅游景区的开发与建设阶段，需要遵循低碳绿色可持续发展的设计理念和原则，建立旅游区的低碳技术支撑系统，积极引进和推广应用新技术，即营造、开发低碳吸引物，建立低碳旅游设施。其次，景区在具体运作和管理过程中，要遵循低碳环保的运营方式，践行低碳化管理理念，倡导低碳消费。即为游客提供一种低碳的旅游硬件设施及低碳旅游文化、管理和服务等，创建一种碳汇旅游体验环境。最后，在低碳景区建设后期，当低碳景区的倡议得到越来越多旅游者的认同，要将措施真正落到实处，发挥约束作用，需要建立景区的评价检测系统。

（二）低碳旅游交通的相关理论和认识

旅游交通是旅游活动与旅游产业发展的基础，在旅游产业发展中，旅游交通业与旅游业相辅相成，相互促进。

1. 旅游交通的含义及特点

旅游交通的概念目前在理论界尚未有较一致观点。著者认为，旅游交通的核心内涵是：因旅游需求而伴随着旅游全过程的交通线路、工具、设施以及服务的总和。它具有以下特征：

一是交叉性，即旅游交通是介于公共交通业和旅游业之间的新兴交叉性产业。一方面，旅游交通是为了适应旅游业发展的特殊需要，从公共交通运输业中衍生而成的，它在很大程度上依赖于公共交通的基础设施，如铁路、公路、

① 靳非．旅游业节能减排与低碳发展政策技术体系与实践工作指南．北京：中国旅游出版社，2010：19.

航空等，甚至是公共交通的有机组成部分，如有些城市增设的城市内旅游专线。另一方面，它以旅游者为主要服务对象，与旅行社、景点、饭店等旅游企业保持着紧密的业务关系。如旅游游船或景区观光专线只在连接景点的线路和航线上运营。

二是服务性。旅游交通业提供无形的运输服务，是服务业的组成部分，也是旅游服务业中的一项重要内容。如乘坐专设的游览专列，游客可以从不同角度领略沿途风光，了解沿途民族风情，而景区的观光车、游船、索道等本身就是景区参与性、体验性较强的旅游活动，是景区的服务项目之一。随着旅游者对旅行生活的舒适性、游览性和个性化的要求越来越高，旅游交通服务的质量、特色等也成为旅游业服务竞争的内容之一，从而使旅游交通业的服务性更加重要。

三是经济性。交通业本身是国民经济的重要组成部分，旅游交通是景区和城市的基础设施，在建设和运营过程中要考虑成本和经济效益。旅游交通的费用、时间等直接影响游客的参与和旅游产业的经济效益。由于旅游交通与城市交通、城际交通密不可分，因此，低碳旅游交通建设涉及城市交通和景区交通低碳化等多方面，是低碳交通的组成部分。

2. 低碳旅游交通的含义及特点

低碳交通是一种以高能效、低能耗、低污染、低排放为特征的交通运输发展方式，其核心在于提高交通运输的能源效率，改善交通运输的用能结构，优化交通运输的发展方式，使交通基础设施和公共运输系统减少高碳能源的消耗。

从低碳交通特点来看，首先，它是一个体系化的概念，无论是交通运输系统的规划、建设、维护、运营、运输，还是交通工具的生产、使用、维护，乃至相关制度和技术保障措施，人们的出行方式或运输消费模式等，都需要用“低碳”理念予以改造和优化。其次，它具有综合性，一方面，低碳化的手段是多样的，既包含技术性减碳，也包括结构性减碳，还包括制度性减碳。另一方面，低碳化的途径是双向的，既包括“供给”或“生产”方面的减碳，也包括“需求”或“消费”层面的减碳。

综上所述，著者认为低碳旅游交通是以减少能源、碳排量为手段，以促进旅游产业低碳化发展为目的，而对旅游交通进行规划、建设和运营管理。

3. 低碳旅游交通的构建

由于旅游交通既包括城际间交通、城市内交通，也包括景区间、景区内的交通，因此低碳旅游交通构建包括以下几个方面：

（1）低碳化的城市交通体系。城市低碳交通体系是低能耗、低污染、低排放的交通体系。从宏观上说，城市低碳交通体系主要包括多中心空间布局、以公共交通为主的交通工具系统、自觉低碳出行的交通主体、发达的低碳交通技术和先进的交通管理五个有机组成部分。

城市交通工具系统是由多种交通工具组成的，由于不同的交通工具碳排放量不同，所以不同的交通工具系统的碳排放也各不相同。在符合城市交通高效率要求的各种交通体系中，公共交通的碳排放量大大低于私人汽车。其中以轨道交通为主的公共交通工具碳排放最低。

（2）交通工具的低碳化改造。根据旅游交通工具动态发展要求，对传统能耗高的传统交通工具进行低碳化改造，如公交车和出租车使用新能源和替代能源汽车，淘汰高能耗的汽车，减少传统燃料的使用；采取补贴等方式鼓励个人和企业购买新能源汽车。为降低碳排放量，可以积极鼓励旅游者以健康、环保的骑行、步行、拼车等方式出行。增加公共自行车数量及设置点，在城市道路体系中建设自行车专用道路，举办低碳交通方式旅游活动，宣传低碳交通理念等鼓励绿色出行、低碳旅行。

（3）进行低碳化管理和运营。相关部门在管理及运营中应树立低碳理念，在规划、设计、运营中进行低碳化管理及运营。在设置道路布局、交通工具的选择和使用、景区线路组织等方面应考虑节能减排、低碳环保。在交通管理运营中采用数字化、智能化等先进的运营管理技术，提升交通效率。低碳旅游交通需要智能化管理、数字化运营管理技术做支撑。数字运营就是在景区索道、游船、观光车等交通工具的管理中，结合电子技术、自动控制技术、无线传输技术等实现低碳化运营。智能管理即利用智能交通技术管理景区内的交通工具，将景区内的交通需求情况可视化，随时调遣，避免低效率的迂回跑。

（三）绿色饭店的含义及其实现途径

作为旅游业的主要子行业，饭店业占据了旅游业的大部分资源消耗，是低碳旅游发展的最主要方面之一。

1. 绿色饭店的含义

我们习惯上将旅游住宿、旅游餐饮企业通称为旅游饭店，旅游饭店是旅游业发展的重要物质基础，是旅游业在旅游活动中日常生活资料的主要供给者和活动基地，为旅游者提供安全、舒适、清洁的客房设施，是旅游者在旅行过程中的家。住宿、餐饮在生产及消费过程中会消耗大量的能源，排放废水、废气、废渣等，占用旅游消费中大部分的资源，是低碳旅游发展的重要节能减排环节。发展低碳旅游要求创建更多的“绿色饭店”。

绿色饭店也称为“环保节能型饭店”“生态效益饭店”或“环境友好型饭店”，是指饭店建设和经营管理过程中，坚持以节约资源、保护环境为理念，以节能降耗和促进环境和谐为经营管理行动，为消费者创造更加安全、健康服务的饭店。绿色饭店的“绿色”，其含义有三层：一是提供的服务本身是绿色的，即要为顾客提供舒适、安全，符合人体健康要求的绿色客房和绿色餐饮等；二是服务过程中使用的物品是绿色的，要求用于服务的所有物品是安全、环保的；三是经营管理过程中注重保护生态和资源的合理利用。总之，要在确保服务品质的前提下，做到尽量节省能源、降低物质消耗，减少污染物和废弃物的排放。

2. 绿色饭店的实现途径

绿色饭店一方面通过节能、节电、节水，合理利用资源，减缓资源的消耗；另一方面，减少废料和污染物的生成和排放，促进饭店产品的生产、消费过程与环境相容，降低整个饭店对环境危害的风险。具体来讲，绿色饭店可以通过以下途径实现：一是饭店建设之前。在饭店规划之初，需要考虑节能降耗的因素，如饭店的功能布局和房间布局，充分利用自然采光。二是建筑材料的选取，建设中尽量使用具有保温、隔音、节能、防水功能的新型材料。如供水系统选用节水用具和设备，公共场所采用感应式自动控制温度水龙头，采用中水处理设备、锅炉回水循环利用等技术和设备。三是饭店设施选择要考虑节能环保。饭店能耗主要在照明、电梯及空调系统等方面，因此应主要采用节能型设施，如照明采用荧光灯、LED 灯声控设施等节能灯具；使用蓄冷、蓄热系统、用较高能效比的空调器等实现资源节约和循环利用。四是加强低碳化管理，对饭店管理及服务人员在理念、管理、行动上做到低碳节约，如制订严格的节能降耗实施细则，诸如人走灯关、定期检查、保养，提高设备的使用效率和寿命等。

第二章

河南省旅游经济低碳化转型的必要性分析

本章主要从我国旅游业发展趋势、新常态下推动经济发展方式转型发展的需要，河南省提高旅游产业竞争力、加快推进生态文明建设和产业结构升级转型、破解“三农”难题等方面，深入分析了河南省旅游经济发展方式低碳化转型的必要性和紧迫性。

一、低碳化是旅游业发展的基本趋势

随着生态文明建设的深入推进，低碳化已经成为国民经济各个领域发展的基本要求。旅游作为人类文明发展的产物，具有贯彻低碳理念、倡导低碳生产方式和消费方式的先天优势。一些经济发达国家均正推进以节能、减排等为主要特征的一系列政策措施，探索以节能减排为特征的旅游业低碳化发展新途径。以营造低碳旅游吸引物、培育碳汇旅游体验环境、建设低碳旅游设施以及倡导低碳旅游消费方式为主要路径的发展方式，成为当前包括我国在内的诸多国家旅游经济发展的基本价值取向。

旅游业在应对气候变化及节能减排方面具有先天优势，相对于工业，旅游业是低耗能、低污染、高收益、高带动产业。根据《中国统计年鉴》数据显示，我国能源消耗的部门结构以工业为主，尽管进入 21 世纪后我国不断加大节能减排的力度，工业能源消费占全社会总能源消费的比例有所下降，但工业能源消费占全社会能源总消费消耗的比例仍占 70% 左右。以 2013 年为例，工业（含制造业、采掘业）能源消费占我国能源总消费的 69. 83% 。

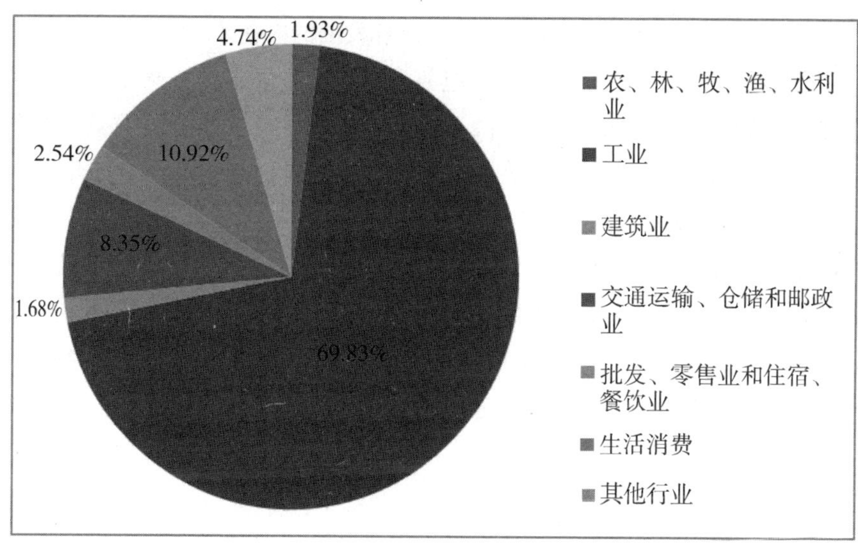

图 24　2013 年我国能源消费的部门构成

资料来源：根据 2014 年中国统计年鉴整理所得。

《中国统计年鉴》没有设置旅游业或服务业能源消费统计项，不过旅游业的能源消耗主要来自于交通、住宿和餐饮等方面，其中交通和住宿两项能源消耗占旅游业能源总消耗的 90% 以上。对照《中国统计年鉴》中的统计项，可以推测出旅游业的能耗主要散落在建筑业、交通运输、零售、住宿和餐饮业的统计项目中。从图 24 还可以看出，农业、工业和生活消费等的能耗占总能耗的 83%，而建筑业、交通运输、仓储和邮政业以及批发、零售业和住宿餐饮业能源消耗总比例占 13%，显然这几项总和是远大于旅游业能源消耗的。① 参照单位工业增加值能耗公式，按 2014 年旅游增加值占 GDP 的比重为 4.3%，来初步估算单位旅游业增加值能耗为 0.212，约为全国单位 GDP 能耗的 1/6 和单位工业增加值能耗的 1/11。旅游产业单位 GDP 能耗较低，是环境友好型、资源节约型产业，与资源环境、低碳经济发展是相互依存、相互促进的关系。旅游产业是一个环境敏感性较高的产业，其产业链是嫁接在优良生态环境之上的，旅游消费者对旅游目的地的环境要求比居住地要高很多，一旦旅游目的地环境遭到毁灭性破坏，产业链也将面临断裂的危险。总之，旅游业本身具有低碳化发展

① 石培华．旅游业节能减排与低碳发展政策技术体系与实践工作指南．北京：中国旅游出版社，2010：19.

的特殊优势，同时低碳化发展也是其可持续性发展的内在要求。

尽管旅游业被誉为“无烟工业”但并不意味着是零碳排放产业，本身也产生着大量碳排放，其碳排放主要来源于交通、住宿以及主题公园娱乐、滑雪等耗能排放大的旅游活动等环节。根据世界旅游组织的研究显示，2005 年整个旅游发展中的 CO_2 排放量达到了 13 亿吨（其主要来自旅游交通、住宿、活动 3 个方面），占人类活动所有 CO_2 排放量的 4.9%，虽然这一比重目前并不很大，但如果维持旅游业现有的发展方式和增长速度，根据预测，到 2035 年旅游部门中的排放量将增加 152%，而整个旅游部门对全球变暖的贡献率将增加 188%①。显然，旅游产业对全球变暖贡献率呈不断增大的趋势，与国际社会对气候变化的控制战略是相悖的，控制旅游经济发展中的温室气体排放量，发展低碳旅游势在必行。

在政策的引导和消费需求的拉动下，中国已从一个旅游资源大国发展成为世界旅游大国，旅游收入和居民旅游消费逐年递增。2010 年中国旅游业总收入为 1.57 万亿元，其中，国内旅游人数达 21 亿人次，国内旅游收入 1.26 万亿元，入境旅游人数达 1.34 亿人次，出境旅游人数 5739 万人次，跃居全球第四大入境旅游接待国，旅游消费对社会消费的贡献超过 10%②。至 2015 年，据世界旅游组织（OMT）发布的数据显示，中国旅游收入位居世界第二，为 1140 亿美元；在旅游花费方面，中国游客旅游花费去年增长了 25%，共计 2920 亿美元，游客数量为 1.28 亿，增长了 10%。③ 随着旅游业快速发展，产生的碳排放总量也持续增加。在环境与经济发展的矛盾日益突出的背景下，以低能耗、低物耗、低排放、低污染为特征的低碳化旅游是未来旅游业发展的必然选择。

二、低碳化是新常态下转变经济发展方式的需要

《中国旅游业“十二五”发展规划纲要》中就明确提出旅游经济发展的基本原则“坚持节能环保，推进低碳旅游方式”“实现旅游业可持续发展”，必须继续坚持环保和节能，“在旅游项目的规划、开发、经营和评估过程中，坚持强化自然、文化和遗产旅游资源的保护，在全行业推进节能环保的绿色发展理念，

① 蔡萌，汪宇明．低碳旅游：一种新的旅游发展方式．旅游学刊，2010（1）：15.

② 《2010 年我国旅游业·总收入 1.57 万亿元》http：//finance.people.com.cn/GB/13761729.html

③ 世界旅游组织：2015 年中国旅游收入位居第二．中国经济时报，2016－05－13.

走生态旅游、低碳旅游的道路，促进旅游与自然环境、历史文化的全面协调和可持续发展。”还提出以旅游目的地、景区、旅行社、饭店为重点，通过试点、示范和标准，落实旅游业节能减排目标的实现。加大生态旅游的宣传力度，形成环境友好型旅游方式和资源节约型旅游经营方式的广泛共识。“将旅游产业建设成为资源保护与节能环保的绿色产业。”在中国经济步入“新常态”后，旅游业因资源消耗低、带动系数大、综合效益好，成为新常态下扩大消费的重要动力源、社会投资热点和最具潜力的投资领域，国家旅游局局长李金早指出“旅游业正在成为经济发展新常态下的新增长点，旅游业是兼具消费、投资、出口三驾马车功能的新增长点”①。中国的旅游产业经过三十多年发展，爆发式发展的时机已初步成熟。近年来，中国旅游业适应市场多样化趋势，与三大产业融合发展，与新型工业化、信息化、城镇化、农业现代化紧密结合，新产品、新业态不断出现。国家旅游局局长李金早还指出，“改革开放以来，中国旅游业始终保持持续、快速发展的良好势头，而未来的 20 年乃至 35 年将是中国旅游业发展更好更快的黄金期。”新常态下我国旅游业的国内环境也出现了新的特点：一是国民旅游消费的基本需求进一步释放，将推动国内旅游保持两位数的高速增长；二是受国内中高收入水平国民数量持续增加、游客对旅游环境将有更高质量的要求；三是各地竞相将旅游业作为地区经济发展的重点产业，各省和地区间旅游产业竞争激烈。可以预测，在“新常态”的经济背景下，旅游业新一轮的竞争将主要体现在服务质量和环境等游客体验上，旅游业的低碳化转型将对河南省经济社会可持续发展带来积极影响。

低碳化转型是适应国际旅游环境发展新趋势的必然要求。从国际环境来看，国际旅游经济也面临新环境：一是市场竞争将日趋激烈。世界已进入“旅游时代”，越来越多的国家和地区重视旅游业的发展，把旅游业作为经济复苏的引擎；二是旅游经济跨领域、跨国界、跨产业、跨行业、跨部门全面融合发展的趋势明显，国际游客数量的增加将推动河南省旅游业低碳化转型发展，以满足国外游客的低碳化需求。

低碳化转型符合旅游经济发展新常态的要求。新形势下，旅游经济也进入新常态发展阶段，主要表现为：新业态、新结构、新游客、新发展、新评价，即游客需求的新业态创新将成为旅游产业成长的关键力量；45 岁以下旅游者的

---

① 班若川．旅游新常态下经济增长新引擎．2015－05－15.

人数将逐年增加，成为主流游客，他们更追求高品质的旅游体验；旅游消费更趋理性，关注点更重视旅游的环境及服务质量，中高端游客比重将增加，更追求个性、文明的旅行；对旅游业的发展评价将重视发展的竞争力和游客的满意度。旅游业的低碳化转型符合旅游经济发展新常态的要求。

三、提高河南省旅游产业竞争力的需要

发展低碳旅游是响应《国际气候变化框架公约》精神，彰显旅游经济发展造福人类的价值取向。世界经济论坛航空和旅游行业负责人西娅·奇萨认为，旅游业在应对青年失业、经济发展、环境的可持续发展等问题方面发挥重要作用。河南省政府一向支持和重视旅游业的发展，把旅游业作为河南省经济发展龙头。特别是近十年来，依托丰富的旅游资源，河南省旅游业得到了快速发展，如表24所示，2009～2015年间，河南省接待海内外游客数量从2.3亿人次增加到5.09亿人次，旅游收入从1985亿元增加到4886亿元，且增长速度均在两位数以上。可见，旅游业已经发展成为河南省的支柱型产业，对河南省拉动经济增长和促进就业意义重大。

表24　2009年以来河南省旅游业发展情况统计表

年份	接待海内外游客（单位：亿人次）	同比增长	旅游收入（单位：亿元）	同比增长（%）
2009	2.3	17%	1985	25
2010	2.58	13%	2294	15
2011	3.01	19%	2800	21
2012	3.63	18.04%	3364	20.06
2013	4.1	13%	3875	15.60
2014	4.58	11%	4366	12
2015	5.09	11%	4886	/

资料来源：根据河南省统计年鉴（2009—2015）整理所得。

河南省旅游经济在得到快速发展的同时，也存在核心竞争力不足，游客的满意度亟待提高等问题，2012年河南省旅游收入总额在全国排名第6位，但同

年《福布斯》发布的大陆最发达旅游城市排行榜①中，郑州排在第16位，洛阳排在第19位。2012年，在中国旅游研究院发布的60个国内旅游城市的游客满意度调查中，郑州排名在第30位，洛阳排名在第35位，旅游业这两个排名反映了河南省的旅游竞争力提升空间非常大。河南省旅游资源丰富，但核心竞争力不突出，这与旅游资源破坏严重、景区盲目开发、雾霾问题等关系密切。在新常态下，河南省旅游经济发展应将发展重点放在改善旅游环境质量和服务质量上，放在培育和提升产业核心竞争力上来。为进一步提升旅游产业竞争力，河南省应在发挥自身优势的同时，加大对旅游环境，包括自然环境、社会环境和经济环境的治理，全面促进旅游产业低碳化转型发展。

四、深入推进河南生态文明建设的需要

改革开放以来，我国旅游经济快速发展，产业规模不断扩大。2009年国务院出台《关于加快发展旅游业的意见》中，首次提出把旅游业培育成国民经济的战略型支柱产业和人民群众更加满意的现代服务业。在旅游经济迅猛发展的同时，环境污染、生态失衡等问题日益凸显。旅游目的地的环境污染一方面来自于旅游服务业，许多景区热衷于建设饭店、宾馆、旅游设施，但不重视环境保护设施的配套，对污水、固体废物以及废气等未能进行及时有效的处理；另一方面来自于游客只注重游玩行，不重视环境的保护。不少旅游地过分追求旅游活动的经济效益，忽视生态效益，对生态环境造成极大破坏，地方旅游管理部门在旅游资源开发过程中，不顾生态资源的脆弱性，盲目进行旅游设施建设，造成大面积的森林被毁、植被覆盖率下降、水土流失严重和生物多样性减少等生态问题；超负荷接待游客威胁旅游地自然生态系统平衡。面对愈演愈烈的生态危机、环境灾难，越来越多的人意识到加快生态文明建设的重要性。在生态文明视野中“人是自然的一部分”，主张人类活动应在把握自然规律的基础上积极能动地利用自然、保护自然，实现人与自然的和谐共生，生态文明是旅游经济发展的必然要求，未来旅游经济的发展必须建立在以实现生态文明为宗旨的原则之上。具体来说，旅游经济发展应坚持三大原则：一是可持续发展原则，

---

① 《福布斯》中文版以各城市旅游收入（含外汇折价）为基础，选出旅游收入最高的100个地级以上城市作为备选，并通过其入境旅游人数、国内旅游人数、旅游外汇收入、国内旅游收入、所在地的星级饭店数及拥有的4A以上景区数量进行加权计算，得出最终排名。

即既能满足当代人的旅游需求，又不损害子孙后代满足其旅游需求的能力；既要促进旅游经济的不断发展，又要有利于自然生态环境的保护。二是适度开发原则，即开发旅游资源应该首先考虑生态和环境的承载能力，进行有节制的开发。三是生态平衡原则，即旅游活动对自然资源的改造必须以保证生态系统内部各层次及系统与环境之间相互关系的协调、有序和平衡为前提，不能损害环境的结构和功能，不能导致环境质量恶化①。

河南省拥有丰富的旅游资源，但起步较晚，真正的发展是在改革开放以后，目前主要关注点仍是通过旅游业的发展带动景区的经济发展，而旅游资源开发对当地的生态环境的负面影响尚未得到足够重视，不少地区存在旅游资源的粗放开发和盲目建设。这表现在：首先，不少地区为了发展旅游业，在开发旅游资源时，缺乏深入的调查研究和全面的科学论证、评估与规划、急功近利，开发中重开发、轻保护，造成许多不可再生的旅游资源的损害，对生态环境造成了巨大破坏，如有的旅游地在景区内开山炸石，砍树毁林，导致水土严重流失；有的风景区出于经济目的，盲目修建索道，进行旅店、餐馆的建设和扩大旅游区及修建旅游设施，导致原生态的严重破坏。其次，河南省人口众多，公众的生态环保意识较差，游到哪里，生态破坏和环境污染就到哪里，风景区内游客乱扔的垃圾废渣、废物剧增，这些与生态文明建设的现实需求明显不符。2013年《河南生态省建设规划纲要》指出，“我省将通过20年的努力，着力推动生态文明建设，大力发展生态经济、改善生态环境、培育生态文化，到2030年全面完成生态省规划建设任务”。通过旅游业的低碳化转型，改变旅游资源粗放开发和盲目建设的现状，保护好景区的生态环境，树立公众的低碳旅游意识，有助于推动发展生态经济、改善生态环境、培育生态文化，推动全省生态文明建设。因此，低碳旅游的发展符合河南省生态文明建设的现实需求。

五、推动河南产业结构升级的重要突破口

产业结构升级和转型是河南省当前面临的重点和难点。如图25所示，改革开放以来，河南省产业结构长期维持着二一三的状态，近年来尽管第一产业呈不断下降趋势，第三产业呈增长趋势，但第二产业所占比重仍较大。2013年河南省服务业占GDP的比重为31%，低于全国平均13.6个百分点，服务业对经

① 生态文明视野下的旅游经济发展路径．光明日报，2013-02-24.

济增长的贡献率亟待提升。河南省是我国资源大省，重工业、高耗能产业集中，长期的高投入、高消耗、高污染、低效率粗放型经济增长方式已造成区域性的水环境、生态系统破坏。从当前来看，在全球大力发展低碳经济的背景下，河南省资源环境约束也日益加剧，以重工业和资源为主的发展方式已难以为继，推进产业结构调整、实现转型发展是河南省当前面临的主要任务。

旅游业的低碳化转型将是推动河南省产业结构升级和转型的重要突破口。首先，旅游业具有广泛的渗透作用，会延伸形成新的业态和产业群。旅游产业综合性强、关联度大、产业链长，广泛涉及并交叉渗透到许多相关行业和产业中，如工业、农业、教育、科技、生态、环境等领域，形成了一个泛旅游产业群。其次，旅游业的转型发展能带动整个第三产业的发展，有助于河南省产业结构的优化升级。据世界旅游组织统计，旅游业每收入 1 元，可带动相关产业收入增加 4.3 元。另据联合国统计署的具体测定："旅游业拉动的相关行业达 110 个，旅游业对各行各业的贡献率可以量化，对住宿业的贡献率超过 90%，对民航和客运的贡献率超过 80%，对文化娱乐产业的贡献率达 50%，对餐饮业和商品零售业的贡献率超过 40%。"① 最后，对河南省相关产业的低碳化发展具有带动作用。旅游业产业链长，与相关产业关联度高，在旅游中秉持低碳的理念会通过上下游的产业链条，渗透到其他产业或行业发展中，对推动相关产业的低碳化发展产生积极影响。例如，游客的低碳出行对推动自行车生产企业的发展和转型会有积极效果。徒步旅游也可能成为时尚，这对徒步旅游所需的装备提出了新要求，对旅游装备业是一个推动。

此外，低碳旅游有利于河南省树立良好的外部形象。旅游业是河南省的战略性产业之一，是河南省对外宣传的一个重要窗口，通过低碳旅游，树立河南省良好的外部形象，对河南省改革开放、招商引资等产生积极的影响；通过低碳旅游，旅游者可以亲身体验低碳生活，理解低碳发展的重要性，有利于在全社会推广低碳教育、传播低碳理念，对河南省低碳经济建设起到宣传和示范作用。

① 发展旅游产业的"三思". 中国旅游报，2014-10-01.

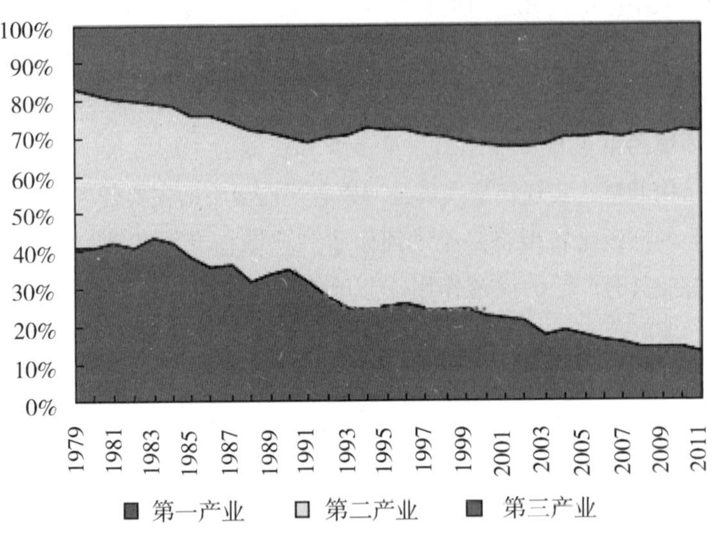

图 25 改革开放以来河南省三次产业结构变动

资料来源：中商情报网。

六、有助于破解河南省“三农”难题

从河南省省情来看，一方面，河南省是我国的农业大省，农村人口占总人口的一半以上，农村土地面积占全省总面积的一半以上，农业在河南省经济社会发展中具有战略性地位，河南省全面建成小康社会的重难点都在农村。另一方面，长期以来河南人口多，资源少的基本情况未发生改变，重经济、忽视环境保护已经对资源和环境造成了不可逆转的负面影响，不能再发展污染型工业，走“先污染、后治理”的老路。河南省面临的重要问题是：要在不破坏生态系统和环境的基础上发展农业和农村经济，实现农民增收。

以旅游为主导，与农业紧密结合的乡村旅游，是有效促进农民增收、改善农村环境、解决三农问题的重要途径。据统计，2012 年全国共有 8.5 万个村庄开展乡村旅游，全国乡村旅游经营户超过 170 万家，从业人员达 2600 万人，其中农家乐 150 万家。我国乡村旅游年接待游客 7.2 亿人次，年营业收入达 2160 亿元，形成了农家乐、休闲农庄、休闲农业园区、民俗村、新型社区等休闲农业模式，成了一些地区壮大经济的支柱产业和民生产业。一方面，旅游将消费者带到旅游目的地，使得目的地产品的销售直接面向市场，省略了中间流通环节上的费用，农民能够按照市场终端价卖出，从而获得比批发价出售更高的价值；另一方面，游客在进行旅游消费的同时，还能够享受到不同于一般购物过程的新型体验和服务，使得产品的最终价格高于一般市场上的价格。例如：草莓，市场上的批发价可能是10元/500克，但如果到农民的大棚里去采摘，游客除了能购买到可以放心食用的草莓外，还能体验到做农活的乐趣、了解草莓的生长环境、享受农村的清新空气等，这些体验是普通购物感受不到的，于是大棚采摘的价格要远远高于批发价甚至是市场交易价。因此，旅游与农业结合形成的休闲农业，其收益要远远大于单纯的生产型农业。

城镇化的发展也为河南省低碳型乡村旅游的发展提供了良好的发展机遇。城镇化是河南省农村发展的必由之路，按照2014年规划，到2020年河南省常住人口城镇化率将达到56%左右，“十三五”期间河南省城镇化率将增长近十个百分点。城镇人口数量的增加，势必会为居民消费群体的膨胀、消费结构的升级、消费潜力的释放注入内生动力，为乡村旅游的发展、环城游憩带的扩展、城市旅游的完善提供外部条件，这将为河南省旅游业发展和低碳化转型带来巨大的发展机遇。

作为新型农业的典型代表，乡村旅游以乡土观光、乡野休闲、乡俗体验、乡居度假为目的，是一种生态休闲游，本身就是低碳旅游的一种重要的形式，大力发展以乡村生态游和休闲游为代表的新型农业，不仅符合河南省省情，能够推动旅游的生态化发展和低碳化转型，也有助于河南省破解“三农”难题。

第三章

河南旅游经济发展模式低碳化转型的优势分析

本章主要从低碳旅游资源、低碳旅游文化传统、政府政策、旅游产业发展基础、低碳城市建设等几个方面深入分析河南省旅游经济低碳化转型的优势条件。

一、丰富多样的低碳旅游资源

河南地处中原，不仅人文旅游资源得天独厚，自然旅游资源也多姿多彩，具有发展旅游业的资源优势。河南省境内有伏牛山、太行山、桐柏—大别山等山地生态环境优势；还横跨黄河、淮河、长江、海河四大水系；气候兼具南北特色，处于从亚热带向暖温带过渡的地带；自然地理条件差异明显，生态环境复杂多样，低碳资源丰富。

林业资源丰富，具有降碳固碳的天然优势。森林是维系人类生存的重要基础，为唤起各国人民重视保护和发展森林资源，推进植树运动，维护生态环境，共同应对全球性气候变化，2012 年 12 月第 67 届联合国大会将每年 3 月 21 日确定为“国际森林日”。2013 年河南全省森林面积 5756 万亩，森林覆盖率达 22.98%。[①] 仅 2011 年，河南林业资源吸收二氧化碳 8713.46 万吨，相当于当年全省总能耗排碳量的 12.64%。[②] 按照河南省制定的《林业生态省提升工程规划（2013—2017 年）》，将在中原生态涵养区、太行山地生态区、伏牛山地生态区、桐柏大别山地生态区等区域新造森林 1368 万亩，这将进一步扩大河南省低碳资源的数量，增强其在吸碳、固碳方面的能力。

---

① 《2013 年河南森林面积已达 5756 万亩　覆盖率 22.98%》http://news.qihuiwang.com/HeNan/2013032132759.html

② 杜君．提升林业发展质量　推进生态文明建设．河南日报，2012－12－11.

另外，河南省还有耕地面积7926.1千公顷，水资源总量414亿立方米，湿地面积110.87万公顷。全省94个平原、半平原和部分平原县（市、区）全部达到平原绿化高级标准，农田林网控制面积8500万亩。① 这些低碳资源在吸收、固定二氧化碳中均有重要作用。

自然保护区和生态景区数量众多，具备发展低碳旅游的先天优势。自然保护区是国家推进生态文明、建设美丽中国的重要载体，强化自然保护区建设和管理，是贯彻落实“五大”发展理念的具体行动，是保护生物多样性、确保各类自然生态系统安全稳定、改善生态环境质量、筑牢生态安全屏障的重要举措。1980年4月成立的内乡宝天曼自然保护区是河南省批建的第一个自然保护区，迄今已建立自然保护区31处，其中，高乐山、小秦岭、黄河湿地、新县连康山、太行山猕猴、董寨鸟类、内乡宝天曼、伏牛山、河南黄河湿地、豫北黄河故道湿地鸟类、南阳恐龙蛋化石群、鸡公山、河南大别山为13个国家级自然保护区，另外18处为省级自然保护区。河南还有国家和省级生态示范区48个，占地892公顷；国家森林公园30处，省级森林公园67处。此外，河南拥有国家地质公园13处、国家级风景名胜区10处，其中，中岳嵩山、焦作云台山、黛眉山—王屋山、伏牛山被列入世界地质公园。②

山川众多，有众多适合低碳开发的旅游资源。河南在豫北的太行山、豫西南的伏牛山、豫南的桐柏、大别山区，相继开发了一大批低碳旅游资源，如焦作的云台山、青天河，安阳的林虑山、太行大峡谷，济源的王屋山、五龙口，鹤壁的云梦山，平顶山的尧山，郑州的嵩山，洛阳的白云山、龙峪湾，南阳的老界岭、宝天曼，信阳的鸡公山，驻马店的嵖岈山等。这些地方空气清新，环境优美，形成了“人与自然和谐相处，经济与环境协调发展”的良好氛围，是低碳旅游发展的基础。

自然景观秀美，形成了天然的低碳环境。黄河小浪底水利枢纽工程在中原地区造就了一处宽3千米，长132千米，水域面积近300平方千米的高峡平湖壮丽奇观。近年来开辟的“大黄河游”和“黄河漂流”，被游客誉为“充满野趣和史诗般的辉煌”。焦作云台山红石峡外旷内幽，奇景深藏，享有“盆景峡谷”

① 加速河南低碳经济发展，助推河南产业结构转型，http：//finance.ifeng.com/roll/20100420/2076880.shtml

② 河南省旅游资讯网：http：//www.hnta.cn/

的美誉，被园林专家称之为“自然山水精品廊”。栾川重渡沟景区林茂草丰，雉飞鹿鸣，四季泉水喷涌，常年飞瀑成群，翠竹碧水交织，水乡特色浓郁，堪称“北国一绝”，这些自然景观和旅游资源节能降耗潜力巨大。

森林、耕地、山川和湿地等在吸收、固定二氧化碳中均有重要的作用，优越的低碳资源为河南建设低碳旅游景区，发展低碳旅游提供了便利条件。在生态文明建设和旅游业大发展的大好形势下，以上述低碳资源为基础，创建低碳旅游景区，推动旅游业的低碳化开发，既可以促进河南省经济的发展，又有利于推动生态文明的建设。

二、内涵深厚的低碳文化传统

中原文化博大精深，其中蕴含了丰富的低碳文化内涵，积淀了许多优秀的低碳文化传统，留下了丰厚的低碳精神遗产，“天人合一”“仁民爱物”“尚俭节用”等理念均有利于旅游经济发展方式的低碳化转型。

首先，“天人合一”是中原传统生态伦理的基本精神，也是如今倡导的低碳文化的核心理念。《周易》中就已明确提出了“天与人协调”的思想，并将其表述为天、地、人“三才之道”，这种思想被后世不同哲学流派继承与广大。如道家的“道法自然”生态哲学观以自然无为的生命理想来实现人与自然和谐发展的伦理关系。“人法地，地法天，天法道，道法自然”是道教处理人与自然关系的准则，反映了道教道法自然的生态伦理、天人合一的生态智慧、和合共生的生态理念。《老子》中提到“守中和之道”“冲气以为和”“和则相生”，其中“中和”之气具有“调和万物”的功能，是人与自然和谐相处、共生共长的重要基础。

此外，中原文化中，保护自然生态资源和尚俭节用理念为发展低碳旅游提供思想依托和精神动力。《逸周书·大聚解》曰：“禹之禁，春三月，山林不登斧，以成草木之长；夏三月，川泽不入网罟，以成鱼鳖之长。”足见大禹具有良好的资源保护和节用意识。墨家文化同样具有崇尚节俭的观念，包括节用、节葬、非乐等。《墨子》曰：“凡足以奉给民用，则止。诸加费不加于民利者，圣王弗为”，认为“俭节则昌，淫佚则亡”，只有珍惜和节约资源，取之有度，用之有节，才能维持人类社会持续稳定健康地发展。如今，这些历史上传承下来的“天人合一”“天人和谐”“尚俭节物”“道法自然”等生态伦理文化不仅能为宏观层面的低碳旅游决策、微观层面的低碳旅游生产和低碳旅游消费、低碳旅游发展路径的拓展提供历史借鉴，同时在新时代还能催生出新的低碳旅游文化。

三、政府政策的大力支持

首先，国家积极推动旅游经济低碳化转型。2009 年以来，国家高度重视旅游业的发展，将旅游业定位为国家战略性支柱产业，国务院印发的《关于加快发展旅游业的意见》中明确提到，将“坚持节能环保、合理利用资源，实现旅游业可持续发展”作为旅游业的发展原则之一，倡导文明健康的旅游方式，提出大力推进旅游节能环保和节能减排。2010 年全国旅游工作会议上，明确将“发展低碳旅游和节能减排”作为推动旅游发展方式转变的重要内容，并提出了旅游业节能减排的具体工作目标。2013 年，国务院印发《关于加快发展节能环保产业的意见》，意见明确提出要创新发展模式，壮大节能环保服务业。2014 年国务院发布的《国务院关于促进旅游业改革发展的若干意见》明确提出，“旅游业要实现经济、社会和生态效益的统一”，要求旅游业要以转型升级、提质增效，要更注重资源能源节约和生态环境保护，实现可持续发展，并提出“到 2020 年旅游业增加值占国内生产总值的比重超过 5% 的发展目标”。2016 年国家十三五规划纲要中有 15 处提到旅游。作为旅游大省，河南省也确定了“旅游强省”的战略发展目标，据不完全统计，2009—2015 年间，国家和河南省出台了一百多个与旅游相关的文件。

其次，低碳环保和生态文明建设成为政府工作的重点。在党的十八大提出生态文明建设的背景下，河南省政府也将生态文明建设纳入中原经济区建设的整体规划，政府对低碳环保和生态文明的重视达到了前所未有的高度。2009 年至今，低碳经济和生态文明建设多次出现在政府文件中。2009 年 12 月，河南省政府就开始关注低碳经济。河南省在 2010 年政府工作报告中首次提出“大力发展循环经济、绿色经济和低碳经济，加快资源节约型、环境友好型社会建设”。2011 年，河南省委领导指出“要树立绿色、低碳、可持续的发展理念，建设绿色中原、生态中原”。2012 年，河南省通过了《河南省生态省建设规划纲要》（以下简称《纲要》），政府将投入 4650 亿元建设生态省，在全省构建六大生态体系。《纲要》中明确提出“到 2030 年河南将全面建成山川秀美的生态省，推进城市绿色、循环、低碳、可持续发展”。2014 年，河南正式出台《关于建设美丽河南的意见》，提出“到 2020 年资源节约和环境友好型社会建设要取得重大进展，产业结构进一步优化，战略性新兴产业和现代服务业成为支柱产业；能源资源消耗强度大幅降低，资源循环利用系统基本建立；主要污染物排放总量持续下降，城市空气质量、城市河流和所有流域水质明显改善，人居环境全面改观；森林覆盖率继续提高，生态系统稳定性增强，系统完善的生态文明制度体系基本形成，生态文明水平显著提升。”并明确指出“将产业发展与环境保护同步推进，调整三次产业结构，发展绿色产业，推动产业由粗放高耗向集约绿色低碳转变，形成节约资源和保护环境的产业结构”。

因政府的重视及推动，作为节能环保产业和现代服务业的旅游业将迎来大发展、低碳转型的黄金期。河南省政府采取多种措施发展低碳经济，调整产业结构，出台相关政策、加大资金投入、落实生态建设规划等引导企业、社会加强低碳经济建设，这都为旅游业低碳转型创造了良好的制度环境。

四、良好的旅游产业基础

近年来，河南旅游业快速发展，产业增长迅猛，规模不断扩大，质量不断提升，旅游业已经成为河南经济社会发展和城镇生态建设的重要引擎，良好的产业基础为河南省旅游经济低碳化转型创造了条件。

“十二五”以来，河南省旅游产业呈现出持续、快速、健康发展的良好势头，河南省接待游客总量和旅游综合收入连创新高，保持了年均25%以上的增长速度，增速高于全国平均增速10多个百分点，综合实力居全国前列。2013年河南省共接待海内外游客4.1亿人次，增长13%，旅游总收入达3868.15亿元；2014，河南接待海内外游客4.58亿人次，旅游总收入4366.2亿元，同比分别增长11.59%、12.66%，2015年预计接待海内外游客5.09亿人次，实现旅游总收入4886.58亿元，同比分别增长11%、12%。①

在旅游产业迅猛发展的基础上，旅游产业与城镇建设不断融合，在改善城乡环境方面发挥了重要作用。目前，全省已有三个市提出建设国际旅游文化名城，另有八个市提出建设国际旅游城市或旅游目的地，已有开封朱仙镇、洛阳龙门镇、南阳方庄旅游小镇、驻马店嵖岈山温泉小镇、南阳镇平石佛寺等10个特色小镇，洛阳、开封城市休闲街区建设正在推进。南阳市加快发展低消耗、高收益的旅游服务项目，建设大美南阳，提高旅游服务业在经济中的比重，实

① 数据整理于河南省国民经济与社会发展统计公报。

现绿色崛起，涌现出“中国优秀生态旅游名县”——南召县等绿色崛起的典型；栾川提出“全景栾川”，以旅游兴镇为理念，用旅游概念改造城镇建设。嵩县提出“5A 嵩县”，坚持以生态立县，文化兴嵩，全域进行景区规划，让游客看到更加美丽的嵩县。可见，河南省旅游业发展已经成为带动城镇发展、改善生态环境的重要推动力。

此外，河南省旅游业质量不断提升，迈上了产业转型发展的快车道。旅游服务质量和品牌形象不断提升，精品不断涌现，培育了一批骨干企业，旅游产业与文化、体育等相关产业融合发展，形成了实景演艺、户外运动等多种业态，这些都为低碳化转型发展提供了良好的产业基础。中原经济区建设和郑州国际航空港综合经济实验区的建设，更是为河南旅游业的快速发展和低碳化转型提供了新的契机。

五、低碳城市建设工作的推动

随着中原经济区国家战略的深入推进，河南省在《中原经济区规划》明确提出，不以牺牲生态和环境为代价发展经济，要大力推进生态文明建设。在河南省政府的号召下，各地积极打造生态低碳城市，涌现出一批低碳生态城市建设的典范，为旅游业低碳化转型积累了一定经验。

济源市围绕低碳生态谋发展，自 2008 年提出“生态城市”的发展战略和“建设生态低碳城市”的战略目标以来，通过在产业转型中突出生态、在城乡建设中抓好生态、在优化环境中提升生态，推进低碳生态试点城市建设，于 2013 年成为首批中美低碳生态试点城市。新乡市针对其资源短缺的现状，坚持以提高能源利用效率为核心，以调整经济结构、加快技术进步为根本，努力转变经济增长方式，推进工业结构优化升级，发展新能源产业，强化农村节能、建筑节能、城市交通运输节能，大力推进节能工作，发展低碳经济，获得“积极发展低碳经济城市（县）”称号。南阳市抓住机遇，与广州、上海共同成为中英低碳城市建设合作首批试点城市，3 年多来通过多项合作，在低碳城市建设方面积累了丰富经验。嵩县以创建“国家可持续发展试验区”为统领，大力发展绿色低碳经济，坚持“生态立县、生态富县、生态强县”的发展理念。

河南省着力推行的园林城市、生态文明城市建设的政策举措为发展低碳旅游经济营造了低碳文化氛围，各地低碳城市的建设为河南旅游经济的低碳化转型奠定了基础。

第四章

河南省旅游经济低碳化实践及存在问题分析

本章选取洛阳、开封、郑州等河南省代表性旅游城市，深入到景区、旅游服务企业，采用问卷调查、访谈、观察等方法，首先对旅游景区、旅游服务企业以及游客的低碳实践成效及存在的问题进行调查分析，然后揭示出制约河南省旅游经济低碳化转型的主要因素。

一、旅游景区低碳化实践及存在的问题

2015 年，河南省 A 级景区已达到 327 家，其中 5A 级景区 12 家，4A 级景区 114 家。综合来看，河南省旅游资源和景区景点主要可分为以下几大类：一是在国内外享有盛誉的文化遗产类，如世界文化遗产：龙门石窟、安阳殷墟、少林寺等；二是知名自然风景区。河南目前有省内重点风景名胜区 25 处，其中国家级的 5 处；三是以服务河南及周边区域的城郊旅游类。如黄河风光休闲游、古都文化游、山水文化游等；四是零星分散的一些小景点或文化科技馆等。旅游景区是发展低碳旅游的核心主体，为了解河南省景区的低碳化实践及成效，课题组于 2013 年、2014 年采取问卷调查、观察法、访谈等形式，深入到焦作云台山、洛阳龙门石窟、白马寺、开封清明上河园、登封少林寺等景区进行调研。

（一）旅游景区低碳化建设取得的成绩

在低碳环保理念的引领下，各地政府越来越重视旅游产业的低碳化发展，涌现了一批低碳旅游示范区，同时旅游景区营造低碳旅游吸引物、加强低碳化管理，积极推动旅游经济向低碳化转型。

1. 一批景区利用低碳资源得到快速发展

近年来，在河南省各级政府的大力推动下，旅游企业将旅游开发与生态资源保护、城市建设等建设相结合，形成了一批生态旅游景区。

首先，乡村生态旅游发展迅速。乡村生态游将生态农业与旅游业有机结合，

集农业生产、环境保护、旅游产业发展于一体。河南省各地依托各自的农业资源优势，推出了一大批具有地方特色的乡村旅游项目，如多种形式的乡村采摘游、赏花游、近郊游、农家游等。多地建有樱桃沟景区，如郑州二七区侯寨乡的樱桃沟景区通过樱桃采摘节，打造生态游、休闲游，涌现出像郭满仓家园、朝军生态园、樱桃部落、金玉良园、绿色山庄、樱花山庄、樱桃沟风情园等四十多处具有农家特色的休闲观光园区，这些园区依托农业资源，经营农家饭菜、狩猎、野炊、篝火晚会、农活儿体验、风情窑洞、农园迷宫、果品自采等低碳环保类产品和服务，受到游客的追捧。目前，河南省几乎各地市都有自己的乡村生态旅游项目，如安阳吴家洞的蜡梅园，商丘刘华桥村的生态梨园，南阳古庄村的“山水渔村，生态乐园”，新乡贡水村的山村休闲综合游等。这些旅游景点的经营和旅游项目本身以生态和环境为依托，住宿、餐饮、娱乐项目带有浓厚的乡土和农家特色，能耗低、污染小，在低碳景区打造上优势明显。

其次，各地积极开发森林旅游项目。作为生态旅游的一种，森林旅游是新兴的朝阳产业，是绿色产业的重要组成部分。2007 年以来，河南各地依托国有林场、森林公园和自然保护区等积极开发森林生态旅游项目，如推出太行山森林旅游区，嵩山森林旅游区，小秦岭、崤山、熊耳山森林旅游区，伏牛山森林旅游区，桐柏、大别山森林旅游区，黄河沿岸及故道森林旅游区，中、东部平原森林旅游区等七大森林旅游区。这些森林旅游区本身就具有“绿色”标签，在节能降碳方面优势明显，景区设计、基础设施、景观、休闲娱乐活动、景区商品等多依托自然资源，就地取材，低碳环保，是天然的低碳景区。目前，河南省已初步建立了以国家森林公园为龙头，省级森林公园、生态旅游区为骨干的森林生态旅游体系，已有一百多处森林生态旅游景区开放，全年接待游客超过 4000 万人次，直接收入近 10 亿元。①

2. 各地积极推动旅游产业低碳化发展

低碳旅游景区的建设有赖于旅游产业的低碳化建设水平，一方面，低碳旅游产业发展影响着低碳景区的创建与开发，旅游产业发展方式的转变又受制于社会经济发展方式；另一方面，传统景区在低碳化改造中会带动相关产业的低碳化发展。因此，区域产业的低碳化发展和低碳旅游景区建设是相互促进相互影响关系。2009 年以来，在国家及河南省政府的引导及推动下，河南省不少地

---

① 张明灿．生态旅游让河南旅游生机勃勃．中国旅游报，2008－06－04.

方政府将旅游业与城市生态文明建设相结合，涌现出一批享誉全国的以旅游业带动区域发展的典型案例。如焦作市政府通过发展旅游将“黑色煤城”变为“绿色山水城市”，带动云台山和周边景区的低碳化发展，成为资源枯竭型城市成功转型的典范，被誉为“焦作现象”；栾川县政府以旅游业为引领，实现了从国家级贫困县向“中国旅游强县”的跨越，被誉为“栾川模式”，成为全国推广的典型；此外，老君山、重渡沟、养子沟、龙峪湾等低碳景区顺势崛起，享誉省内外；“西峡经验”、文化改革发展试验区、鸡公山文化旅游综合开发试验区、龙门文化旅游园区等旅游发展新模式、新经验成为全国的新亮点，这些地区旅游业在发展的同时，涌现了一批具有低碳特色的精品景区。

“焦作现象”与云台山景区的崛起。“煤城”焦作原是以煤为生的资源枯竭城市，为转变发展方式，焦作市政府科学决策，大胆规划。2000 年，焦作市政府开展了资源型城市转型升级的大讨论，做出了大力发展旅游业的战略决策，请专家对景区进行科学规划，确立焦作山水旅游定位，从一开始就明确了建精品景区，低碳开发的思路，在此基础上，加大投入，整合各类项目资金，采取滚动投入的办法，先后累计投入 9 亿多元高标准建设景区配套设施。在景区开发建设过程中，云台山实行景政合一的大部门管理体制，大力推行旅游景区一体化管理，先后成立了云台山风景名胜区管理局、云台山旅游发展有限公司，由各级政府部门领导具体负责景区的建设工作。通过创新管理体制，整合和发挥了地方政府、相关部门、当地镇村人员的力量和项目资金优势，有效协调景区各个相关利益主体的关系，真正做到了政令畅通、步调一致，为景区持续、快速、健康、有序发展奠定了坚实基础。此外，政府充分发挥服务职能，为景区宣传提供多种平台。如为开发北京市场，国家旅游局、铁道部和河南省人民政府等多部门支持，开通了由北京直达焦作的云台山号旅游专列开通，每周一趟。同时，在河南省相关部门的配合下，景区在北京市建立了云台山旅游服务中心，为北京市游客来云台山旅游提供信息咨询服务。在政府的推动和运作下，云台山景区迅速崛起。在云台山景区的带动下，焦作旅游业在短时间内实现了从无到有、从小到大、从弱到强的根本性变化，不但打造了世界地质公园、焦作山水、太极拳三大具有国际影响力的主题品牌，且成功创建了中国优秀旅游城市，实现了城市低碳转型。

政府主导发展的“栾川模式”。2000 年，栾川县委、县政府立足于全县旅游资源的比较优势，抓住全国旅游经济蓬勃发展的机遇，提出了“旅游强县”

的发展战略，把旅游业作为新的支柱产业来培育，强力推进旅游业的发展。通过加大基础设施建设投入、金融支持、政策引导等多种举措，8 年内栾川在全县建成开放了包括 6 个国家 4A 级景区、1 个国家自然保护区、2 个旅游度假区在内的 17 个旅游景区，18 家旅行社，42 家星级或准星级旅游宾馆（饭店），5 家旅游商品购物中心，形成了集吃、住、行、游、购、娱为一体，功能完备的旅游产业体系。栾川县通过发展旅游业，提高了第三产业占全县 GDP 的份额，政府带领全县农民走上脱贫致富之路。

从以上两地旅游业发展的实践可以看出，低碳景区的建设有赖于区域经济发展模式的转变，“焦作现象”和“栾川模式”都是政府主导发展的典型，政府在旅游业发展和低碳化转型中发挥了重要作用。政府着力转变旅游产业的发展模式，调整旅游产业结构，树立生态理念和低碳意识，保护经济发展所依赖的各种资源，改善景区生态环境，使旅游产业实现从传统高能耗、高污染、高排放的模式向绿色、环保、低碳的旅游产业模式转变，积极推动旅游景区低碳化转型发展。

3. 涌现出一批低碳旅游示范区

河南省一些景区注重低碳化建设，在转型发展中走在全国前列。河南省栾川县和龙门石窟获得创建“低碳旅游实验区”；洛阳龙门石窟景区荣获省长质量奖；驻马店嵖岈山景区、鹤壁淇河生态旅游区等 4 家景区先后被评为“国家生态旅游示范区”；云台山景区管理局被评为“全国旅游服务质量标杆单位”；栾川县、登封市等 7 个县、市先后被评为“全国休闲农业与乡村旅游示范县”；郑州丰乐农庄、驻马店老乐山休闲农业产业园、嵩县车村镇天桥沟村、济源养生嘉源休闲观光园等 16 个单位被评为“全国休闲农业与乡村旅游示范点”……这对河南省低碳旅游的开展提供了试验田，对于打造地方旅游品牌，促进当地生态旅游的发展具有重要意义。这些景区在生态保护、低碳化管理和运营等方面的经验和做法，对河南省其他景区的发展起到了示范和带动作用，带动了其他景区和河南省旅游经济的低碳化转型。

案例：河南景区低碳建设开发范例——云台山景区①

云台山景区是焦作旅游业的一张名片，位于河南省焦作市修武县，太行山南麓，豫晋省界交汇处，总面积240平方千米。是以地质地貌景观为主，以自然生态和人文景观为辅，集美学价值与科学价值于一身的科普生态旅游精品景区。被列为首批世界地质公园，同时又是河南省唯一一个集国家重点风景名胜区、国家5A级景区、国家地质公园、国家森林公园、国家水利风景名胜区、国家猕猴自然保护区六个国家级于一体的风景名胜区。云台山景区从2003年接待游客首次突破100万人次，达到148.86万人次，到2006年接待游客225万人次，2009年接待游客326.55万人次，2012年接待游客506万人次，到2014年，云台山景区连续三年接待游客超过500万人次并保持增长态势。云台山的发展成就，也被业内人士称为“云台效应”。云台山景区以发展快著称，同时以服务质量优为本。云台山在注重发展的同时，景区注重低碳建设。在低碳旅游景区的培育和管理上，探索出一条低碳建设路径，为河南省其他景区低碳发展之路提供借鉴。其具体的低碳化发展措施体现在：

一是以保护性开发为原则，科学规划、合理开发。在焦作市煤炭资源开采枯竭，资源型城市转型升级，大力发展旅游业的背景下，云台山景区按照“科学规划，统一管理，严格保护，永续利用”的原则，对景区进行了深度开发。景区2001年投资220万，请60多位专家对景区进行了定位。2002年底，又先后投资80万元和160万元，聘请北京设计研究院、旅游规划局、城乡规划设计研究院的专家、教授为景区编制了《控制性详细规划》《深度开发规划》等。遵循保护性开发的原则，开发过程始终严格按照主体规划进行合理、有序的开发，景区规划上的超前性、专业性、科学性，使得景区始终处于高水平、高起点的发展轨道上。为保护景区原始的地形地貌，当地政府对全县采矿业进行了科学规划和合理布局，画出三大禁采区，取缔了117家采矿企业。采用澳大利亚喷播技术对景区内遭受破坏的山体进行了植被修复。交通上与其他景区连成线，道路设计遵循景点布局，避免重复往返和交通拥堵。鉴于当地出产的岩石具有重大的科考价值，景区道路选用了一些普通石材铺设游步道，有效规避了旅游开发对地质遗迹的破坏。

---

① 史云等．低碳旅游景区的培育与管理——以河南云台山风景名胜区为例．安徽农业科学，2011（15）：9254－9256.

二是景政合一，整合资源开发景区。在景区开发建设过程中，为发挥政府的主导作用和行政力量配置资源的优势，云台山实行景政合一的大部门管理体制，将乡镇、水利、林业、文化、土地等多部门进行整合，大力推行旅游景区一体化管理。此外，云台山还对景区周边的农业农村进行了整合，实现了“农旅合一”。一是将位于周边的自然村，改造成了旅游综合服务区，为游客提供餐饮、住宿和交通服务。通过景区内的观光游览将各个村庄（服务区）与景区联系起来，使之成为景区的有机组成部分。二是在旅游道路沿线，规划建设了4个观光休闲农业园区。将原来分散在农户的少量农田、果园、生态林等，通过土地流转，实现土地的相对集中和统一经营。在此基础上，建设了一个占地2000亩的特色林果观光园、一个特种畜禽养殖园、一个万亩优质核桃园、一个无公害优质农产品园区和一个土特产开发销售合作社，为过往游客观光、采摘、消费等提供服务。这一系列整合，不仅避免了不同区域、不同子景区的恶性竞争和重复建设，而且将生态旅游与景区游很好地结合，提升了景区的竞争力。

三是淘汰落后产能，实行低碳交通，多举措保护景区生态资源。云台山因为开发较晚，所以一开始就采用了最先进的管理方式。2002年云台山为了给珍稀动物桃花水母提供良好的生态环境，景区关闭了湖水上游的几十家餐馆，实行配送式快餐制；把景区内的2个自然村迁出景区，切断一切可能污染水质的污染源，保护了景区的生态环境。为解决停车难及景区交通问题，2005年，云台山景区在征求专家意见基础上，投资1亿元建成了占地面积号称“亚洲第一”的大型生态停车场。在停车场安装了126盏风光互补灯。这种节能灯依靠纯天然的太阳能和风能进行持续发电、电池储蓄和放电照明，且具有无噪声，不受风向及近地面团风的影响，抗风能力强优势，非常适应山区多风的特点。景区同时购置了150辆尾气排放达到欧Ⅲ标准的豪华观光大巴，建立了便捷高效的内部交通网络。游客进入景区，必须换乘景区观光巴士，“外来车辆一律不得入内”，不仅有效地缓解了景区高峰期的接待压力，而且还极大地降低了景区碳排量，提升了景区的档次和游客容量。

四是坚持低碳环保理念，健全基础服务设施。依据规划，景区先后投资9亿多元，对景区进行了高标准的硬件建设。所有进出景区的道路全面硬化、绿化、美化；所有人行观光步道全部以贴近生态、游客舒适、安全为标准进行了环线铺设；所有休息设施的外观、颜色、造型全部与周围环境相协调；对景区、电力、通讯、广电等线路全部进行了挖沟地埋，达到了空中看不到电线、地上看不到线杆的效果；道路两旁的路灯，都采用低碳型的风能和太阳能合用的路灯。为从根源上治理景区的垃圾污染，景区先后购置了500余个垃圾箱，合理分布在各个景点内，对垃圾实行分类处理；每天雇用300余名环卫工人负责景区卫生，红石峡景区安排专职环卫人员巡游，捕捞水体垃圾杂物，确保水体景观资源的质量。改造、新建星级厕所12座，购置环保式厕所6座，给游客提供温馨、舒适的旅游环境。

五是立足本地资源开发旅游产品，倡导低碳消费。云台山依托当地特有的地质构造、气候水文、土壤植被等资源，开发了一系列具有地方特色的旅游商品，如四大怀药———怀菊花、怀山药、怀牛膝、怀地黄；鸡头参和茱萸果等。土特产品实行就地采摘、现场售卖，减少了外销运输环节和人力成本，客观上起到了节能减排的作用，而且商品加工成有机产品后具有养生保健功能，引领了健康、环保的低碳消费趋势。

云台山景区在扩大住宿接待规模的同时，更加注重接待设施的低碳运营与管理。景区杜绝了高档星级酒店与豪华装修，修建了满足游客基本食宿需求的经济型农庄，房间不提供一次性洗漱用品，有效节约了资源，走清洁化、多元化、深度转化和循环经济的发展道路，倡导“绿色、低碳、生态”的理念。农庄开发绿色食品，菜品全部产自当地社区居民的种植园，经过简单加工形成有机食品或旅游商品。推广使用清洁能源，在景区外的生态移民村使用秸秆能源，以农村废弃秸秆为原料，经粉碎通过机械设备汽化炉进行缺氧燃烧生产可混合气体，经冷却、净化、除尘后由供气系统送给农户用于烧饭、取暖、发电等。

六是建立智能监控系统，树立智慧旅游行业标杆。2006年云台山按照“资源保护数字化、经营管理智能化、产业整合网络化”的目标，景区先后投入1.5亿元全面实施了数字化建设工程，将数字、信息、网络技术应用到景区管理、生态保护、服务与开发之中，有效地提升了景区的现代化管理水平和服务水平，促进了景区资源与旅游产业的可持续发展。如云台山以自然资源和生态环境为基础，为掌握生态变化，保护景区环境，景区配备了完善的旅游环境监控系统，利用遥感技术、全球定位系统，地理信息系统和专家预测预报系统定点、定时、定位检测水文、地质、森林、空气状况。通过对检测信息的科学研究和分析，更好地掌握景区环境的动态变化规律，为景区的科学保护和合理利用提供科学依据。此外，还利用数字控制技术对观光巴士进行合理调度，减少车辆无效运行，降低能耗，在旅游高峰期使游客得到了很好的调控分流，避免了高峰期的游客滞留情况，景区的人力、物力也得到了有效利用。

七是注重低碳宣传，倡导低碳生活。为提升旅游品质，倡导低碳生活，加强游客低碳环保意识，景区不仅利用 LED 沿线全天候滚动进行生态教育、科普宣传、购物须知及温馨提示等内容，达到引导游客文明旅游、健康旅游的目的，还会定期举办低碳宣传活动。如为体现“绿色旅游”主题，云台山利用国庆节游客高峰的有利时机，在景区开展了“绿色景区、低碳生活”节能活动，力争促使广大游客的旅游活动变为“绿游”活动。云台山旅游志愿者还会定期在景区入口处向游客发放温馨提示卡，引导游客文明旅游、低碳旅游，维护景区环境卫生，积极地进行低碳宣传。云台山景区也提出“人人都是旅游环境”、“注重精细化”的服务理念受到了游客的欢迎。

4. 景区积极向低碳化转型

一是景区基础设施向低碳节能转型。随着低碳节能理念的深入，景区在建设或改造过程中，多采用低碳设施，据我们调查显示，92.5% 景区内都采用了分类垃圾桶，极大地方便了景区工作人员对垃圾的回收处理，同时也提高了游客的低碳环保意识；在针对景区洗手间水龙头的调查中，65.56% 的景区采用了感应式水龙头；对景区内绿化植物的灌溉，63.33% 的景区采用了喷灌的方式，与传统的人工浇水方式相比，这些对于景区的节约用水起到了一定作用；龙门石窟景区还建有低碳停车场。可见，景区开始有了低碳节能意识，注重低碳设施的使用。

二是景区环境管理向低碳化转型。景区环境直接关系游客的满意度，也考验着景区的管理水平，不少景区开始注重环境的低碳化管理和低碳化宣传，打造优良的景区环境。例如，洛阳作为全国闻名的旅游城市，尤其是洛阳牡丹节期间，游客人数大大增加，游客在旅游活动中丢弃的垃圾给景区的环境保护带来了很大压力，对于这一情况，各景区都能及时调整对策，除了安排专门的清洁人员在景区内流动打扫外，洛阳市还组织高校学生和社会志愿者于节假日协助景区内环境管理和进行低碳宣传，既宣传和促进了低碳旅游，又有效地维持了景区卫生环境。对于景区的河流出现的垃圾漂浮物也安排了专业的工作人员进行打捞，及时保证了景区环境卫生质量。

（二）旅游景区低碳化实践中存在的主要问题

河南省旅游景区在低碳化建设中还存在多种问题和制约因素。根据课题组调查显示，目前河南旅游景区低碳转型过程中存在的问题主要有：

1. 污染问题仍较突出

随着低碳理念的推广和宣传，尽管一些景区已经在景区开展了一些低碳化实践活动，但因资金、技术等原因，成效并不是很理想，突出表现之一就是景区内环境污染问题仍较突出。景区污染主要体现在三个方面：①空气污染。空气污染主要来源，一是景区饭店的油烟，二是当地居民燃烧木材、枯枝落叶等释放出的大量烟雾；三是在旅游旺季大量汽车（特别是近年来私家车增多）涌入景区，使景区空气污染更加严重；四是周围的居民区和公路也对空气造成了一定影响。②噪声污染。在旅游旺季，随着车辆和人流的增多，噪音污染较严重，特别是在停车场、饭店宾馆、各个游乐场馆处等。另外，在景区入口处还有一些小贩的叫喊，调查显示，68% 的人认为景区内的小商贩对环境有一定影响，数量应适当限制；一些景区的游乐场处，由于游戏项目的惊险刺激，吸引了很多游客，而其过程中产生的噪声，破坏了景区生态。③生活污染。主要是景区生活污水的处理不到位，生活污水主要包括厨房污水、洗浴污水等。生活污水的有机成分比较多，特别是洗浴污水中的有机磷含量很高，一旦直接排放到景区水体中，很容易造成水体富营养化，从而影响景区的水体景观和水体的净化能力。但目前，很多景区并没有引入有效环保的污水处理法，不能实现水中有机物的自我净化和水的循环利用。

2. 开发过度破坏生态环境

虽然近年来河南省积极推动旅游景区的低碳化开发与实践，但传统发展方式仍占了主导地位，多地景区存在过度开发现象。如一些景区盲目上项目，热衷于在保护地内大兴土木，建造房屋、筑路修桥，架设缆车索道，兴建娱乐设施，甚至引入房地产开发，使耕地被侵占、草地被毁、森林遭砍伐，生态平衡遭到破坏；一些景区为了增加盈利项目，热衷于在景区内设各种游乐设施，增加了景区的碳排放和能源耗费；个别景区开山炸石，造成水土流失，原始生态环境遭到破坏；一些景区大建现代人文景观，过度开发，严重破坏了自然景区的真实性和完整性，给景区生态环境造成了不良影响和人为污染。例如，近年来河南省豫西山区盲目增加漂流项目，一年新增二十多个项目，把很多河流的河道“瓜分”来搞漂流项目经营，用围堰、沟壑等把原本美丽的自然河流变成了不伦不类的“沟渠”，这种大量的娱乐性质的漂流项目和无序盲目建设严重破坏了生态环境。

3. 景区环境卫生问题堪忧

据对旅游景区环境满意度的调查显示，65%的游客对景区的环境状况表示不满意或勉强接受。污水问题、地面垃圾较多、墙面上的涂鸦等是景区普遍存在的问题；43%的人认为景区内的卫生设施（如垃圾桶）不够；一些深度景点的垃圾收集处理设施不完善，造成垃圾未经处理，任意堆积，破坏景区生态。在洛阳的一些景区内，主景区周围的环境还是比较干净，安排有专门的人打扫，但是一些深度景区的垃圾处理不够及时。除了垃圾问题，景区内卫生间的卫生状况也是不完全令人满意，儿童随意便溺的情况比较严重，多数携带小孩的家长对此不以为然。在旅游旺季，景区的厕所往往是人满为患，便池冲水设施不力，浪费水的现象比较严重，这同时也导致水供应的不足，洗手间停水现象时有发生。

4. 景区低碳化管理不足

低碳景区建设还有赖于景区的低碳化运营和管理，从课题组调查来看，河南省景区的低碳化管理仍有待加强。

首先，低碳文化理解不到位。无论是景区的工作人员，还是来景区参观游览的游客，对旅游景区低碳文化建设的理解认识不够。在调查中，就“您是否听说过低碳旅游景区一词”这一问题，36.6%的游客选择了“好像听说过”，而37.8%的游客表示“没听说过”，在“您是否了解低碳旅游景区的内涵”这一问题中，表示“十分熟悉的”的人数只占到了总体调查人数的4.4%。由此可见，当前人们对旅游景区低碳文化的认识还处于初级阶段，无论是政府还是景区，对低碳旅游景区文化建设的宣传普及推广还亟须加强。

其次，低碳文化宣传不到位。景区内能够明确提出低碳文化建设的宣传标语、标志、横幅这一类似的物质基础设施很少，即使有也并不醒目。在调查中显示有22.22%的景区并没有设置提出游客参与低碳文化建设的物质设施；51.11%的景区内有这些设施但并不醒目。在龙门石窟、白马寺、龙潭峡这三个景区中，只有龙门石窟明确标明有低碳停车场，但是这个低碳停车场的面积较小，且只适合小型车的停放。我们在多数景区见到的有关生态环保的标语仍然仅限于“不要踩踏草坪”“不要乱丢垃圾”等简单的标语，可以说大部分景区对生态环保的认识比较单一，不能跟上低碳经济的发展需要，景区的文化建设难以支撑低碳旅游的发展。

最后，导游人员的低碳培训不足。景区内一些用于造景的池水污染非常严重，这尤其体现在寺庙景区，例如白马寺景区清凉台内的许愿池，多数导游到这里都会告诉游客，往这个池子里投币，钱币浮起来是添福，沉下去则是增寿，池里被丢满了人们许愿的钱币，以及其他的垃圾。导游这样的讲解往往会误导游客，使游客看见景区里的各种池子都想投币或者丢弃其他垃圾，这样只会使景区的池水污染更加严重。针对游客的不文明举止行为造成景区的环境或其他方面的破坏这一情况，一些景区选择设置简单的警示标牌，一些景区未有提示或标记，很少有工作人员进行提醒或罚款处罚，那些素质较低的游客也会因景区方面的惩罚措施不严而继续不文明的行为，这样的做法并不能从根本上制止游客的行为。

5. 低碳理念尚未深入景区建设全过程

河南的多数景区景点，在建设和规划过程中，还没有把低碳理念作为指导原则，很多区县的旅游局在开发建设景区时，大多只考虑旅游带来的生态效益，很少将低碳理念引入景区规划中。景区景点在规划建设中，依然是把经济效益视为最重要的指标，把旅游收入在地区 GDP 中所占的比重看作一个景区成功与否、旅游业发展成功与否的唯一指标，没有相关低碳评价指标与体系来保障景区低碳旅游活动的开展与建设。因此，造成了一些以经济利益为主导、在建设中无视碳排放量等问题的存在。①

二、旅游服务企业低碳化实践及存在的问题

作为旅游活动的基础，旅游服务企业的低碳化经营与建设对游客的低碳消费起到重要的引导作用，是低碳旅游发展的重要环节。从目前现状来看，一方面，旅行社、餐饮交通等企业采取措施积极向低碳化转型，另一方面，受多种因素制约，河南省旅游服务企业的低碳化转型还有很长的路要走。

（一）旅游服务企业低碳化实践的成效

交通、住宿、餐饮是旅游产业中碳排放量最高的行业，在低碳环保成为社会发展“主旋律”的背景下，不少企业开始注重降耗节能，主动适应低碳化发展潮流。

1. 注重低碳交通的打造

根据我们调查显示，河南省大多数景区特别是 5A、4A 级景区积极推动低碳

① 高丽敏等．北京低碳旅游发展研究．北京：中国农业大学出版社，2013：153.

交通建设，不少大景区如龙潭峡、龙门石窟、白云山等为了保护生态环境，降低碳排放，不允许私家车通行，采用节能环保的电动车。特别是5A级大景区更加注重低碳交通网的构建。游客进入景区，必须换乘景区观光巴士，“外来车辆一律不得入内”，不仅有效地缓解了景区高峰期的接待压力，而且还在一定程度上降低了景区碳排量，提升了景区的档次和游客容量。一些休闲农业园、观光园、乡村生态园等为了保护园区生态环境，也很注重低碳交通的打造，不少园区以自行车、人力车代替观光巴士和汽车，不仅增强了游客运动休闲的参与性，也降低了园区的碳排放，保护了生态环境。

2. 部分旅行社打出“低碳环保旅游”牌

随着低碳环保理念的深入和人们对环境的重视，一些旅行社为推动低碳环保旅游的发展，积极向低碳化转型。一是旅行社在产品的选择上尽可能减少碳排放。如一些旅行社在设计路线方面，力求科学，不走回头路；从环保角度考虑食、住、行、游、购、娱等各方面，例如，安排食用当地的绿色食品，入住拥有绿色认证的酒店，在交通工具的选择上，将“四飞”变成“双飞”，把“双飞”变成动车，把整个行程尽量安排在低碳体验环境中；增加线路中的低碳活动，在特定季节，会把坐车游览改成骑车观光，尽量减少碳排放。二是所提供的服务上体现低碳环保。如取消赠送矿泉水，改为司机和导游在车上为客人泡茶，减少矿泉水瓶的使用，倡导游客在住酒店时，循环使用被单和毛巾，自备洗漱用品，减少一次性洗漱用品的使用。三是加强对游客低碳环保的宣传教育。通过提高导游人员的环保素养，让他们在解说美景的同时，亦能设计环境教育的内容，或以身作则，引导旅游者了解环保，践行低碳行为。

3. 饭店的低碳意识不断提高，采取低碳化举措

随着低碳环保理念的深入，一些住宿、餐饮企业低碳意识得到提高，据我们对一些酒店的调查表明，69%的酒店认为推行“低碳管理”很有必要；47%的酒店已经开始推行“低碳管理”；77%的酒店认为实施“低碳管理”后可以在水电等方面节省开支，酒店各方面有可喜的改观；37%的酒店认为酒店行业中“低碳管理”逐渐受到重视。此外，一些酒店、饭店已经开始行动起来，采取了一些措施，向低碳化经营转变，采取的措施主要有：一些新建的酒店饭店在装修时将节能减排考虑进来，如安装节能灯、自动控制式水龙头，建筑材料等选择了低碳环保型的；一些酒店以普通拖鞋代替一次性拖鞋，不再提供一次性洗漱用品，一些饭店酒店在醒目处张贴了低碳环保、节约不浪费的标志，提

醒员工和消费者注重低碳节约等。

（二）旅游服务企业低碳化实践中存在的主要问题

1. 旅游交通系统有待完善，低碳化转型任务艰巨

交通属于高碳行业，与工业、建筑业一起并称为全球碳排放构成三大来源。过去的10年中，全球的二氧化碳排放总量增加了13%，而来自交通业的碳排放量增长率高达25%。在旅游业能源消耗中旅游交通占到了旅游业总能耗的94%。石培华等根据多项研究成果，得出2008年中国不同旅游交通能耗和二氧化碳排放汽车为130.46PJ和9.57Mt，飞机为101.79PJ和20.15Mt，火车为66.75PJ和4.33Mt，其他为9.89PJ和0.73Mt。由此可见，飞机和汽车的能耗和碳排放相对较高①。

从目前河南省现状来看，游客量较大的几个城市如郑州、洛阳、开封等，这些地市距离不远，景区与景区有高速相连，运输以汽车为主，总体来看，汽车在河南省旅游运输中占比重最高。河南省发展低碳交通任务艰巨，具体表现在：一是旅游交通信息系统不够完善。目前河南省旅游交通信息在互联网上发布很少，航空、铁路、公路之间信息连接不畅，造成游客不能很好地选择交通出行方式。二是景区间没有形成便捷的交通体系。河南省一些旅游城市有多个景区，但景区和景区间没有互通的旅游车或公共交通，公共交通不便捷。如像林州红旗渠景区、太行大峡谷、王相岩等景区间没有互通的旅游车，而新乡万仙山、八里沟之间每天班车数量有限，给散客出游造成很大的不便，所以不少游客宁愿选择自驾游，而不选择乘坐公共交通，这无形中增加了交通的碳排量。三是交通的发展与环境的冲突。景区内的交通通常由索道、缆车、汽车等来完成。索道和缆车的修建会带来对景观自然原貌的损坏，形成视觉污染，汽车运输中所产生的尾气和污染影响到景区的生态环境。

2. 绿色饭店创建工作较落后

发展低碳旅游要求创建更多的“绿色饭店”。绿色饭店经过三十多年发展，已成为发达国家饭店及相关行业的发展方向。据悉，欧美国家绿色饭店的增长率每年以18.2%的速度递增，而目前我国的绿色饭店创建工作基本上还处于概念探索和尝试性的应用时期。2009年我国旅游饭店协会和中国饭店协会分别出

① 石培华．旅游业节能减排与低碳发展政策技术体系与实践工作指南．北京：中国旅游出版社，2010：19.

台了绿色饭店创建活动，从我国绿色旅游饭店分布来看，山东、江苏、北京绿色饭店数量分别达到了353、288、235家，而河南省仅有43家，处于中等落后水平。宣传不足，对绿色饭店认识不到位，绿色饭店虽然在我国已经提出有较长时间，实际工作开展很少，不少人不清楚什么是绿色饭店，为什么要创建绿色饭店，绿色饭店对企业有什么影响。很多业界人士对饭店如何创造利润、提升经营及服务水平感兴趣，而对低碳饭店没有概念或毫无感觉，对节能环保等社会责任认识不足，甚至对低碳饭店建设存在抵触情绪，或应付了事。

3. 管理水平落后影响节能减排

据一些资料统计，饭店能耗与饭店经营管理水平密切相关，一般来讲，由于管理相对科学，三星级以上饭店能耗平均水平在0.5吨左右，先进水平为0.3吨左右。国际品牌饭店能耗要低于自营饭店，当然，由于各饭店的星级、客房数、公共面积不一样，能耗会有所差异，但管理水平能直接影响饭店的节能减排。截至2012年，河南省共有星级酒店515家，与发达地区相比，星级酒店数量并不多。河南省饭店业以中小企业为主，加上地处内陆，企业的经营管理水平较落后，饭店的国际化程度不高，这导致宾馆与餐饮业不管从硬件、软件还是服务水平都处于低层次运作，有的甚至处于粗放式管理状态。而要建设绿色饭店，需要低碳技术的支撑，低碳设施的投入和理念的更新，在河南省饭店业整体水平较低的情况下，这些都很难做到。目前河南省多数酒店服务产品仍停留在传统的“资源—产品—废物”粗放型运行模式，高投入、高能耗仍是运营主流。

4. 低碳意识有待提升

低碳酒店是一个全员参与的工程，而酒店服务的主体是员工。河南省酒店员工存在的突出问题是素质低、流动性大，对低碳酒店的认识不足，参与低碳化建设的积极性不高。顾客是饭店业的生命线，绿色饭店创建依赖顾客的接受和配合，需要低碳消费的支撑。但河南省地处中原，对外开放度低，观念落后。相比国外及发达地区对“节约、低碳、环保”观念的普及和接受程度，河南省消费者对“低碳”的理解和接受不足，大多数人仍以奢侈消费为荣，人们潜意识里认为，住酒店花了钱就应该享受，以舒适方便为主选择酒店。① 河南省低碳消费理念的建立还需要一个漫长的过程，这在客观上阻碍了饭店业的低碳化

① 高丽敏等．低碳旅游发展研究．北京：中国农业大学出版社，2013：113.

行动。

5. 评价标准需要进一步完善

从目前河南省现状来看，绿色饭店创建还处于初级阶段，低碳饭店的量化指标体系尚未形成。只有在理论界探讨绿色饭店的重点、措施等，从实践角度缺乏可操作性的标准。在低碳旅游方面只有国家旅游局《绿色旅游饭店》标准（LB/T007—2015），各地包括河南省对绿色饭店的评价并没有具体的文件和可操作性强的标准。而饭店管理者从经济角度考虑经营管理，很少关注社会环境等问题，更不愿意投资新技术和新设备。政府作为绿色饭店的倡导者，对饭店业的节能减排和绿色饭店的创建以鼓励为主，财政或奖励性支持很少。

三、游客低碳旅游实践效果及存在的问题

为全面了解游客的低碳旅游意识和践行情况，课题组于 2014 年利用周末和寒暑假组织洛阳师范学院商学院的学生对游客进行调研，调查地点主要选择在洛阳、栾川的景区。

（一）调查背景及过程

调查分为两部分，第一部分是针对游客的低碳环保意识和对低碳旅游的认知情况进行调查，第二部分是调查游客在旅游中的低碳行为和习惯。

调查分两个时间段进行，一是利用暑假期间学生暑期社会实践活动进行调查，调查组由老师带队，选取栾川县部分景区如重渡沟、龙峪湾、鸡冠洞等景区；二是 2014 年 4 月洛阳牡丹花会期间，利用学生到景区见习的机会对洛阳市内的龙门石窟、白马寺、国家牡丹园、国花园等旅游景区进行调查。在调查对象选择上，一是在景区随机选取普通游客发放调查问卷，进行问卷调查；二是对调查对象进行面访。为了保证游客能够理解问卷设计的主要内容，真正按照自己的意愿填写问卷，同时提高问卷的回收率，课题组采用一对一的调查方式。为保证调查的科学性，在调查的过程中选取各种类型的游客群体。共发放问卷 500 份，收回 480 份，收回率为 96%，在收回的 480 份问卷中，有效问卷 480 份，有效回收率 100%，访谈人员达 50 人。

（二）调查情况说明

从表 25 可以看出，在性别方面，男女比例相当，女性稍高；年龄方面，18 ~ 34 岁居多，占 64.6%；经济收入方面，月收入在 2000 元以下所占比重较高，达 64.6%，这是因为在被调查者中，学生所占比例较高；受教育程度方面，

本科所占比例最高，达到54.2%；职业方面，学生比例最高，这与前面统计出来的经济收入刚好吻合，其次是自由职业、事业单位；居住地方面，城市居民所占比例达66.7%，这与我国居民总体出游特征一致。由于调研是在暑期及牡丹花会期间进行，学生所占比例较高，显现出一定的年轻化，但是可以看出本次问卷的真实性、前后吻合度较好。

游客的受教育程度是影响游客低碳观念和低碳行为的关键因素，调查中本科所占比例高达54.2%，主要考虑到这一群体思想活跃，对低碳理念认知度相对高。调研对象受教育程度呈现出两头小，中间大的局面，从旅游市场的实际情况来看，学历层次分布比较合理。调查中以年轻的学生群体占比例较大，这主要是考虑到年轻的大学生群体将是今后旅游市场的消费主力军，旅游需求及消费潜力巨大，是今后低碳旅游建设的游客主体。

通过以上对被调查者的信息汇总分析可以看出，课题组调查对象涉及不同年龄、性别、学历等多个层次的游客群体，同时也充分考虑了旅游市场的实际情况及发展潜力，可以保证本课题采集到的数据具有相对的普遍性和代表性。

表25 被调查游客样本特征统计

基本情况	类别	人数（人）	百分比（%）
性别	男	220	45.8
	女	260	54.2
年龄	18岁以下	30	6.25
	18~24岁	110	22.9
	25~34岁	200	41.7
	35~44岁	100	20.8
	45~60岁	30	6.25
	60岁以上	10	2.1
职业	公务员	60	12.5
	事业单位	90	18.7
	私人企业	80	16.7
	自由职业	110	22.9
	学生	120	25.0
	离退休	10	2.1
	其他	10	2.1

续表

基本情况	类别	人数（人）	百分比（%）
受教育程度	初中及以下	40	8.3
	高中/中专/职高	90	18.7
	大专	40	8.3
	大学本科	260	54.2
	硕士及以上	50	10.4
月收入水平	1000 元以下	150	31.3
	1000～1999 元	160	33.3
	2000～2999 元	70	14.6
	3000～4999 元	60	12.5
	5000 元以上	40	8.3
居住地	城市	320	66.7
	农村	160	33.3

（三）游客低碳旅游意识和行为的调查分析

课题组对回收的问卷进行汇总，并进行了认真分析，汇总分析如下：

1. 游客有了一定的低碳环保意识

针对游客目前对低碳旅游的认知情况，共设计了 7 道问题，调查结果具体见表 26。

表 26 游客对低碳旅游的感知现状

调查内容	选项	百分比（%）
对“低碳旅游”的了解程度	比较了解	18.7
	不太了解	66.7
	一点不了解	14.6
“低碳旅游”的了解途径（多选）	宣传手册	31.3
	电视广播	58.3
	报纸杂志	35.4
	旅游网站	25.0
	旅行社咨询	2.1
	游客交流	4.2
	其他途径	16.7

续表

调查内容	选项	百分比（%）
“低碳旅游”的吸引因素	新奇	18.8
	时尚	10.4
	环保节能	70.8
是否愿意参加以“低碳环保”为主题的旅游活动	愿意	81.2
	不愿意	4.2
	无所谓	14.6
是否会有意识按照“低碳”的要求进行旅游活动	会	47.9
	偶尔会	45.8
	不会	6.3
“低碳旅游”是否会降低旅游质量	会	8.4
	不会	70.8
	不知道	20.8
影响“低碳旅游”的最大因素（多选）	缺乏引导，不知怎样进行	52.1
	低碳旅游和低碳产品的价格	29.2
	自己的旅游偏好	22.9
	对低碳旅游的宣传	41.7

从表26可以看出，一般游客对于低碳旅游的了解还不够，66.7%的人表示对低碳旅游不太了解，比较了解的仅占18.7%，也就是说，多数人对低碳旅游知之甚少。虽然多数游客对低碳旅游不甚了解，但非常愿意参加以“低碳环保”为主题的旅游活动，在旅游活动中会自觉遵守“低碳”的要求，并且认为进行低碳旅游不会降低其旅游质量。对于“低碳旅游”的吸引因素，70.8%的人认为环保节能是吸引其进行低碳旅游的主要因素。由此可以看出游客对于低碳旅游的认同度较高，但是缺乏必要的引导和获知途径，对低碳旅游宣传不到位成为影响其选择“低碳旅游”产品的主要因素。在获取低碳旅游相关知识的途径方面，电视广播占主导地位，其次为报纸杂志和宣传手册，最后是旅游网站和旅行社。可见，作为受大众喜爱的媒体，旅游网站应加强低碳旅游的宣传和教育。

2. 游客对自身低碳旅游所起的作用认识不足

从“我国发展低碳旅游的紧迫性”方面的调查情况看，67.3%的人认为

“非常紧迫”，但也有 19.8% 的人认为“应先保证旅游体验的质量，再谈低碳旅游”。但当问及其紧迫性的原因和做法时，多数人将原因和自身生活联系在一起，考虑到了“环境恶化”“雾霾”等因素，但谈到怎样实施低碳旅游时，不少人认为“那是政府的事，我们普通人做不了什么”。访谈中，也有不少人表示不太了解低碳旅游，也不知道个人和低碳旅游有什么关系；也有一些人认为低碳旅游就是“徒步旅游、骑行等方式旅游”。在关于“发展低碳旅游的主要力量有哪些?”的调查中，结果表明（如图 26），多数人认为政府、社会团体与环保公益组织、旅游企业是发展低碳旅游的主要力量，只有 38.7% 的人认为个人也是主要力量。

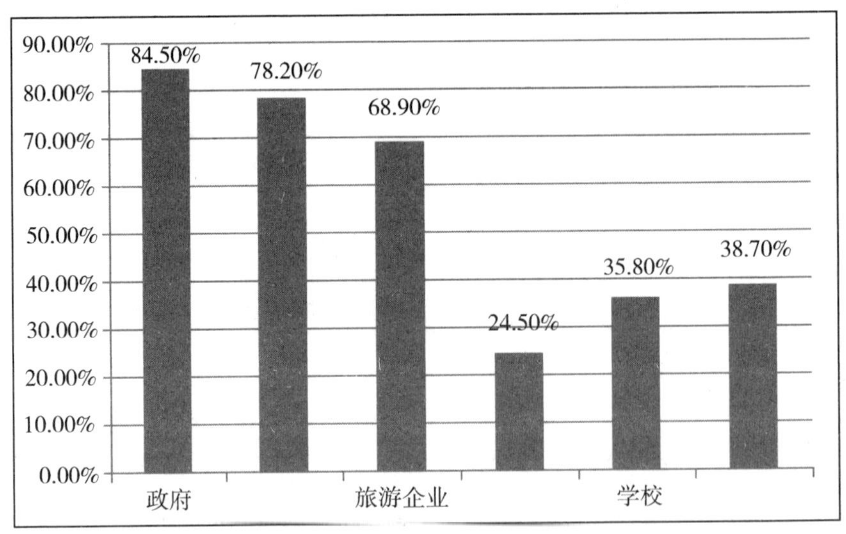

图 26　发展低碳旅游的主要力量调查结果分析图

3. 游客低碳旅游习惯有待进一步培养

课题组通过一些小问题对游客低碳旅游行为和习惯进行了调查，以了解游客践行低碳旅游的情况。

表 27　游客旅游行为和意向调查统计

调查内容	选项	百分比（%）
购买纪念品是否会以低碳环保作为前提	价格接受的情况下肯定考虑	39.6
	偶尔会考虑到低碳环保	41.7
	基本不考虑	18.7
是否会选择低碳环保的旅游交通	一定会	41.7
	偶尔会	54.2
	不会	4.2
是否会选择入住低碳营业的酒店	一定会	29.2
	价格接受的情况下会	64.6
	不会	6.2
是否愿意接受饭店低碳经营中所带来的不便	愿意	43.7
	不影响消费下可以考虑	41.7
	不愿意	14.6

表 27 是我们对于游客在景区进行低碳旅游产品和服务选择时的倾向，从调查汇总可以看出，在购买旅游纪念品时是否会以低碳环保作为前提，39.6%的人选择价格接受的情况下肯定考虑，41.7%的人选择偶尔会考虑到低碳环保，18.7%的人选择基本不考虑。是否会选择低碳环保的旅游交通，41.7%的人选择"一定会"，54.2%的人选择"偶尔会"，4.2%的人选择"不会"。是否会选择入住低碳营业的酒店，64.6%的人选择价格适当的情况下会，只有 29.2%的人选择一定会。是否愿意接受饭店低碳经营中所带来的不便，43.7%的人选择愿意，41.7%的人选择不影响消费质量的前提下可以考虑。由此可以看出，游客在选择低碳旅游产品和服务的时候，多数人愿意考虑低碳环保这一因素，但是价格及方便性仍是影响其消费选择的重要因素。

在问道"是否选择低碳旅游产品或服务"的选项中，41.7%的被调查者选择视情况而定。他们认为目前的低碳产品价格偏高，"节能不省钱""是商家打出的幌子"，且目前低碳产品市场良莠不齐，很难辨别真假。

"旅游中发现有人未及时关掉灯或水龙头时，您会怎么做?"针对这一问题的调查结果可见（如图 27），虽然多数人不好意思直接站出来提醒，但会自己关掉。16.9%的人无视这种情况，21.5%的人存在无视这种情况的可能。可以看出，有近一半左右的人还没有真正将低碳环保内化为自己的日常行动和习惯。

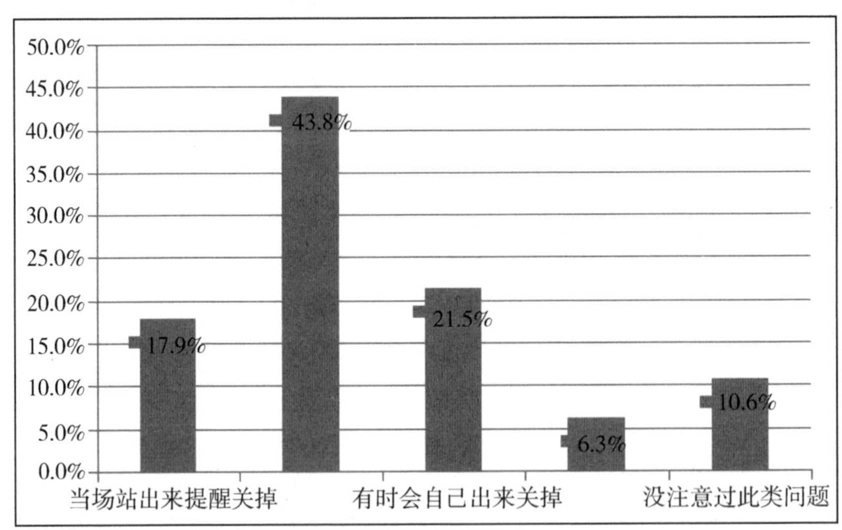

图 27 “发现有人未及时关掉灯或水龙头怎么做?”调查

针对“您对旅游中酒店或饭店是否应提供一次性用品（如餐具洗漱用品）这一问题如何看待?”从调查结果（如图 28）中可以看出，30.6% 的人仍有使用一次性用品的习惯，27.29% 的人并未意识到一次性用品是一种浪费，认为不用也要提供。说明多数人还未形成低碳消费的习惯和理念。

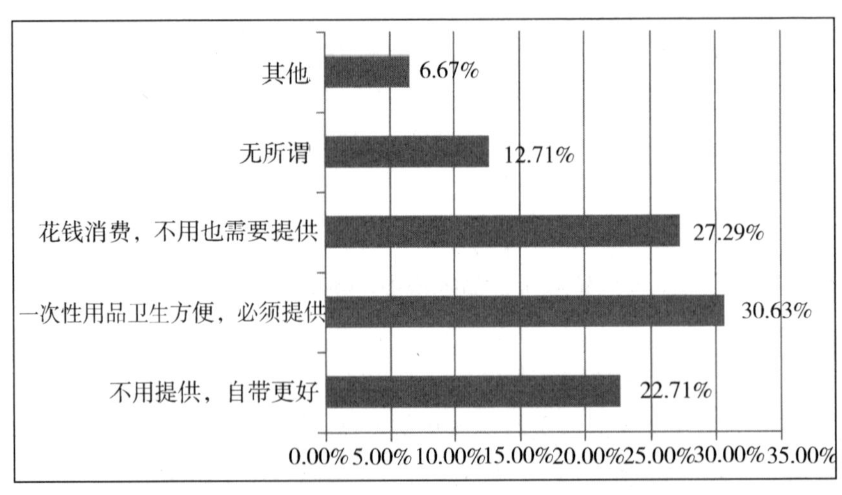

图 28 对“酒店提供一次性用品”问题调查结果汇总图

（四）总结与分析

总结来看，第一，随着环境恶化和雾霾的影响，低碳环保的意识已经深入人心，但公众对低碳旅游的认识、低碳旅游与自身的关系认识较肤浅。第二，低碳旅游的宣传还不到位，应通过电视广播、报纸杂志、宣传手册、网站等方式向公众宣传低碳理念和知识。第三，公众对于低碳旅游这种新型的旅游方式认知不够深入，多数人认为低碳旅游只是一个口号，与价格、旅游中的舒适度等比较起来，公众更注重与自身利益相关的价格或旅游过程中的体验。第四，大部分公众认可在旅游的过程中践行低碳方式，不少公众会在日常生活或行为中自觉或不自觉地践行低碳旅游，但不少人在消费观念、消费习惯等方面还不能完全扭转，多数人还未形成低碳消费意识，低碳理念也远未外化为多数人的实际行动。因此，需要政府、企业、学校等相关部门在全社会范围内加强低碳环保的宣传教育指导，倡导资源节约型消费，扭转整个社会的消费方式；同时旅游部门、景区等也应充分利用网络平台、微信等方式宣传低碳旅游的相关知识，使公众对低碳旅游有更深入的了解，认识到低碳旅游的重要意义，自觉践行低碳旅游行为。总之，低碳旅游的推行有赖于社会的广泛宣传、认知和全民素质的提高。

四、河南省旅游经济低碳化转型的制约因素分析

旅游业的低碳化转型是一项长期的系统工程，目前河南省旅游业的低碳化转型尚处于初级阶段，要想持久有效地推进旅游业的低碳化转型，在实际操作过程中面临的障碍还很多。为此，著者从实际情况出发，梳理出河南省旅游业低碳化转型中遇到的现实障碍。

（一）政策制度障碍

西方国家对企业的节能责任普遍有明确的法律规定，包括具体的奖惩机制，对节能项目有政策支持，对节能技术也有严格认证。而国内，相关政策缺失或不完善，仅有零星的地方性鼓励政策，在操作中也存在诸多问题。

首先，低碳旅游相关政策缺失。近年来，政府制定了不少环保和经济低碳化发展的政策措施，但与旅游业直接相关的并不多，我国仅有的少数低碳制度中很少有直接提到低碳旅游的，河南省也没有出台关于低碳旅游方面的专项政策和制度。虽然政府对于旅游企业的低碳环保做法是支持的，但是相应的优惠

政策和激励机制很少，影响旅游企业低碳化转型的积极性。在调查中，不少企业负责人也提出，低碳化建设中，政府提供的支持有限，如果低碳产品和与传统生产方式生产的产品在成本、效用方面没有竞争优势，游客对低碳产品又不买账，企业也就没有了积极性。

其次，政策落实存在诸多问题。尽管国家出台的一些法律法规如《国务院关于加快发展旅游业的意见》中提到节能减排标准及任务，各地方政府也出台了不少规章制度，但具体到各旅游景点和企业，这些政策法规都缺乏可操作性的标准，结果是政策规定多，落实困难。如某些地区出台了《关于鼓励企业开展节能降耗与清洁生产的奖励办法》，设立节能与清洁生产专项资金100万元/年，但由于该地企业多（超过3万家），中小企业可从众多企业中分享到的奖励十分有限。一些地区也安排有节能减排专项资金并专门出台相关规定和管理办法，但这些资金在管理和使用中仍不够规范，有的企业采取编造虚假申报资料、多头重复申报等手段，套取国家节能减排专项资金；有的企业因有关部门审核把关不严，多得节能减排专项资金；有的企业将获得的节能减排专项资金挪作他用等现象普遍存在。

（二）技术障碍

低碳旅游的发展离不开低碳技术与设备，低碳技术是推动产业低碳发展的支撑，也是旅游产业低碳化转型的关键。

调查发现，河南省绝大多数旅游企业存在低碳技术水平低等问题。如目前新技术较多，供热供水系统可以采用暖通空调节能新技术，增加热回收的装置、污水过滤和处理设置等新技术实现节能和重复利用；太阳能技术不仅可以直接利用，还可以进行能量收集和储备，实现长久利用；还有冰蓄冷技术、绿色电视等新技术。这些技术在国外一些生态饭店、酒店等都有不同程度的应用。而我国住宿、餐饮等企业仍采用大能耗的设备，仅仅在普通节能灯、开关、水龙头、太阳能等简单设备上有所使用，对一些复杂的、较新的节能减排技术和低碳设施使用很少。尽管市面上也有一些低碳环保的产品和设备出售，但受价格、成本、改造的复杂性等因素影响，多数企业不会选择和安装这些产品。究其原因，有以下几点：首先，低碳技术创新成本较高，与发达国家和地区比，我国和河南省科技投入有限，创新能力不足。其次，发展低碳技术是一个长期的过程，需要大量的资金投入，这对单个企业来说难以承担，即使政府有投入，也是杯水车薪，不足以支撑其长远发展。最后，与国外相比，我国低碳技术的储备特别是低碳核心技术储备，远远滞后于西方发达国家。核心技术的缺失阻碍了大型节能减排设备的国产化发展，导致国内节能减排装备产品与技术落后，我国节能减排国产化装备主要集中在中低端市场，高端装备制造主要依赖进口，而发达国家与发展中国家在技术转让方面，仍然面临诸如技术转让的成本高，发达国家采用中国的技术标准难以实现等诸多问题。

（三）资金障碍

发展低碳旅游需要对景区设施、企业节能减排设备进行规划和更新，而这些都需要资金投入。我国旅游业低碳化改造面临的最大问题是投入不足：一是靠景点和企业自身难以承受，节能减排项目投入较大，单靠景点和企业自身发展积累难以承受。二是财政资金投入有限，为了加快节能减排工作进度，财政部也安排有专项资金，如 2015 年河南省下发节能减排专项资金达 42640 亿元，但与面临的节能减排形势与任务相比，这些资金显然是远远不够的。调查中，多数企业反映自河南省开展节能减排工作以来，一直没有明确的经费保障，导致一些项目的应用推广进展缓慢。三是金融机构的融资支持力度不够，我国 90% 以上的节能减排项目都需要在金融资本的支持下才能实施，而节能减排专业性很强，银行等金融机构对节能减排项目评估能力不足，对节能减排项目的信贷意愿不强，对企业的节能项目兴趣不大，一些金融机构认为，低碳节能项目类似于扶贫项目，导致一些企业的节能项目投资“很差钱”。四是河南省融资机制不完善，企业很难通过在资本市场上发行股票、债券和基金等金融产品筹措到发展所需资金，也没有足够的资金引进先进的低碳技术和设备。

（四）低碳环保意识障碍

低碳化建设关键在意识，低碳景区的建设需要政府、景区工作人员、周边居民及游客的广泛参与，企业低碳化发展依赖于旅游者的低碳化消费。只有全民的环保意识提高了，低碳化建设才能真正落实。而与西方发达国家相比，我国公民的环保意识还有待提高。2007 中国公众环保民生指数调查显示，公众的环保意识总体得分为 42. 1 分，环保行为得分为 36. 6 分，环保满意度得分为 44. 7 分，三项指标均不及格。据调查显示，认为自己在环境保护中的作用“非常重要”和“比较重要”的只有 13. 7%，其中认为“非常重要”的只有 2. 8%。与此同时，有近一半（49. 7%）的公众认为自己在环保过程中“不太重要”和“不重要”。这一方面说明我国公众具有十分浓厚的环保依赖性，同时也说明政府还没有为公众参与环保准备好平台和条件。另外，在公众文化素质迅速提高的同时，公众的环保知识依然处在一个认识“洼地”，调查发现，仅有四分之一多一点（26.2%）的公众能说出“世界环境日”的准确日期，而有86.1%的不知道“全国统一的环境热线电话”的号码。这说明普及公众的环境知识的任务还很艰巨。① 从身边现实来看，在生态区建设过程中建筑工地产生的泥浆被随意倒入河道，景区周边居民随意倾倒垃圾等行为仍存在，游客的不文明行为屡禁不止。环保意识的薄弱，行动的欠缺，直接影响旅游低碳化的发展和进程。

（五）评价标准障碍

旅游业是一个产业关联度很高的产业，与旅游业相关的产业如交通、餐饮、住宿、娱乐、零售业等均与能耗联系在一起。复杂的产业体系、多元的排放途径，使得弄清旅游业碳排放途径、准确计算能耗和碳排放总量成为一个世界性的难题。在排放途径不详、总量不明的情况下，很难制定出针对旅游业的全面、具体的减排目标和实施标准。因此，我国相关政策只能是泛泛地提一些目标或仅就某几个行业领域提一些具体指标。这导致旅游业节能减排潜力不能真正发挥出来，旅游业低碳化建设缺乏具体的、行之有效的标准和政策措施。

目前的景区使用的评价标准仍然是传统意义上的标准，已经不能适应新形势下低碳旅游发展的需要。例如在评定A级景区时，道路要有多宽、停车场要有多大等，这些硬性的标准不适合低碳型景区的发展要求。对景区的评定衡量中，经济GDP至上一直是奉行的理念，加大景区开发力度，提高游客接待量，是景区GDP的主要增长点，然而景区的过分开发和毫无限制地扩大游客接待量势必对景区的生态环境造成不同程度的损坏。因此在低碳经济的要求下，现行评价体系与低碳景区评价标准不相符。

---

① 《2007中国公众环保民生指数》，中国环保网：http：//www.chinaenvironment.com，2008-1-9.

第五章

国内旅游城市低碳化转型的案例分析及其启示

本章首先对旅游城市概念、分类等进行探讨，然后选取杭州、上海和黄山市作为三种不同类型旅游城市的低碳实践进行案例分析，并总结出对河南省旅游经济低碳化转型的启示。

一、低碳旅游城市概念的界定

城市是旅游经济发展的重要空间及经济载体，为进一步发挥城市的旅游功能，1998 年国家旅游局开始推进优秀旅游城市创建活动。旅游城市由于密集的经济社会活动而具有较大的节能减排空间，课题组对国内一些旅游城市的低碳化实践进行总结为河南省旅游经济的低碳化转型提供经验和借鉴。

（一）旅游城市

目前理论界对旅游城市的概念内涵有多种解释，总结来看，旅游城市是指具备独特的自然风光或者人文景观等旅游资源，能够吸引游客前往，具备一定旅游接待能力，以景区景点为核心、旅游产业为主体，旅游业产值超过城市 GDP 7% 的城市。根据旅游城市的特性，可分为三类：一是自然生态资源型旅游城市，可持续性地保护与开发自然资源是该类城市建设的关键；二是商业资源型旅游城市，开创广泛的对外经济联系是该类城市建设的重点；三是文化资源型旅游城市，注重结合其他旅游资源开发、旅游项目建设和服务设施配套是关键①。

为促进城市旅游业的发展，1998 年国家旅游局出台文件，开始了优秀旅游城市的创建工作，至今分 8 批 300 多座城市通过验收。其中河南省的郑州、洛阳、济源、安阳、焦作、鹤壁、南阳等十几个城市先后通过了“优秀旅游城市”

---

① 杨其元．旅游城市发展研究．天津大学博士论文，2008：5.

的验收工作。

中国优秀旅游城市的创建活动，更多地关注城市旅游经济水平、城市旅游设施及城市旅游管理水平。2007 年新修订的《中国优秀旅游城市检查标准》在指标设置中，并未专门设置与生态环保相关的指标，仅有城市生态自然环境、城市旅游住宿、旅游餐饮、旅游文化娱乐、城市旅游厕所等与城市的“节能减排”相关。近年来，面临日益严峻的雾霾问题，政府对环境和低碳经济日趋重视，将低碳理念融入旅游城市建设中将成为基本趋势。

（二）低碳旅游城市

目前学术界并没有对低碳旅游城市的概念做出界定，仅个别学者对此提出了一些认识。综合学者们的观点，著者认为低碳旅游城市是“低碳城市”和“旅游城市”的有机融合，是未来旅游城市发展的方向。低碳化转型是旅游城市发展的必然趋势，强调对旅游资源的保护和合理利用，强调城市旅游活动中的低碳行为，强调对城市建设和旅游业发展的“低能耗、低污染、低排放”和“高效能、高效率、高效益”，以此全面改造和提升城市旅游业的能效和质量水平。从实践角度来看，目前我国尚未开始低碳旅游城市的创建活动，但旅游业的低碳化转型与城市的低碳化建设密切相关。为此，一些旅游城市的低碳化实践能为河南省旅游业低碳化转型提供借鉴与经验。

二、国内旅游城市低碳化转型的案例分析

根据旅游城市的分类，选取杭州、上海、黄山分别作为文化资源型、商业型和自然资源型旅游城市的典型代表，对三个城市的低碳化实践进行考察和总结，为河南省旅游经济的低碳化转型提供经验和借鉴。

（一）杭州：文化资源型旅游城市低碳化实践的典范

杭州是中国历史文化名城，八大古都之一，被誉为“人间天堂”，拥有丰富的山水及人文资源，是通过低碳城市建设带动低碳旅游发展的典范。杭州早在 2006 年就被评为“最佳旅游城市”，2010 年以来相继获得“低碳旅游示范城市”“十城千辆汽车节能与新能源汽车示范推广试点城市”“开展建设低碳交通运输体系十大试点城市”“节能减排财政政策综合示范城市”等荣誉称号，成为低碳旅游城市建设的标杆。

2009 年以来，杭州市在发展旅游业的同时，大力发展低碳经济，通过打造低碳城市，树立了崭新的旅游形象，推动杭州旅游和经济社会持续发展，具体

的做法和经验可总结为：

一是政府高度重视，制定战略规划，完善相关政策和制度。2008 年杭州市在全国率先提出建设“低碳城市”的战略设想，随后积极向国家发改委申请开展低碳试点工作，2010 年 7 月成功获批为首批国家低碳试点城市。杭州市政府先后出台《关于建设低碳城市的决定》《杭州市“十二五”低碳城市建设规划》《杭州市低碳城市建设工作实施方案》等，在十二五规划中，杭州市提出“全市万元生产总值二氧化碳排放在十二五期间下降 20% 左右，到 2020 年排放比 2005 年下降 50% 左右的发展目标”；提出“城市以低碳经济为发展方向、市民以低碳生活为行为特征、政府公共管理以低碳社会为建设蓝图”的低碳发展道路，并提出“打造低碳经济、低碳交通、低碳建筑、低碳生活、低碳环境、低碳社会“六位一体”的低碳城市”的发展策略。此外，制定了五大方面的具体任务：编制低碳发展规划、制定支持低碳绿色发展的配套政策、加快建立以低碳排放为特征的产业体系、建立温室气体排放数据统计和管理体系、积极倡导低碳绿色生活方式和消费模式。

二是各区政府因地制宜开展低碳建设活动，积极推动低碳化实践。在政府的支持和推动下，杭州市各地积极开展各具特色的低碳建设工作。下城区、建德市编制本区域的低碳发展规划，积极开展低碳社区、低碳家庭、节能建筑等创建的探索；上城区、下城区、江干区、西湖区一直致力于发展楼宇经济、文化创意等现代服务业；拱墅区有序地关停转迁原有的污染型企业；杭州高新开发区（滨江）、临安市、余杭区重点建设低碳型高新技术产业园区；淳安县打造休闲旅游度假龙头产业；建德市、富阳市、桐庐县将推进循环型企业生产作为重要工作；杭州钱江经济开发区成功引进了一批国内外一流的节能环保、新能源等低碳领域企业和项目。各区、各级政府的低碳化实践和各具特色的低碳化建设为杭州市低碳城市建设和生态环境的改善发挥了重要作用。

三是构建低碳交通体系，推动低碳旅游交通。低碳交通是低碳城市建设和低碳旅游发展的重要组成部分，也是节能减排的重点。在低碳城市建设和旅游业发展的战略规划及目标引领下，杭州市优先发展低碳交通。2011 年，杭州市出台了《杭州市低碳交通运输体系建设试点实施方案》，将杭州低碳交通运输体系分解为“低碳综合交通体系”“低碳交通基础设施”“低碳交通运输装备”“低碳交通物流体系”“低碳信息技术工程”“低碳交通能力建设”六大领域，构建了由地铁、公交车、公共自行车、出租车和水上巴士五种公共交通工具组成的“五位一体”的绿色公交体系，让旅游出行更低碳更环保。

杭州市将政策落实到具体行动，采取具体惠民措施，倡导低碳交通。首先，加强了城市公共自行车服务体系建设。2013 年杭州市新增公共自行车 3000 辆，服务点 325 个，2000 个服务点的 5 万辆公共自行车向游客开放，尤其在景区，服务点配车充足，游客持有租车卡可随意在各个景点租车、换车，杭州市公共自行车交通服务系统成为世界上最大的城市公共自行车服务体系。杭州还率先推出了专门为自行车骑行的市民和游客设计的《休闲单车骑游杭州攻略》。其次，增加了一百多辆电动出租车，高速公路边增加了植树绿化面积。此外，为保护景区生态环境，西湖景区实行了机动车环保行动。景区在特定时间、路段严控高污染车辆，提高景区核心区的车辆准入条件，同时强化景区交通管理，设立大客车上下点、禁止出租车随意停车等，从制度、管理上最大限度加快车辆流动速度，并逐步淘汰高污染公交车辆，形成以纯电动和新能源公交车为主的公交系统，以改善和保护景区生态大气环境。

四是制定优惠政策，引导游客低碳消费。公众的低碳消费理念和行为是低碳城市建设和低碳旅游发展的重要支撑。杭州市相关部门除了通过新闻媒体、宣传手册等手段引导游客养成低碳意识，还通过切实的优惠政策，鼓励游客养成低碳的旅游及消费方式。杭州市出台了《杭州市私人购买使用新能源汽车补贴试点的通知》，对满足支持条件的新能源汽车、插电式混合动力乘用车给予补助，对自驾游中每辆坐 4 ~5 人的私家车给予优惠。要求进入西湖景区的公交车必须是混合动力车或纯电动车，对节能型交通工具采取“门票 + 车票”的优惠价，可直接进入灵隐寺等收费景区。酒店减少一次性用品的提供，鼓励游客自带，并在费用上予以优惠；游客住店超过 2 天的，可申请不换床单，并在房费上给予优惠。景区采取“自备垃圾袋 + 门票返利”政策等，这些优惠的费用，不是让旅游企业来承担，而是由政府支付。

综上所述，杭州市低碳旅游城市建设走的是一条以政府为主导、以制度为保障、以交通为核心，多举措推动的低碳发展之路。政府是推动低碳旅游城市的重要主体，在低碳旅游城市建设过程中发挥了战略规划、公共服务、政策保障、监督指导等主导作用。杭州市以低碳城市创建为契机，以能耗高、节能效果明显的城市交通为抓手，政府通过总体规划、政策实践、优惠举措等推动城市低碳旅游的发展，取得了显著的成效，值得其他城市借鉴。

（二）上海：商业旅游城市低碳化实践的典范

上海是我国经济金融贸易中心及国际性大都市，是国内典型的都市型旅游城市。上海市依托其经济、科技、金融优势，加大低碳技术的推广应用，推动旅游城市低碳化转型，取得了不俗成绩。

一是以会展旅游为契机，依靠世博园低碳效应推进低碳化转型。在低碳经济建设背景下，作为全国经济中心，上海需要承担低碳化发展的责任，2010 年世界博览会的召开，为上海市低碳化发展带来了契机。首先，世博会的低碳理念和环保意识带来的低碳效应影响深远。上海世博会提出了“低碳世博”的口号，在“低碳、和谐、可持续发展城市”三大主题下，世博会从理念、技术、组织管理、设施等方面很好地诠释了这一口号和主题，在会展旅游经济的带动下，世博会的口号和主题及低碳环保理念深入人心。就提高公众低碳意识而言，世博会设立专门绿色活动负责机构、绿色办公室，利用国内外力量策划各类低碳活动。通过低碳活动，低碳理念逐渐从纵向上，深入学校、机关、企业、社区，横向上扩散到上海、长三角以及全国，为上海低碳城市建设和低碳旅游发展打下了坚实的群众基础。其次，将世博会先进的低碳技术推广应用。世博会带来了先进的低碳技术和产品，世界各国低碳技术竞相在场馆内亮相。世博园使用了超过 1000 辆新能源汽车、可供 4500 户居民用电的太阳能发电设施、10.3 亿颗 LED 芯片用作照明，为方便参观游览，打造了一条长约 40 米的阳光谷，营造了“绿色地下空间”……世博会后，上海市将世博会中各种新能源、低碳技术、低碳设计等广泛应用于城市建设，有力地推动了上海市低碳城市的发展。此外，世博会为政府提供了一个低碳城市建设的范本，积累了低碳化建设的经验。世博会编写了《中国 2010 年上海世博会环境报告》，对上海环境保护现状进行了详细评估，对上海的能耗和碳排放现状进行了详细披露，为上海市低碳化建设奠定了基础。在世博会低碳化效应的影响和推动下，上海市探索出一条以低碳技术为核心的低碳化发展道路，促进了低碳城市的建设。

二是应用现代高新科技，推进节能降耗。上海市依托其强大的经济实力，将现代科技应用于低碳城市建设，利用“科技 + 环保”方式，推进节能降耗，促进城市低碳化发展和生态文明建设。主要措施有以下几个方面：首先，以技术和科技打造低碳交通。作为特大级城市，交通系统是城市活力和旅游业发展的“血脉”，也同样是能耗排放“大户”，上海以高新科技推动节能减排，减轻了交通给环境带来的压力。上海航空通过对飞机加装翼梢小翼，可节约航空燃油3%以上，一年等于减少8000多吨二氧化碳排放，相当于减少1700辆汽车的碳排放；上海地铁，采用了变频空调再造、新型水处理应用、LED照明改造等新技术，年节电20%，年节电量超过3.87亿千瓦时。其次，投入高科技，打造绿色节能的旅游特色。以“东方明珠”著称的上海，夜景、灯光景观也是其都市旅游的一大特色，灯火璀璨的夜上海吸引着大量游客，为推进节能降耗，上海投入高新科技，将建筑景观照明逐步替换成LED光源并设定分级亮度控制，还推进了联网联控工程，让景观灯光不仅流光溢彩，而且绿色节能。璀璨而节能，成为夜上海灯光景观的新主题。再次，通过技能技术，将节能降耗运用于城市生活。作为商业型旅游城市，游客的旅游体验更多的是城市的吃、喝、玩、购，城市生活的节能降耗成为都市型低碳旅游建设的重点，生活垃圾处理是低碳化建设的重要方面。从2009年开始，上海开通了亚洲最大的生活垃圾内河集装化中转转运系统，通过科技投入，上海城市“垃圾管理”方式发生了革命，从散装运输变为密封式集装箱运输，杜绝了“二次污染”问题。作为人口大市，上海家庭每年收到的水、电、气等公用事业账单近5亿张，消耗了大量木材资源、人工成本和交通成本。2012年上海市开通了全国首家电子账单公共服务平台，用电子账单替代纸质账单，率先尝试公用事业账单无纸化，推动使市民生活低碳化。

三是树立生态理念，打造低碳旅游示范景区。上海市秉承低碳理念，促进城市生态文明建设，建设生态景区，其中崇明生态区的低碳化建设就是缩影。崇明岛背靠上海，面向太平洋，拥有优越的生态环境和丰富的自然资源。经过二十多年建设，已经形成了包括生态、文化、休闲娱乐在内的综合性生态景区。其具体做法为：首先，以低碳生态理念为基础进行规划和建设。上海市以生态理念明确了崇明岛的定位和规划，即未来的崇明岛是一座以优质生态环境为品牌，以促进清洁生产和度假会展娱乐为特色的“生态岛”，是东海之滨的“绿肺”。2005年上海市政府批准《崇明三岛总体规划（2005—2020）》，提出把崇明建成环境和谐优美、资源集约利用、经济社会协调发展的现代化生态岛区；2010年上海市发改委编制的《崇明生态岛建设纲要》中，明确提出大力发展绿色经济，积极推进低碳经济和循环经济，建设低碳化国际生态岛的发展理念。在此理念和规划指引下，崇明县政府抵抗住经济诱惑，坚守目标，曾在一个月里拒资10亿元，凡是产业导向、能耗水平和环境评价不符合要求的项目，再赚钱也不允许上岛。其次，引入低碳技术，发展低碳产业。为落实生态岛建设目标，崇明县从“生态产业”“生态环境”“生态旅游”三个层面进行建设。首先，在建设初期，上海加大环境投入，在自然资源保护、环境经济和废弃物综合利用等6个领域共投资约140亿元，在水环境整治与湿地保护、人居生态环境营造、生态农业保障与物种资源保护等方面引入关键技术体系，保证了各项生态指标达标率为96%，初步构建了生态农业、生态旅游等产业。随后，崇明岛将发展重点聚焦旅游业、新能源、云计算等低碳产业。目前一批风力、太阳能、浅层地热能利用等绿色能源和项目相继建成并投入运行，岛上生态环境建设项目比例高达74%。目前崇明岛正在向自然生态健康、人居生态和谐、产业生态高端的自然—经济—社会复合型世界级生态岛的步伐迈进。上海市崇明生态岛建设不仅为上海生态建设提供了范例和经验，也为各地打造低碳景区及低碳城市建设提供了示范。上海市关于崇明生态岛的大量理论探索和实践活动也为中国在生态文明建设赢得了国际声誉。2014年，联合国环境规划署完成《崇明生态岛国际评估报告》指出，崇明岛生态建设的核心价值反映了联合国环境规划署的绿色经济理念，对中国乃至全世界发展中国家探索区域转型的生态发展模式具有重要借鉴意义。

四是政府重视环境保护，打造宜居城市生态环境。首先，加大对环境保护的投入。2012年上海市累计投资103亿元深入推进PM2.5污染治理。上海环保投入已连续12年占同期生产总值的3%左右。在这一系列措施作用下，上海市环境空气质量优良率连续8年稳定保持在85%以上，近三年超过90%，黄浦江、苏州河等“母亲水系”的水质稳定，曾经因为工业污染导致的中小河道黑臭现象一去不复返。其次，增加生态用地及公共绿化面积。为拓展上海绿化空间，改善人居环境，上海市政府先后制定《上海市立体绿化专项实施规划》《关于推进本市立体绿化发展的实施意见》《上海市2015—2017年环境保护和建设三年行动计划》等政策规划，上海市立体绿化建设量逐年递增，2011年新增立体绿化22.6万平方米，2012年新增27.7万平方米，绿化覆盖率达38.15%，外环还建起了500米宽、全长98千米的生态“围脖”；2013年新增31万平方米，上海市屋顶绿化累计建成165万平方米，相当于17个人民公园的面积。目前上海人均“绿色财产”已经超过了东京、大阪等都市，向巴黎、伦敦、纽约靠近。再次，积极构建“城在林中，林在城内”的生态宜居城市。2015年上海市开始积极构建生态宜居城市。据构想，到2040年，上海生态用地比例要达到陆域面积的50%以上，森林覆盖率达到25%，人均公园绿地面积达15平方米，中心城新增公共绿地30平方千米以上，自然湿地保有率32%，湿地保护率37%。上海市的一系列环保措施，既是低碳城市建设的要求，也是都市型低碳旅游发展的保证。

五是通过低碳社区创建工作，宣传低碳理念，引导居民低碳生活方式。为探索低碳城市建设及低碳旅游发展的新路径，2014年上海市积极响应国家号召，在全国率先开展低碳社区创建试点工作，通过“政府引导、社区自愿、社会协同、公众参与”的原则推进低碳社区试点建设。上海市各社区积极探索低碳社区的模式。如虹口区建立低碳商务区，成立了低碳工作坊，找专业人士指导社区居民利用废弃物品进行环保作品创作，在社区居民推广低碳环保理念，普及环保知识，提升居民环保技能。通过低碳社区创建工作，引导各级政府及广大市民积极参与到低碳城市建设中来，同时以社区为单位宣传低碳理念，倡导低碳生活，为低碳城市及低碳旅游建设打下坚实的群众基础。

总之，上海市依托会展旅游的低碳效应，充分发挥经济、科技、金融等优势，通过科技投入，运用技术和科技打造低碳城市，将节能降耗全面贯穿于都市旅游和城市生产生活中，将生态理念落实到景区和城市规划建设中，走出一条以政府为主导、高科技为核心的都市型低碳旅游城市发展之路，崇明生态区的低碳建设经验和做法也为低碳旅游景区提供了借鉴。

（三）黄山市：自然资源型旅游城市低碳化实践的代表

旅游业是黄山市的支柱产业，依托其丰富的生态资源和自然资源，黄山市将生态文明建设与旅游业紧密结合，在发展低碳旅游经济方面取得了显著成效，为各地生态旅游发展提供了经验借鉴。

一是以旅游抓经济，靠生态促旅游。山水优美、生态优质是黄山市旅游业发展的基础和条件。为将黄山旅游业做强、做大，黄山市长期以来注重生态建设，以山水、生态为王牌进行城市建设和发展旅游业。黄山市生态文明建设起步早、力度大，多年来不断完善顶层设计，先后出台了《关于加快生态市建设的决定》《关于建设生态文明展示区的实施意见》《黄山市生态强市建设实施行动计划》等政策措施，低碳旅游和生态城市建设成绩斐然：2013年全市森林覆盖率78.9%，是全国平均水平的3.9倍。“十二五”以来，累计造林32.16万亩，森林蓄积量4200万立方米，占全国0.28%；已建成国家级生态乡镇17个、生态村4个，省级生态乡镇46个、生态村89个，省级绿色社区5个、市级5个；2013年，全市大气环境质量优良率99.45%，城市环境空气质量达到国家二级标准。黄山风景区环境空气质量达到国家一级标准，达优率为100%。黄山市先后被评为全国首个跨省流域生态补偿机制试点市、国家首批主体功能区建设试点示范区、安徽省唯一国家服务业综合改革试点城市、徽州文化生态保护实验区、国家级皖南国际文化旅游示范区、国家园林城市、中国人居环境奖、世界特色魅力城市200强、公众最向往的中国城市等，诸多荣誉见证了黄山市多年来对生态文明的重视。黄山市已经形成生态与旅游相互依存、相互促进、共同发展、良性循环的低碳旅游发展模式。

二是以主景区为示范推进旅游业的低碳转型。在景区开发过程中，黄山市坚持“科学规划、严格保护、统一管理、永续利用”的方针，将低碳理念融入景区建设，探索出保护与适度开发的可持续发展道路。其中，黄山风景区在低碳化建设中发挥了示范和带动作用。三十多年来，黄山风景区恪守《保护世界文化与自然遗产公约》，始终坚持“保护当头、发展为上，创新管理、和谐立山”的理念，积极落实“环境影响最小化、经济产出最大化、社会影响最优化、游览体验最佳化”四位一体的发展愿景。在国内同类景区当中独创“全山，全员，全年”森林防火、迎客松和黑虎松实行专人守护、古树名木保护“一树一策”、景点封闭轮休、生态景观修复、垃圾下山、净菜上山、改变燃料结构、污水统管统治、游客换乘、启动全球环境基金GEF生物多样性保护项目等一系列有效措施，以及建立“预测、预约、预报”调控机制，落实环境保护工作“一票否决制”等措施，推进了黄山生态文明建设。目前，景区森林覆盖率已达84.7%，植被覆盖率超过93%，野生动物种群及栖息地得到有效保护；空气负氧离子年均值每立方厘米2万个以上，瞬间峰值达到26.7万个；PM2.5日均浓度最小值为2微克/立方米。黄山风景区也首批入选“全国低碳旅游实验区”。在黄山主景区的低碳示范及带动下，黄山市其他景区、饭店、宾馆等都在积极进行低碳化建设及改造。

三是将低碳理念逐步向乡村旅游过渡。在主体景区的带动下，黄山各乡镇和景点因地制宜，将乡村旅游与新农村建设紧密结合，探索出一条农业、旅游、生态协调发展的乡村旅游模式。如汤口镇立足区位、生态、文化优势，坚持乡村旅游精品化、特色化、差异化原则，大力发展乡村旅游。投入400余万元，制定了合理的旅游发展规划，对集镇和旅游景区开发、基础设施建设以及旅游接待设施的合理布局进行控制和指导，加快完善旅游集散、游客“吃、住、行、游、购、娱”等功能，加强旅游生态、市场环境的保护和管理，实现了乡村旅游的快速发展。翡翠谷、九龙瀑、凤凰源、幸运河等景区发展新农村休闲体验，让游客可以置身徽州地区独特的农村风貌，体验乡村文化和各具特色的乡村农家乐。汤口浮溪村以猴源景区为依托，发展康体疗养、科研修学为主题的原生态度假旅游，让游客可以体验到绿色健康的“山里农家”特色、纯正农家食寝。黟县五里村利用银行贷款，实施了生态家园富民工程项目，形成了以户用沼气为纽带的高效种植、高效养殖的农户生态家园模式。这些乡村旅游的发展很好地将旅游、生态、新农村建设相结合，是农村经济、生态协调发展的典范。

四是积极创建绿色饭店，倡导绿色消费。从2006年起，黄山市大力推动“绿色饭店”创建活动，从酒店的绿色设计、环境保护、节能管理、健康管理、绿色宣传等方面进行改造。黄山国际大酒店、华山宾馆等二十多家酒店先后被评为安徽省绿色饭店。以黄山国际酒店为例，该酒店将绿色环保理念融入建筑设计，设计方案多处体现环保节能理念，通过自然采光、安装太阳能系统、空调系统与热水一体化等做到了节能环保；酒店还将节约增效意识贯彻到管理中，通过制定规章制度、考核奖惩措施等实施低碳化管理；此外，还通过环境绿化等营造绿色氛围，通过绿色品质服务引领绿色消费。安徽省“绿色饭店”创建活动不仅带来了可观的经济效益，推动了黄山市酒店业节能降耗工作的进程，也对黄山市旅游业及各行业低碳化发展起到有力的示范作用。

黄山市探索的是景区示范和带动发展的生态城市建设和旅游业低碳化发展的模式。黄山市低碳旅游发展的突出特点是：立足本地生态和自然资源优势，以景区为重点，以生态建设为抓手，通过主景区的示范和带动，大力发展森林旅游、乡村旅游，走出了一条旅游、生态、经济协调促进、和谐共生的低碳化发展之路。

三、杭州、上海、黄山市对河南省旅游经济低碳化转型的启示

杭州、上海和黄山市作为三种不同类型的旅游城市低碳化转型的典型代表，根据各自城市特点和旅游业特色，采取了不同的措施，取得了显著成绩。总结来看，这些城市做法和经验为河南省低碳旅游的发展提供了思路和借鉴。

（一）立足自身资源禀赋发展低碳旅游

河南省旅游资源丰富，各地都有地方特色的旅游资源，城市特点各不相同，自然资源、文化传承和历史积淀也有区别，各地应统筹规划，因城、因地、因资源而异，结合地区的资源、经济、文化、历史等做好定位，探索出一条适合

自身的低碳旅游发展之路。如郑州市旅游业偏向于都市型和文化型结合的类型，可以借鉴上海市和杭州市的做法，运用低碳科技，打造低碳城市和低碳交通，通过低碳城市的打造促进旅游业的低碳化转型。洛阳市和开封市可借鉴杭州市的做法，政府发挥主导作用，打造低碳景区、发展低碳旅游交通、多种措施树立游客的低碳旅游理念，促进游客的低碳消费。南阳、栾川、焦作等一些以自然资源为主的旅游县区、乡镇可借鉴黄山市的做法，依托山水、农业等资源，将生态建设和旅游经济结合，通过生态旅游的发展促进旅游业的低碳化转型。

（二）政府企业公众应通力合作

发展低碳旅游既不是简单的市场行为，也不可能完全是政府的行为，而是需要多方主体共同发力，相互影响、相互作用、共同参与的巨大建设工程。政府在低碳城市的发展中主要起到规划、引导和领导作用，杭州、上海、黄山低碳旅游城市建设都是在政府引导、各级政府重视、积极配合下开展的，低碳旅游城市的建设有赖于政府政策的引导、资金的投入、各部门的配合，政府在低碳旅游转型中要发挥主导作用。旅游景区的低碳化建设是核心和重点，是低碳旅游建设的核心主体，以上三地低碳旅游建设中都强调了景区的低碳化打造，特别是上海崇明生态区和黄山市低碳化建设的做法，不仅为低碳景区建设提供了示范和借鉴，对城市的低碳发展也有积极的带动作用。住宿、餐饮等旅游企业是重要的市场主体，而城市居民和游客的低碳化消费对低碳旅游的发展也有不可或缺的作用。从以上低碳旅游城市的经验来看，各地都注重发挥政府、企业和社会公众等主体的作用，共同推动低碳旅游城市发展目标实现。

（三）政府应发挥主导作用

从以上旅游城市的低碳化经验来看，政府在低碳旅游建设中都发挥着主导作用，不仅需省政府、市级做好战略规划、制定好政策，还需要区政府、社区组织、相关部门的积极配合。在我国现有的经济政治体制下，政府及行业主管部门是推动低碳旅游发展的关键，从以上案例实践来看，政府在低碳旅游建设中不仅要做好战略规划、制定政策，投入资金、构建低碳交通体系发挥公共服务职能，还要运用财政、产业政策等对企业、相关部门进行引导。此外，还要做好宣传引导，促进社会低碳消费理念的形成和鼓励低碳消费。总之，政府是低碳旅游发展的最重要主体，发挥着关键的作用。

（四）需多方联手

从以上低碳旅游城市的建设来看，低碳旅游发展和低碳城市建设相辅相成、共同发展、相互促进。建设低碳旅游城市是一项长期、复杂的系统工程，低碳旅游城市的建设需要建立低碳社会作为保障，需要关注城市经济发展和旅游产业的方方面面，包括低碳技术的开发和高新科技的应用、绿色交通的构建、低碳景区建设、绿色企业的创建、低碳消费方式和低碳城市生活的倡导等。低碳旅游城市建设涉及经济、产业、能源、技术、交通体系、社会消费、碳汇等诸多要素，需要经济、环境、园林、交通、生态、规划、管理等各领域专家通力协作，从系统规划、区域实践、技术投入和应用、景区建设、生态建设等多方面入手，才能真正实现旅游业的低碳化转型。

第六章

河南省旅游经济低碳化转型的建议

本章主要针对河南省旅游经济低碳化实践现状，在借鉴国内外经验的基础上，立足自身资源禀赋优势，提出旅游经济低碳化转型的总体思路和具体建议。

一、转型的总体思路

作为一种新的旅游发展方式，低碳旅游开发既需要旅游目的地政府、旅游企业、居民以及游客等各利益相关主体的参与，也需要从利益主体的视角，围绕旅游活动开展的诸要素的低碳化转型。基于此，著者认为河南省旅游经济发展模式低碳化转型的路径选择应是：政府主导是保障，旅游企业是主力，全民参与是关键。（详见图 29）

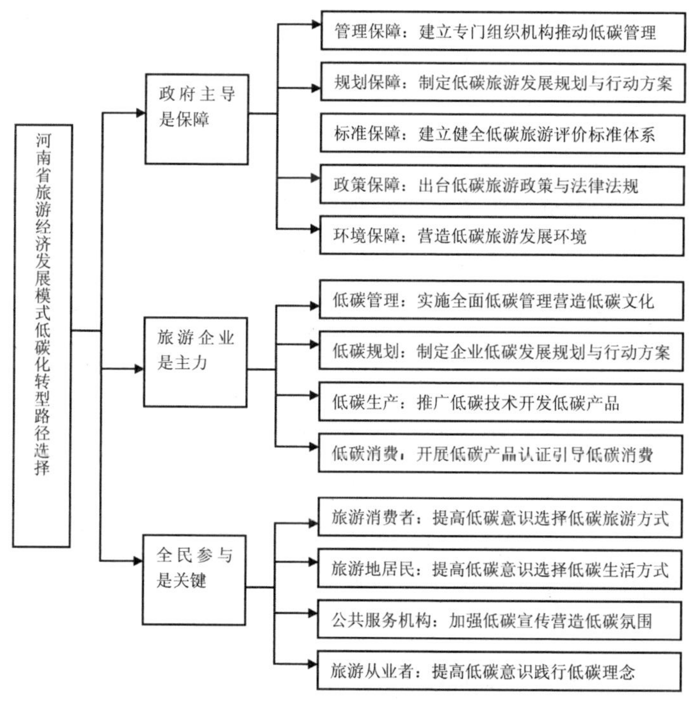

图 29　河南省低碳旅游经济发展模式低碳化转型路径选择示意图

（一）政府主导是保障

旅游业已经成为目前世界经济发展的主导产业之一。因旅游业规模大、涉及面广，事关一个城市、一个地区产业升级和城市转型的大局，实施政府主导战略是各国旅游经济发展的基本经验。旅游经济发展方式低碳转型并非马克思所说的内源性的“自然历史进程”，更需要实施政府主导战略，国内实践证明政府主导是河南旅游经济发展低碳化转型的重要保障。那么政府主导旅游经济发展低碳转型究竟主导什么，换句话说究竟需要提供什么保障？著者认为，主要体现在以下五个方面

1. 主导低碳旅游管理

低碳转型仅仅依赖市场的自发行为是难以取得成功的，各级政府应成立低碳旅游发展领导小组，统筹管理旅游经济低碳化转型工作。在专门机构的推动下，才能将口头上的重视落实到行动上，真正践行低碳发展理念。河南旅游管理部门、卫生部门和环保部门等应在领导小组统一调配下，加强对旅游环境的综合治理，建立健全制度和法律法规体系。如各级政府应建立和完善低碳旅游发展目标责任制、低碳旅游考核表彰制度、加强重大低碳旅游建设项目的评估与检查制度等等。同时，推动各类旅游企业内部制定并落实低碳旅游发展目标责任制、考核表彰制度等。

2. 主导低碳旅游发展规划

低碳旅游规划是低碳旅游产业发展的基础。许多资源丰富的乡村地区（如古村古镇）旅游业率先红火起来，老百姓就急于盖新房，修大路，结果原始风貌受到破坏，随后旅游业逐渐衰落，就是因为缺乏统一规划或没有高水平规划所致。各级政府要以超前的意识分析旅游市场发展趋势，以敏锐的眼光剖析未来旅游业如何发展，精确定位、科学规划、有序推动旅游产业链的低碳化转型，最好邀请旅游专家制定发展规划和行动方案。为保障河南旅游业健康有序可持续地发展，有效地防止旅游开发中低水平重复建设的盲目行为、不顾长远效益急功近利的短期行为、自私自利滥开乱挖的破坏行为，河南省旅委会有必要邀请专家团队制定河南低碳旅游发展规划，通过规划指导各地发展低碳旅游、走可持续发展道路。同时，为了引导旅游企业、旅游地居民等积极向低碳旅游转型，有必要制定《旅游企业低碳化转型操作指南》《旅游地居民促进河南低碳旅游发展操作指南》等。

3. 主导低碳旅游标准制定与考评

什么样的旅游开发才是低碳的？什么样的旅游产品才是低碳的？什么样的旅游经营与消费行为才是低碳的？什么样的旅游基础设施建设才是低碳的？这一系列问题仅仅依赖于老百姓和企业自身理解，很难做到准确把握和认真践行。政府部门要主导低碳旅游标准的制定，并在全省范围内进行考评和低碳等级认定，评定低碳旅游城市、旅游景区、旅游饭店、旅游餐饮、旅游乡村、旅游小镇等，并鼓励参与国家级低碳旅游示范区、示范城市等建设与评定。目前河南对旅游产业的考评体系更多的是关注经济指标，如旅游总收入、旅游总人次，旅行社总数、旅游从业人员规模等。这样的考评体系容易助长各级政府部门和旅游企业重经济、轻生态，不利于旅游经济的低碳发展、绿色发展。著者认为这些经济方面的指标要继续优化，增设或优化更多能体现质量、结构或效率方面的指标，如游客人均消费额、人均停留天数、六要素结构比例、产业辐射力等。另外，要增加体现旅游生态方面的数据，例如污染治理、环境保护、资源节约方面的数据，从而构建河南旅游产业绿色核算体系。该体系考评内容既要有反映经济规模、结构与效益方面的内容，也要有反映社会文化效益和生态环境效益等方面的内容，体现对旅游产业综合功能的关注。

4. 主导低碳旅游政策与法规制定

低碳旅游的发展需要专业人才、专项资金、专门财税政策、专门法规。政府需要出台政策主导低碳旅游专业人才的引进、培养与培训，提供人才保障；需要出台政策，筹集低碳旅游发展专项基金、盘活企业与社会资金；需要出台财税政策和法规，激励并约束企业与社会各部门进行低碳改造、践行低碳生活、低碳生产、低碳消费。河南省可以优先制定《河南低碳旅游管理办法》《河南低碳旅游奖惩办法》等政策与法规。当然在强化法制建设同时，政府部门还需要重视伦理道德和企业文化建设，形成三位一体激励与约束机制。

5. 主导低碳旅游环境优化

旅游业的低碳发展离不开交通、通信等基础设施的低碳发展，也需要社会的安定、市场的有序和规范、居民的文明好客以及浓厚的低碳社会文化氛围和鲜明的低碳旅游形象等。政府要主导低碳旅游环境和形象的打造，可以通过绿色河南、畅通河南、文明河南和平安河南等综合环境建设，打造一个有利于旅游经济发展低碳转型的大环境。

（二）旅游企业是主力

旅游企业是旅游经济低碳化转型的主力，各旅游景区、旅行社、旅游饭店、旅游餐饮、旅游购物、旅游交通等企业应在生产和经营中践行低碳理念，切实贯彻《中国旅游业“十二五”发展规划纲要》提出的“做好低碳旅游城市示范和绿色环保旅游企业创建工作”，具体实施包括以下几个方面。

一是制定低碳规划，形成长效机制。旅游企业低碳化转型绝非简单的节能减排，而是系统全面的低碳发展模式，需要制定科学的低碳转型规划与行动方案；也不是一种临时的运动，而是一需要长期践行的发展理念，需要制定促进低碳转型的长效机制。

二是强化低碳管理，培育低碳企业文化。旅游企业应实施全面低碳管理，在企业整个运营过程中，在企业管理各个方面践行低碳理念，建立低碳标准，实施全面低碳监控，将低碳生活、低碳生产等理念灌输到每一名员工，积极培育低碳企业文化。

三是深入推进低碳生产，注重长远效益。旅游企业低碳转型的一项重要内容就是大力运用低碳技术，进行低碳生产、开发低碳产品，建设低碳企业。目前许多旅游企业，尤其是小微企业进行低碳生产动力不足，更加注重短期经济效益。这需要政府部门的激励与监督，促使企业进行低碳改造，注重长远效益。

四是引导低碳消费，承担社会责任。旅游企业除了积极营造低碳旅游吸引物、建设低碳旅游设施、开发低碳旅游产品，实施低碳旅游认证，还需要倡导低碳旅游消费方式、培育低碳旅游体验环境，在旅游消费过程中积极引导低碳消费。这既是企业低碳发展的需要，也是企业积极承担社会责任的需要。

（三）全民参与是关键

旅游经济发展模式的低碳化转型仅仅依赖政府出台的一些硬性政策是远远不够的，还需要包括旅游者、旅游目的地居民、旅游公共服务机构和旅游从业者在内的公民低碳旅游意识的形成及积极参与。如冯鹏程教授认为，“皮子”是大举推进的工业化进程中经济和科技发展的强劲势头；“里子”却是资源低效消耗与日益严重的温室效应；“根子”是民众低碳意识的严重缺失。要保持“皮子”的持续增长，改善“里子”存在的问题，就一定要从“根子”入手。

一是倡导旅游消费者要选择低碳出游方式，养成低碳消费习惯。旅游者的不文明行为和高碳消费方式是造成旅游污染的一个重要因素，发展低碳旅游需要旅游者的配合与支持。旅游消费者应在出行中携带环保行李、住环保旅馆、选择二氧化碳排放较低的交通工具，甚至自行车与徒步旅行，尽量选用本地产品、季节产品及包装简单产品。合理安排路线，途中回收废弃物，做好生活垃圾分类。这些低碳消费习惯的养成是推动旅游经济发展方式低碳化转型的重要动力。

二是倡导旅游目的地居民要选择低碳生活方式，养成低碳生活习惯。旅游目的地居民直接关系到低碳旅游环境的营造，居民不合理的生活方式不仅增加碳排放，而且破坏旅游目的地的自然生态环境。因此，河南旅游经济发展方式的低碳转型离不开旅游目的地居民的积极参与。居民要在政府的促动和引导下选择低碳生活方式，养成低碳生活习惯。

三是公共服务机构要加强低碳宣传，营造低碳氛围。媒体机构、游客服务中心等公关服务机构对于营造低碳旅游氛围负有责任，这些公共服务机构要主动加强低碳宣传，多策划低碳专题活动，全面营造低碳氛围。

四是旅游从业人员要积极学习低碳技术，带头践行低碳生活。旅游从业人员是旅游企业低碳转型的主力。作为旅游从业人员，应在单位引导下，在生产与服务过程中积极学习和运用低碳技术，带头践行低碳生活，以自身的低碳行为影响旅游消费者的旅游行为。

二、旅游经济低碳化转型的政策建议

在国家大力推进生态文明建设和旅游业跨越式发展的大环境下，河南省应以此为契机，站位全局、找准定位，大力推动旅游经济低碳化转型发展，走出一条低能耗、低污染、低排放和高效能、高效率、高效益的低碳旅游之路，建议从以下方面入手。

（一）制定旅游经济低碳化转型战略规划

由杭州、上海等地低碳化发展的经验可以看出，政府的战略规划对城市和产业的低碳化转型起到指导和引领作用。从著者目前掌握的资料来看，并没有哪个省市制定专门的低碳旅游发展规划，但有不少旅游景区已经制定了低碳旅游发展规划，并取得了可喜成绩。例如被评为全国低碳旅游示范区的嵩山景区制定了专门的《低碳旅游总体规划》，开展了一系列低碳建设。另外不少城市，如洛阳开展了低碳城市试点建设，制定了低碳城市建设规划。河南旅游主管部门可借鉴以上经验和做法，牵头制定《河南低碳旅游发展规划》，推动旅游城市、旅游小镇、旅游景区、旅游饭店等各类主体向低碳化转型发展。

（二）建立健全旅游产业低碳化转型的保障体系

构建一种全新的旅游经济发展模式，离不开制度和法律的保证。从低碳旅游的行业规范与标准到政府行政措施和法律法规，从行政许可审批到财税金融杠杆，诸多方面的制度都需要健全与完善。河南应借鉴杭州市低碳旅游发展的经验，积极建立多层次制度和法律保障体系，形成伦理道德、企业文化、规章制度和法律法规四位一体的保障体系。具体而言包括以下几个方面：一是强化低碳旅游宣传，制定《河南低碳旅游指南——社会公众版》，充分发挥公民伦理道德作用，激发低碳生活、低碳消费意识；二是制定《河南低碳旅游奖惩办法》，《河南低碳旅游指南——企业版》引导旅游企业建立低碳企业文化，提升企业低碳管理热情；三是制定《河南低碳旅游财税优惠政策》《旅游企业碳交易制度》《河南低碳旅游专项人才引进办法》等制度，从财政、税收、人才等方面支持低碳转型；四是修订《旅游景区保护开发管理办法》，制定《旅游企业内部污染防治法》等类似法律法规。

（三）建立健全旅游产业碳数据统计和管理体系

河南省应制定旅游产业低碳化评价标准和评价指标体系，科学规划河南省旅游产品生态和环境最大承载量，建立各旅游景区、重点旅游饭店、餐饮和交通公司碳统计与即时监测碳数据库。重点旅游景区应在景区售票处和网上公布动态游客量，适当调控游客出游密度；另外可以试点制定游客消费碳排放标准指数，计算每位游客碳排放量，以这些数据作为实施碳中合、碳补偿依据，从而引导游客合理消费。实施低碳管理或是低碳奖惩，离不开这些基础碳数据。有了这些数据，才可以进行有针对性的治理和调控，逐步建立有效旅游业碳监管机制。

（四）借鉴国际国内先进的低碳管理技术

河南可借鉴上海市做法，采用高新技术进行城市的低碳化改造，加强与国内外合作，引进上海、杭州等地的先进低碳管理技术和经验，吸收先进管理理念。第一，要积极引进国内外大型旅游集团来豫开展业务、建立子公司、接管旅游企业等，同时鼓励旅游企业走出去，开展国际合作。第二，要加快推动旅游行业的 ISO14001 和绿色环球 21 认证。ISO14001 标准是国际标准化组织为了促进资源节约、环境保护和实施可持续发展而制定系统化的环境管理标准。绿色环球 21 标准体包括旅游企业标准、旅游社区标准、国际生态旅游标准、景区规划设计标准和可持续设计建设标准五大标准及相关指标体系，是目前全球旅游业公认的可持续旅游标准体系，得到世界旅游组织、亚太旅游协会、国际旅馆饭店协会等国际组织的广泛支持。河南旅游主管部门应制定激励措施，推动旅游业 ISO14001 和绿色环球 21 认证。第三，应出台政策在科研院所与高校、旅游企业集团等扶持设立低碳旅游相关研究与推广机构，对低碳旅游进行理论研究、应用研究、专项技术研究和专项技术交易、推广应用。例如设立河南旅游新能源研究所、河南低碳旅游研究基地等。科研院所与高校、重点旅游集团也应组建相应研究团队，对旅游系统资源流、能源流进行系统分析，并对相应科技在低碳旅游中的应用展开科技攻关，全面提升河南省低碳旅游相关技术研究水平。

（五）完善低碳教育

旅游经济发展方式低碳转型需要人才与智力支撑，河南省应加强相关人才的培养和引进工作。首先，要在高等院校开设低碳教育课程以及相关专业，传播低碳理念，发展低碳教育，建设低碳校园，培育低碳人才。其次，全面提升旅游人才培养质量，满足低碳旅游发展的需要。在洛阳、开封等重点旅游城市通过整合各种旅游教育资源，鼓励校企联合办学，鼓励知名企业进行旅游教育投资，建设专门的、性质多样的旅游职业学院或旅游学院。第三，从国内、国外引进一些具有较强的旅游业务能力与掌握旅游低碳技术的高素质的管理人才。第四，强化旅游从业人员的低碳培训力度，建立多级培训与考核体系，形成旅游行政部门、旅游行业协会、旅游企业、旅游院校等多方联动的“大旅游教育”培训体系网络。积极开发和组织各类专项旅游培训（如旅游新技术运用培训、旅游企业清洁生产培训、低碳旅游规划与监督培训等），重点培养发展低碳旅游急需的高级管理人才等。

（六）构建低碳旅游经济产业链

河南应积极推动低碳旅游城市和低碳旅游景区建设，构建低碳旅游经济产业链。可以在旅游业内推进六项创绿、评绿行动，即绿色饭店行动、绿色餐饮业行动、绿色景区行动、绿色旅行社行动、绿色旅游商店行动和绿色旅游娱乐场所行动。第一，绿色饭店行动。在饭店运营的全过程中贯穿绿色理念，推行绿色采购和清洁生产，争创“绿色饭店”。第二，绿色餐饮业行动。餐饮企业要实行绿色采购，即在采购时做到物品数量、种类、质量的充分有效利用，同时降低成本；对水、电及其他能源实行绿色管理，包括水的循环再利用、降低厨房餐饮制作、冷冻冷储或加热解冻的消耗等；减少使用一次性产品，积极促进一次性产品和包装容器的再利用；为游客提供绿色餐饮服务，传播当地特色饮食文化。第三，绿色景区行动。以ISO14000环境管理体系和《旅游区（点）质量等级的划分与评定》（GB/T17775—2003）的相关要求为标准，实现景区的绿色规划、绿色设计、绿色管理、绿色经营。第四，绿色旅行社行动。旅行社在旅游活动中的中介和供给身份要求它生产和供给绿色旅游产品、组织和培育绿色旅游市场、引导绿色消费等，从而推动整个旅游业的绿色发展。第五，绿色旅游商店行动。旅游商店采购和销售绿色商品，提供购物信息服务，营造良好的购物氛围。第六，绿色旅游娱乐场所行动。旅游娱乐场所不提供、不倡导媚俗性的旅游产品和旅游活动，特别注意降低噪声污染。

（七）设立河南低碳旅游实验示范区（点）

从我国低碳城市及景区建设经验来看，往往是先示范或试验、再总结、后推广。由于低碳旅游的推广和实施涉及的面较广、主体众多，河南发展低碳旅游，也可以遵循这一模式。试验示范区可分为多种类型进行：第一，低碳旅游城市（或生态城市）试验示范区，从洛阳、开封等旅游业发达的地区开始试验推广，带动其他地市低碳城市建设。第二，旅游景区示范点，利用低碳旅游发展比较好的景区带动周边景区发展，促进景区低碳化建设。第三，农村生态旅游示范镇或村，发挥有良好生态旅游发展基础，且发展较好的农村生态旅游示范点，带动乡村旅游的低碳化转型。第四，旅游相关行业的低碳旅游示范点，在交通、餐饮、酒店、商业等领域开展试点或评建工作，以个别做示范，逐步推广，促进旅游产业的低碳化转型。

三、旅游景区低碳化转型的对策建议

河南省旅游经济的低碳化转型首先应从旅游产业链的核心环节——旅游景区入手，将旅游景区建设作为低碳旅游的战略抓手，着力培育低碳旅游景区，进而带动整个旅游行业的低碳化转型。

（一）加大政府支持力度

根据上海崇明岛和焦作云台山景区的低碳实践经验，可以看出，在景区的低碳化建设和发展过程中，仅靠景区的力量是远远不够的，其应是一个由政府主导、有计划、有步骤、有目标、有资金保障的一项系统工程。在景区进行低碳建设或改造过程中，前期需要大量的资金投入，如低碳建筑改造、低碳设施建设、低碳交通建设等，如果没有政府支持，景区很难有低碳化建设的积极性。

因此，在景区低碳化建设过程中，政府应发挥积极作用，加强引导，增加资金投入和金融服务。政府部门应投入专项资金用于景区的低碳化改造和建设，也可以通过政策引导，鼓励企业、金融机构、社会资本参与到景区的低碳化建设中，为景区低碳化建设解决资金难题。其次，政府也可以定期组织景区间的国际国内的交流与考察，了解国内外景区低碳化建设的进程和最新的低碳技术和设施的使用，通过学习先进经验和技术，提升景区低碳化建设和管理水平。

（二）科学规划旅游景区

科学规划是建设低碳景区的重要方面，强化旅游规划中的环境保护要求：坚持保护第一的原则，在旅游开发阶段科学规划，合理确定旅游景区游客环境容量，建立旅游区的低碳技术支撑系统，积极引进和推广应用新技术，营造、开发低碳吸引物，建设低碳旅游设施。

第一，营造低碳旅游吸引物。在低碳旅游景区开发建设阶段，坚持低碳理念，有效地引进先进的低碳化景区建设方案，立足景区资源优势，运用低碳技术，积极营造、打造低碳吸引物，实现旅游资源的保护性开发，提高旅游资源的利用率，在旅游活动的源头注意节约资源和减少可能出现的污染，进行预防性管理。① 旅游景区的建设要使用新技术新材料等节能技术，使景区的能源消耗达到最低值。

第二，建设低碳旅游设施。旅游设施是旅游行业向游客提供服务的基础，低碳旅游景区在建设中应运用先进的低碳技术或低碳技术产品建立一套低碳旅游设施。在规划中要考虑建立低碳宾馆、低碳餐饮设施、低碳商业区，确保餐饮住宿商业在设施、技术、管理、服务等方面的低碳节能；建立低碳交通体系与道路网，推广和尽量使用无碳或低碳交通方式，减少碳排量；景区尽量使用各种低碳技术或低碳能源，如使用节能灯、太阳能热水器，通过建造“绿色建筑”“低碳建筑”等方式减少能耗；强化资源循环利用和低碳处理，采用循环利用模式，如引进先进的垃圾处理技术，建立完善的生活污水处理和循环利用系统，如一些生态景区利用旅馆、饭店、厕所、养殖区的废弃物产生沼气池，沼气池可进行种植，实现循环利用。

---

① 石德生．低碳旅游产业论．南京：东南大学出版社，2014：128.

（三）积极推进旅游经济低碳化管理

景区运营管理中，要以低碳思想为指导，把低碳理念贯穿到景区运营的每个环节和全过程。在景区交通工具的管理上，增加无污染的电动力车或者自行车，禁止机动车辆在景区内通行；提高景区服务及工作人员的低碳意识，提升景区的低碳管理和服务水平，通过培训等方式，加强对景区管理人员和服务人员的低碳教育，使他们具备旅游专业知识的同时也逐步提高低碳环保意识，将低碳意识转化为实际行动，如坚持低碳办公，节约办公用纸和办公用电，景区工作人员通过以身作则、示范和激励效应进行低碳管理和低碳服务，感染游客，创建低碳环保的软环境；在整个管理和服务中要贯彻低碳理念，游览线路的设计应尽量绕开动植物保护区，管理者加强对游客数量的控制。此外，在景区的运营过程中，积极加强与国内外先进景区的交流与合作，学习他们的低碳技术和低碳化运营管理的先进经验。

（四）完善低碳旅游评价标准体系

首先，应用和完善好“低碳”标准。政府及相关管理机构可以出台新的行业政策和标准，将其纳入行业发展的考量和评价因素，以此推动低碳景区的建设。

其次，加强生态智能监控系统。从黄山市和云台山景区生态建设的经验可以看出，以数字、信息、网络技术为基础的智慧旅游是今后景区的发展趋势。河南省应将这些先进的技术应用到景区管理、生态保护、服务与开发中，提升景区的现代化管理和服务水平。为掌握碳排量与生态变化，景区可利用遥感技术、定位系统、地理信息系统等对景区环境进行监控，为景区的科学保护和合理利用提供科学依据。还可以利用数字控制技术对景区交通进行合理调度，减少车辆无效运行，降低能耗。

此外，建立景区自我评价、反馈和检测机制。景区在进行低碳化改造或建设后，可进行自我评价，将评价成果反馈至各部门，得到管理机构及游客的认同，可将景区低碳建设成果做成宣传资料，在社会范围内起宣传和示范作用。

（五）培育低碳旅游文化

游客是旅游活动的主体，游客的行为方式对景区的碳排放量有直接的影响，景区可以通过多种方式，宣传低碳文化，加强对游客的环保教育。第一，通过媒体宣传景区的低碳特色。景区在进行营销宣传时可将“低碳”作为特色宣传，如提出低碳绿色相关的宣传语或口号，既符合社会发展的趋势潮流，也强调景区的良好的环境，在赢得游客认同的同时也是一种低碳教育。第二，设立资讯传播平台。运用LED显示屏宣传低碳旅游知识，滚动播出景区低碳建设的影像资料、科普知识、生态教育、游览须知及温馨提示等内容，帮助游客深入了解景区低碳建设，达到低碳教育和宣传的目的。第三，通过宣传页、旅游网站等加强对游客的旅游消费观念教育，使广大游客认识到游览的过程中提高精神方面的享受，提高精神境界，而不是注重物质享受，减少物质消费，即使消费时也应当坚持节约的原则，避免浪费，鼓励游客为保护环境做出贡献。第四，景区内增设提示牌。提醒游客做好垃圾处理工作，不要随便乱扔垃圾，教育游客尽量减少使用一次性物品，请游客将自己制造的垃圾随身带出旅游景区，确实需要投放垃圾的，要根据不同的分类环保垃圾箱投放，教育游客树立起生态环保意识，注重资源的回收利用。第五，与游客一起开展低碳环保活动，每年的植树节，旅游景区内可以开展植树活动，积极参加植树活动的游客可以获得免费门票等作为奖励，鼓励广大游客参与到植树活动中来；鼓励游客将不使用的旅游图留给后来游客使用，以及在游览过程中担任义务环保宣传员，使所有游客都认识到低碳旅游的意义，为保护生态环境做出自己的一份贡献。

四、旅游服务企业低碳化转型的建议

以交通、餐饮、住宿为代表的旅游服务企业是旅游活动的基础和重要环节，在旅游产业低碳化发展过程中，旅游服务企业需要践行低碳环保理念，注重低碳化经营与管理。

（一）加强旅游交通低碳化管理

低碳交通发展的核心在于改善交通工具的能源利用率，优化交通工具的运输方式、结构。因此，借鉴杭州、上海等城市的做法，河南省可从以下方面入手对旅游交通进行改造与开发。

一是科学规划低碳旅游交通，构建低碳交通模式。低碳旅游交通规划是低碳旅游业发展规划的重要组成部分。为适应城市经济社会发展需要，旅游交通要遵循市场导向，适当超前，对外交通和内部交通建设协调互补，有机结合，合理调整交通运输结构，做到公路客运站场、铁路站场、机场互相衔接，信息互通，协调发展。河南省可以建立城市低碳旅游交通网络。城市旅游交通网络的建设，在建立健全成熟的公交网络之外，合理发展轨道交通网络，如地铁、轻轨等。地铁等轨道交通网络具有运输量大、便捷、污染小等特点，但建设初

期投入大，覆盖范围有限，所以必须根据城市整体情况考虑，与公交网络系统很好地配合，形成合理有效的低碳城市公共交通网络，让游客和市民出行时优先考虑公共交通。

二是对旅游交通工具进行低碳化改造，鼓励市民低碳化出行。根据旅游交通工具动态发展的要求，对传统能耗高的传统交通工具进行低碳化改造，如公交车和出租车使用新能源和替代能源汽车，淘汰高能耗的汽车，减少传统燃料的使用；采取补贴等方式鼓励个人和企业购买新能源汽车。为降低碳排放量，可鼓励旅游者以健康、环保的骑行、步行、拼车等方式出行。增加公共自行车数量及设置点，在城市道路体系中建设自行车专用道路，举办低碳交通方式旅游活动，宣传低碳交通理念等鼓励绿色出行、低碳旅行。

三是树立低碳交通理念，进行低碳化管理和运营。相关部门在管理及运营中应树立低碳理念，在规划、设计、运营中进行低碳化管理及运营。首先，设置合理的道路布局和低碳线路。旅游线路及景区应改变原来增加路宽来缓解交通压力的做法，通过道路布局多元化、合理化，减少交通拥堵，减少交通工具的运行时间。其次，景区线路要避开生态敏感区域，减少对原生态系统的破坏；线路组织应遵循最短原则，以便减少交通耗时，降低碳排放。第三，基础设施建设应低碳化。交通站点选材、道路选材都应考虑低碳化。如站点设施应配备遮阳篷、座椅等设施，方便游客乘坐，可设置宣传栏，进行低碳信息宣传；还可专门设置步行和自行车道，步行道可建成木栈道或林荫道等形式；自行车道则可依照道路地势，就地取材建造。第四，加强数字化、智能化运营管理技术。目前河南省的旅游交通管理在运用这些现代管理技术方面与发达国家和地区还存在明显的差距。特别是在客流量预测、车辆调度控制统计分析等方面建设还较薄弱，应逐步实现数字化、智能化管理，加快引入旅游交通自动化管理办法，提高管理效率。①

四是发展低碳特种旅游交通，打造低碳景区。景区内应根据不同的特点，采取不同的措施，选择不同的低碳交通工具。首先，景区根据不同特点，对污染较高的私家车等采取限行措施，增开景区内公共交通，引进新能源汽车、观光巴士等能耗低的交通工具，用环保型的交通设备来代替汽车交通。其次，根据不同景区特点选择不同的主要交通工具，如湖泊型景区选择游船，沟谷型景

---

① 石德生．旅游产业论．南京：东南大学出版社，2014：186.

区选择电瓶车、观光巴士，山岳型景区选择索道。索道或缆车等的建设选址一定要注重合理、安全、隐蔽。第三，重视不同交通工具之间的衔接和互补，就主要交通工具和低碳交通工具做好互补或协调。除主要交通工具外，还可以发展漂流、轿子、滑道等特色的低碳型工具，在增强游客体验的同时还低碳环保。第四，鼓励游客采用自行车、步行等方式游览。可以在有条件的景区内设置自行车租赁点或提供免费自行车鼓励绿色出行，也可以通过举办爬山比赛、划舟比赛等方式鼓励游客参与，避免过多交通工具的使用。

（二）河南省绿色饭店发展的建议

旅游饭店应在低碳发展理念的指导下，以低碳、低能耗、低污染的绿色发展理念为基础，为旅游者营造一个清洁、环保、绿色、低碳的餐饮住宿环境，处理好饭店经营与生态环境、游客之间的关系，给游客提供优质绿色的住宿和餐饮服务。主要做法可在借鉴国内外绿色饭店先进经验的前提下，提高饭店硬件的低碳化，并实现管理、运营、服务的低碳化。

一是树立低碳理念，建设绿色饭店。理念是行动的前提和基础，为真正将低碳旅游和绿色环保饭店建设落到实处，首先要求政府、行业主管部门、行业协会、饭店企业等都要有低碳、可持续发展的理念，切实意识到低碳饭店建设的必要性和意义。政府和行业主管部门可通过宣传教育、政策引导等方式树立起旅游饭店管理层的低碳理念。旅游饭店的投资人、决策层、管理层首先要具备低碳环保可持续发展的理念和社会责任感，意识到饭店低碳化经营对旅游业、社会及自身企业建设的重要意义，将绿色环保、节能减排融入饭店经营管理中，建立低碳管理机制等建设绿色环保型饭店，倡导低碳消费，为顾客提供符合环保、有利于人体健康要求的绿色客房和餐饮。

二是制定和实施低碳认证制度，规范低碳旅游饭店的发展。政府及相关旅游行政管理机关、旅游相关行业协会应构建起促进绿色饭店发展的战略规划，制定相关工作规范和制度，采取科学措施，建立有效的监督机制，将“节能减排”“绿色饭店建设”全面落实到工作中的每个细节。对旅游饭店业制定科学、完善、操作性强的评定标准，进行严格评定分级。一方面，提高旅游饭店企业的低碳意识，进行低碳化建设；另一方面，有利于游客选择低碳旅游产品，提升低碳消费意识。

三是制定激励政策，鼓励低碳旅游饭店的发展。低碳旅游饭店的推广和实施是一项系统工程，初期建设可先在各地树立、推广和实施低碳旅游饭店试点，采用先示范，后总结经验，再逐步推广的模式。根据不同地区、不同饭店的类型等树立一些典型，为这些典型示范企业颁发政府牌匾，在媒体中广泛进行表彰、宣传，介绍其低碳化做法，引导其他企业向低碳化方向发展。中后期，政府可制定相应的激励政策，促进企业低碳化政策的落实。如对污染及能耗大、不采取措施的企业征收污染税收或费用，对积极采取措施、节能减排效果好的企业给予财政补贴和税收优惠等。

四是企业应采用“绿色饭店”的经营模式，加大节能减排力度。绿色饭店既包涵“环保节约”的含义，也隐含着“经济效益”。企业在饭店建设及管理过程中运用安全、健康、环保理念坚持绿色管理，倡导绿色消费，为顾客提供安全、健康、环保的餐饮和住宿条件。企业可根据饭店经营规模、建筑特点等采取不同的措施。首先，积极引入绿色的设计理念和绿色建筑标准。根据风向、阳光合理设计建筑物及房间、窗户等，加强建筑物周围的绿化环境等。其次，采用低碳设备和技术，如增加热回收装置，采用太阳能技术，使用绿色电视等，减少饭店的能源、水和其他材料的消耗，降低饭店的运营成本。此外，还可使用低碳环保的饭店用品，如使用低碳环保的清洁剂，使用低碳环保的壁纸，用纸质或环保材料包装袋代替塑料袋等提升整个饭店的档次，牢固地树立饭店“低碳环保”的形象。

五是完善饭店的低碳管理制度。节能降耗要以饭店内部管理制度作保证。首先，要严格管理制度，可以在实际管理和运营过程中制定低碳管理的标准和制度体系，实施节能减排标准化管理，如制定一套相关文件化的管理程序和运行标准，明确各层员工的低碳化指标和具体任务，制定低碳质量监督体系，将低碳化管理任务落实到人。其次，低碳节能是项系统工程，涉及从最高管理层到基层服务的每一位员工。只有每一个员工都提高节约资源的意识，在每个岗位、每个细节做到低碳节约，才能成功。为此，饭店应重视相应的宣传教育，通过对员工进行培训等方式，提高员工对节能降耗工作的认识，树立低碳观念，让低碳节能工作落实到行动，落实到细节。最后，为做到精细化管理，可通过节能计量和统计，记录员工工作中的用电用水情况，记录员工的低碳化细节及行动，明确奖惩，设置“低碳贡献奖”等方式，提升管理层及员工的低碳意识，鼓励他们参与到饭店的低碳化建设中。

六是加强宣传引导，培养游客的低碳消费行为。低碳旅游饭店的建设离不开游客的低碳行为，因此应积极宣传低碳理念，让低碳意识与行为逐步融入公众的生活之中。低碳理念虽被大多数人接受，但实施起来还是有一定困难的，游客在观念上的转变需要较长的过程。因此应先从教育入手，使大家都认识到节约能源不仅是一种社会公德，也是应负的社会责任，每个人都应成为低碳的宣传者、实践者。可以在中小学教育中加入有关低碳教育的课程或环节，从娃娃抓起，由他们向家长、社会传递低碳信息。饭店为了更好地推行低碳化建设，可以在饭店里贴上温馨提示等提示语。如提醒客人睡觉前关灯，空调温度适度，不浪费食物，多走楼梯少用电梯等。在这些温馨提示下，一些游客会减少不必要的浪费。对于游客不易接受的饭店的一些低碳化措施，如不提供一次性洗漱用品、不提供一次性餐具等，饭店可以采取奖励措施或向客人解释清楚，如不使用一次性用品的游客可赠送一些低碳小纪念品表彰他们的低碳行为，对入住能耗低的客房给予优惠券等奖励，以此鼓励游客的低碳行为。

参考文献

一、著作类

[1] 石培华. 旅游业节能减排与低碳发展政策技术体系与实践工作指南. 北京：中国旅游出版社，2010.

[2] 石德生. 旅游产业论. 南京：东南大学出版社，2014.

[3] 高丽敏等. 北京低碳旅游发展研究. 北京：中国农业大学出版社，2013.

[4] 孙桂娟. 低碳经济概论. 济南：山东人民出版社，2010.

[5] 华红琴. 低碳城市从理念到行动. 上海：格致出版社，2010.

[6] 熊焰. 低碳之路. 重新定义世界和我们的生活. 北京：中国经济出版社，2010.

[7] 熊焰. 低碳转型路线图. 国际经验、中国选择与地方实践. 北京：中国经济出版社，2011.

[8] 庄贵阳. 低碳经济. 气候变化背景下中国的发展之路. 北京：气象出版社，2007.

[9] 中国城市科学研究会编. 中国低碳生态城市发展战略. 北京：中国城市出版社，2009.

[10] 王玉宝. 河南旅游基础. 北京：中国旅游出版社，2011.

[11] 张坤民等. 低碳经济论. 北京：中国环境科学出版社，2008.

[12] 李天元. 中国旅游可持续发展研究. 天津：南开大学出版社，2004.

[13] 中国节能投资公司. 2009 中国节能减排产业发展报告——迎接低碳经济新时代. 北京：中国水利水电出版社，2009.

[14] 唐宇. 旅游学概论. 北京：北京大学出版社，2006.

[15] 王起静. 旅游产业经济学. 北京：北京大学出版社，2006.

[16] 苏东水. 产业经济学. 北京：高等教育出版社，2010.

[17] 吴必虎. 区域旅游规划原理. 北京：中国旅游出版社，2001.

二、论文类

[1] 谭锦．论低碳旅游景区评价体系构建．经济研究导刊，2010（11）：117－118.

[2] 王喜等．黄河中下游地区主要省份低碳经济发展水平的时空差异研究．地理科学进展，2013（4）：505－513.

[3] 陈志恒．日本构建低碳社会行动及其主要进展．现代日本经济，2009（5）：1－5.

[4] 徐冬青．发达国家发展低碳经济的做法与经验借鉴．世界经济与政治论坛，2009（6）：112－116.

[5] 张兵．西方发达国家低碳城市建设的经验与借鉴．辽宁大学学报（哲学社会科学版），2011（3）：151－154.

[6] 陈新平．低碳经济发展模式下的财税政策——发达国家的经验及启示．宏观经济管理，2010（4）：1－7.

[7] 林凤霞．低碳经济理念下河南省消费方式转型的障碍与突破．华北水利水电学院学报（社科版），2010（4）：21－23.

[8] 刘芳．低碳经济背景下河南省旅游业发展的建议．经济管理与科学决策，2010（5）：113－114.

[9] 史云等．低碳旅游景区的培育与管理—以河南云台山风景名胜区为例．安徽农业科学，2011（39）：9254－9256.

[10] 邱鹏．探索低碳城市建设新路径——瑞典经验借鉴及启示．西南民族大学学报（人文社会科学版），2010（10）.

[11] 吴铀生，马胜．低碳消费是实现低碳旅游的关键要素．西南民族大学学报（人文社会科学版），2011（7）：167－170.

[12] 付景保．低碳旅游的发展在于公民意识的改变．西南民族大学学报（人文社会科学版），2011（7）：121－124.

[13] 周连斌．低碳旅游发展动力机制系统研究．西南民族大学学报（人文社会科学版），2011（2）：149－154.

[14] 刘笑明．低碳旅游及其发展研究．商业研究，2011（2）：175－179.

[15] 杨军辉．国内外低碳旅游研究述评．经济问题探索，2011（6）：112－115.

[16] 黄文胜．论低碳旅游与低碳旅游的创建．产业观察，2009（11）：100－102.

[17] 刘啸．论低碳经济与低碳旅游．中国集体经济，2009（5）：154－155.

[18] 高丽敏，陈兴鹏，拓学森．循环型旅游经济发展的新思路．地域研究与开发，2006（4）：89－93.

[19] 郭清霞，姚立新．生态旅游开发是旅游扶贫的最佳发展模式．湖北大学学报（哲学社会科学版），2005（4）：455－457.

[20] 倪外，曾刚．低碳经济视角下的城市发展新路径研究——以上海为例．经济问题探索，2010（5）：38－42.

[21] 张琦生．低碳经济与经济发展模式转变——以河南省为例．生产力研究，2010（10）：144－146.

[22] 张子方．河南成为国家低碳经济发展试验的可行性研究．河南科技，2010（9）：32－33.

[23] 曹洁．日本社会的环境教育及启示．河北师范大学学报/教育科学版，2010（7）：50－53.

[24] 杨军辉．国内外低碳旅游研究述评．经济问题探索，2011（6）：112－115.

[25] 汪明宇．倡导低碳旅游，推进发展方式转型．旅游学刊，2011（2）．

[26] 闫红娟．河南省低碳旅游主体构建及现状评价．焦作大学学报，2014（1）：70－72.

[27] 闫红娟．河南省旅游经济低碳化发展调查分析．河南商业高等专科学校学报，2013（10）：74－77.

附表1

河南城镇居民低碳消费调查问卷

年龄：________ 学历：________ 职业：________ 居住地：________

一、低碳意识（多选题）

1. 您认为“低碳”是关于哪方面的？（ ）

A. 降低 CO_2 排放　　B. 节约能源消耗

C. 发展新能源　　D. 提高能源利用效率

2. 下列全球环境问题您知道哪些？（ ）

A. 气候变暖　　B. 臭氧层破坏

C. 生物多样性减少　　D. 酸雨蔓延

E. 土地荒漠化　　F. 海洋污染

G. 森林锐减　　H. 大气污染

I. 水体污染　　J. 固体废物污染

3. 您是通过哪些方式了解“低碳消费”的？（ ）（不了解不用回答）

A. 各种媒体宣传　　B. 身边人介绍

C. 环保机构宣传　　D. 其他

4. 以下哪些事是您知道可以减少碳排量的？（ ）

A. 棉质衣服比尼龙衣服生产过程中排放更少的 CO_2

B. 太阳能比天然气更环保

C. 杂物放在汽车后备厢会增加 CO_2 的排放量

D. 减少肉制品摄入量可减少碳排量

5. 您认为可以在哪些方面采取行动实现低碳生活？（ ）

A. 家庭用电　　B. 家庭用暖

C. 交通工具的选择　　D. 采购环保的家庭用品

二、生活现状（单选题）

1. 您出行选择的交通方式主要是（　　）

A. 私家车　　B. 公交车

C. 摩托车　　D. 步行或自行车

2. 外出就餐，您使用一次性用品吗？（　　）

A. 经常　　B. 偶尔

C. 从不　　D. 无所谓

3. 限塑令已经实行了很长时间了，您是否养成了去买菜购物时带布袋或循环使用塑料袋自带塑料袋的习惯？（　　）

A. 从来不带　　B. 总是带

C. 大多数时候带　　D. 有时带，但次数很少

4. 您家中使用的采光设备是哪种灯具？（　　）

A. 节能灯　　B. 日光灯

C. 煤油灯　　D. 其他

5. 你对洗澡、洗菜等水二次利用吗？（　　）

A. 经常　　B. 偶尔

C. 几乎没有　　D. 无所谓

6. 您平时家里使用的主要能源是？（　　）

A. 木柴或蜂窝煤　　B. 煤气或天然气

C. 电能　　D. 其他（比如沼气）

7. 你会让你的电脑处于待机状态吗？（　　）

A. 从来不待机，不用了就关机　　B. 没有电脑

C. 经常待机，觉得关机再重开很麻烦　　D. 偶尔会待机

8. 电脑、电视、台灯等电器一旦不用你会立即拔掉插头吗？（　　）

A. 通常我会拔掉　　B. 有时会拔掉

C. 几乎不，觉得没必要

9. 当你最后一个离开公共场合，你会把那里的灯、电扇或空调关掉吗？（　　）

A. 会　　B. 不会

C. 平时不曾注意　　D. 很少会

10. 在炎热的夏天，您在办公室工作或在家里休息时一般把空调调到多少度？（　　）

A. 26℃或以上　　B. 20～25℃

C. 16～20℃

11. 你现在用手帕吗？（　　）

A. 从来不用，觉得纸巾更方便

B. 想用或试过用手帕，但觉得麻烦就不用了

C. 一直就用手帕，虽然有点麻烦

D. 一直就用手帕，感觉很好

12. 你经常双面使用纸张吗？（　　）

A. 经常　　B. 很少

C. 几乎没有　　D. 无所谓

13. 平时喝完水的饮料瓶您会怎么处理？（　　）

A. 随手扔掉　　B. 放进垃圾桶

C. 攒起来卖给废品回收站　　D. 无所谓怎么处理都行

14. 您平时各种节日或红白事时会燃放烟花爆竹或烧纸钱吗？（　　）

A. 经常　　B. 偶尔

C. 从不

三、存在的问题及改进（多选）

1. 您认为“低碳消费”还未普及的原因是（　　）

A. 对这个概念不了解没有养成低碳消费习惯

B. 低碳消费会造成生活的不便

C. 消费理念虚荣，过于追求奢侈

D. 这是一项系统工程，依靠市民自身力量难以实现

E. 企业或媒体宣传不到位

F. 政府缺乏必要的引导

2. 您认为如何改善环境（　　）

A. 城镇规划　　B. 垃圾固定堆放，及时处理

C. 合理使用农药　　D. 废物进行环保处理

3. 您感觉你们当地政府对环境保护、工厂的污染的重视程度如何（　　）

A. 不注重　　B. 注重过但没有改善

C. 一般注重有点改善　　D. 非常注重并有大改善

4. 您觉得建设低碳生活中，有哪些需要改善的（　　）

A. 减少二氧化碳的排放　　B. 关闭一些严重污染的工厂

C. 开发新的洁净能源　　D. 加大对乱扔垃圾的处罚

E. 加大宣传力度　　F. 其他

5. 您认为环境污染现象和低碳环保意识低是由下列哪些原因造成的（　　）

A. 人们的环保意识不足　　B. 政府对环境问题重视程度不够

C. 人们的守法意识差　　D. 企业只注重自身发展而忽视环保

E. 人口膨胀　　F. 消费速度增长

G. 周边地区环境污染与生态破坏的影响　　H. 经济发展速度过快

6. 您平时会有如下哪些环保行动（　　）

A. 使用沼气　　B. 生活用水循环使用

C. 正反两面使用纸张　　D. 购买环保用品

E. 使用无磷洗衣粉　　F. 电器无人使用时关闭总电源

G. 出行选择公共交通工具　　H. 尽量使用有机肥

I. 合理使用农药

7. 您认为，在建设低碳生活过程中，更多的应该依靠哪方面（　　）

A. 政府以及政府的政策　　B. 媒体

C. 人民群众　　D. 环保工作者

E. 生产者　　F. 环保科学技术者

8. 您认为全面实现低碳生活仍面临的障碍是什么（　　）

A. 很多城市居民生活方式依然很粗放，不顾生态成本

B. 消费理念虚荣，过于追求“宽大”、“奢侈”、“高档”

C. 城市化建设过于追求“高”、“大”、“全”

D. 缺乏有效引导，不知从何开始低碳生活方式。

E. 低碳生活是一项系统工程，仅依靠市民自身力量难以实现

9. 对于低碳生活，您有何意见或者建议？

___

___

附表2

河南农村居民低碳消费调查问卷

一、自然状况

1. 您的性别是（　　）A. 男　　　　B. 女

2. 您的年龄是（　　）

A. 18～29 岁　B. 30～39 岁　C. 40～49 岁　D. 50～59 岁　E. 60 岁以上

3. 您的职业是（　　）

A. 学生　B. 务农　C. 外出打工　D. 经商　E. 村干部

4. 您的月收入是（　　）

A. 1000 元以下　B. 1000～1999 元　C. 2000～2999 元　D. 3000～3999 元　E. 4000 元以上

5. 您的受教育程度是（　　）

A. 小学　B. 初中　C. 高中　D. 大学本科　E. 研究生及以上

二、低碳意识

1. 您听说过“低碳”这种说法吗？（　　）

A. 听说过　　　　B. 没听过（跳答至第 3 题）

2. 您是通过什么渠道知道“低碳”的？

A. 村委会宣传　　　B. 媒体报道　　　C. 其他________

3. 如果没有听说过，就目前的理解您觉得“低碳”是什么意思？跟汽车尾气有关吧

4. 你认为低碳与哪个群体关系最紧密（　　）

A. 与生活在地球上的每一个人都息息相关　　B. 政府

C. 环保组织　　　D. 经济发达地区　　　E. 经济落后地区

5. 您是否知道您的消费行为会对环境造成影响（　　）

A. 知道一点儿　　　　B. 知道

C. 不太清楚　　　　　D. 完全不知道

6. 请问你支持和倡导“低碳消费”吗（　　）

A. 大力支持　　　　　B. 保持中立

C. 这个很难付诸实施　D. 反对

7. 如果让你为环保事业做点力所能及的事情，你愿意吗（　　）

A. 愿意　　　　　　　B. 看情况

C. 不愿意

8. 您认为目前低碳消费还没普及的原因是（　　）

A. 生活方式依然比较粗放，不顾生态成本

B. 消费理念虚荣，过于追求“宽大”、“奢华”、“高档”

C. 公共建设过于追求“高”、“大”、“全”

D. 缺乏有效引导，不知从何开始低碳生活方式

E. 低碳生活是一种系统工程，依靠村民自身力量难以实现

9. 当你在生活中发现有人破坏环境时，你的态度是？（　　）

A. 积极制止　　　　　B. 观望

C. 无所谓

10. 您感觉你们当地政府对农村环境保护的重视程度如何？（　　）

A. 不重视　　　　　　B. 重视但没有改善

C. 一般重视有点改善　D. 非常注重并有大改善

三、低碳消费行为

1. 您去超市或者集市买菜、米粮等物品时，是自带布袋或循环使用的塑料袋吗？（　　）

A. 从来不带　　　　　B. 总是带

C. 大多数时候带　　　D. 有时带，但次数很少

2. 您到外面的小吃摊或者饭店吃饭使用一次性筷子吗 ？（　　）

A. 经常使用　　　　　B. 从来不用

C. 很少使用

3. 您现在用手帕吗？（　　）

A. 从来不用，觉得纸巾更方便

B. 想用或试过用手帕，但觉得麻烦就不用了

C. 一直就用手帕，虽然有点麻烦

D. 一直就用手帕，感觉很好

4. 您家里的电灯、电视等电器一旦不用你会立即关闭或者拔掉插头吗？(　　)

A. 通常我会拔掉　　B. 有时会拔掉

C. 几乎不，觉得没必要

5. 你常常对水进行二次利用吗？比如，用洗衣服的水拖地等？(　　)

A. 经常　　B. 偶尔

C. 几乎没有

6. 您家中使用的采光设备是哪种灯具？(　　)

A. 节能灯　　B. 日光灯

C. 煤油灯　　D. 其他

7. 您平时家里使用的主要能源是？(　　)

A. 木柴或蜂窝煤　　B. 煤气或天然气

C. 电能　　D. 其他（比如沼气）

8. 您平时各种节日或红白事时会燃放烟花爆竹或烧纸钱吗？

A. 经常　　B. 偶尔

C. 从不

9. 您选择的交通方式主要是？(　　)

A. 私家车　　B. 公交车

C. 摩托车　　D. 电动车

E. 步行或自行车

10. 在炎热的夏天，您在在家里休息时一般把空调调到多少度？(　　)

A. 26℃或以上　　B. 20 ~ 25℃

C. 16 ~ 20℃

11. 在选择家用耐用消费品时，您在考虑耐用消费品的属性时的排序是(　　)

A. 价格　　B. 能源节约

C. 功能　　D. 外观

E. 售后　　F. 质量

12. 您家的生活垃圾是如何处理的？（ ）

A. 作为沼气的原料　　　B. 随便扔到外面

C. 堆放到村子的指定地点

13. 您在种植农作物时是否使用自制肥料，比如动物粪便等？（ ）

A. 经常使用　　　B. 偶尔用

C. 从来不用　　　D. 每次都用

14. 您在种植农作物时是否使用农药？（ ）

A. 大量使用　　　B. 根据需要使用，尽可能少用

C. 从来不用

15. 您所在的村子的污水和垃圾是如何处理的？村子环境如何？（ ）

A. 不是统一处理，都是自家消化，环境较差

B. 统一处理，环境较好

C. 不是统一处理，都是自家消化，但环境较好

D. 统一处理，但环境较差

16. 您家的秸秆是如何处理的？（ ）

A. 就地燃烧　　　B. 用来制作沼气

C. 卖掉　　　D. 其他________

17. 您在灌溉时有没有考虑过节约用水的问题？（ ）

A. 考虑过，但是不知道怎么节约

B. 考虑多，也采取过节约措施

C. 没有考虑过

18. 您所在的村子有没有采取过措施来保护环境？（ ）

A. 完全没有　　　B. 有一部分

C. 完全没有

附表3

河南大学生低碳消费行为调查问卷

您的基本信息 学院：　　　　　　专业：　　　　　　　　　　　年级：
性别：

1. 请问你对低碳生活这一概念的认识（　　）

A. 十分了解　　　　　B. 比较了解

C. 听过不太关注　　　D. 没听过不了解

2. 您是通过何种途径了解“低碳生活”的？（　　）

A. 互联网　　　　　　B. 报纸杂志

C. 专题节目宣传　　　D. 户外公益广告

E. 其他

3. 请问你支持倡导“低碳生活”吗？（　　）

A. 大力支持　　　　　B. 保持中立

C. 很难付诸行动　　　D. 反对

4. 你认为低碳是关于哪方面的？（　　）

A. 降低二氧化碳的排放　B. 节约能源消耗

C. 发展新能源　　　　D. 其他

5. 在日常学习中，你会自觉拔下不用的手机充电器或其他充电器吗？（　　）

A. 会　　　　　　　　B. 偶尔会

C. 不太会　　　　　　D. 从没注意

6. 请问一般您去超市是否会自带环保袋？（　　）

A. 每次都是　　　　　B. 一般来说是的

C. 偶尔会　　　　　　D. 从来不

7. 使用完的塑料袋，您会如何处理？（可多选）（　　　　）

A. 放好等到有用时取出　B. 储存物品

C. 装垃圾　　　　　　D. 随便扔掉

E. 其他

8. 您宿舍的电脑或是其他电器在无人使用时是什么状态（　　）

A. 关机　　　　　　B. 待机

C. 正常

9. 复印东西时你是单面复印还是双面（　　）

A. 一向是单面　　　　B. 有时单面有时双面

C. 总是双面

10. 您是否有关掉不用的电脑程序的习惯（　　）

A. 有　　　　　　B. 没有

11. 您是否经常使用互联网进行邮件传送、银行业务处理？（　　）

A. 没有　　　　　　B. 偶尔

C. 一直在用

12. 您出门就餐时会选择？（　　）

A. 使用一次性餐具　　B. 使用消毒后的餐具

C. 自带餐具

13. 业余选报的培训教材，您会（　　）

A. 购买全新的　　　　B. 选择二手的

C. 无所谓

14. 学校每月为宿舍提供的电量足够吗？（　　）

A. 够　　　　　　B. 不够，平均每月仍需缴纳________元

15. 您认为学校应该为大学生低碳生活做出哪些努力（　　）

A. 加强宣传，动员学生参与低碳行动

B. 成立专业环保社团

C. 制订专项强制政策

D. 其他

16. 就校园而言，您认为目前大学生实现低碳生活方式面临哪些障碍？（　　）

A. 很多生活方式依然粗放，只管自己方便舒适，不顾生态成本

B. 消费理念虚荣，存有攀比心理

C. 缺乏有效引导，不知从何开始低碳生活方式

D. 低碳生活是一项系统工程，仅依靠学生自身力量难以实现

E. 其他

17. 就本校而言，您认为目前最需要改进的方面（　　）

A. 噪声　　　　　　B. 绿化

C. 环保意识　　　　D. 水的质量

E. 卫生　　　　　　F. 其他

18. 您对大学生低碳生活的建议或小窍门

____

____

附表4

河南旅游景区低碳化管理问卷调查

对许多人来说，“低碳经济”、“低碳管理”似乎离我们遥远而陌生，但事实上我们每个人的生活与低碳息息相关，每个人都在影响地球环境的变化。如今，低碳化管理已经成为一种时尚，低碳旅游、低碳交通、低碳饮食、低碳建筑、低碳消费等引起人们的广泛兴趣。可以预见，低碳化管理将成为未来社会管理理念的主流。感谢您参加这次问卷的调查，让我们共同努力，让地球更洁净。

1. 请问你所在的工作单位是？ ________________

2. 您是否听说过“低碳化管理”？（　　）

A. 听说过　　　　　　B. 没听说过

3. 您认为“低碳”指的是什么？（　　）

A. 降低碳的使用量　　B. 降低所有含碳物质的使用量、排放量

C. 降低所有有害的含碳物质的使用量、排放量

D. 降低二氧化碳的排放量

4. 您觉得“低碳”与我们的生活关系大吗？（　　）

A. 与每个人息息相关

B. 只与发达地区关系密切

C. 是政府的事，与民众关系不大

5. 您认为我们应该倡导并开始低碳经济与低碳管理吗？（　　）

A. 无所谓，只要自己过得舒服就行

B. 见效太慢，还是另寻其他高校的途径

C. 当然应该，并且要从自己做起

6. 在景区植物灌溉中，你们通常采用哪种灌溉方式？（　　）

A. 滴灌　　　　B. 喷灌

C. 漫灌　　　　D. 其他

7. 通常，你们对景区垃圾采取何种处理方式？(　　)（可多选）

A. 填埋法　　　　B. 焚烧法

C. 堆肥法　　　　D. 分类处理

E. 其他

8. 您认为游客的环保意识：(　　)

A. 非常好　　　　B. 比较好

C. 可以　　　　D. 不太好

9. 你们对行为不良的游客采取何种处罚措施？(　　)

A. 置之不理　　　　B. 提醒

C. 适当处罚　　　　D. 其他

10. 景区内是否有对游客进行“低碳”宣传的措施？(　　)

A. 有　　　　B. 没有

11. 如果有，采取哪些宣传方式？(　　)（可多选）

A. 电子标语　　　　B. 宣传栏

C. 广播宣传　　　　D. 海报、条幅

E. 分发传单　　　　F. 其他

12. 景区内的照明灯采用的是？(　　)

A. 太阳能路灯　　　　B. 声控灯

C. LED 节能灯　　　　D. 其他

13. 景区内是否为游客提供旅游观光车？(　　)

A. 有　　　　B. 没有

14. 景区是否对员工进行有关“低碳知识”的培训？(　　)

A. 经常　　　　B. 偶尔

C. 没有

15. 您觉得现在低碳化管理这一概念在景区内的实施还存在哪些问题，对此您有何建议？

____

____

后　记

本书是洛阳师范学院郭立珍教授在2011年主持完成的河南省哲学社会科学规划课题“河南省低碳消费模式构建探究”和2012年主持完成的河南省科技厅软科学项目“河南旅游经济低碳化转型探究”结项报告的基础上，由主要完成人郭立珍、闫红娟、高小丹三人，根据2013年以来，国家不断加快推进生态文明建设进程、亟待化解日益严峻的雾霾问题等需要，对两个结项报告进行了补充、深度修改以及完善而成的。本书由郭立珍教授设计研究框架，高小丹老师完成了第一篇的绪论、第二章、第六章、第七章撰写工作，闫红娟负责完成了第二篇的绪论、第四章、第五章、第六章撰写工作，郭立珍负责两篇其余章节的撰写以及全书的通稿与润色工作。

本书在初稿形成过程中，在调研、资料收集等方面得到了洛阳师范学院商学院陈蔚、张淑芳、蔡利红等老师以及国土与旅游学院秦艳培、李修志、颜文华老师的帮助，还得到了洛阳师范学院商学院一批学生的帮助，在此一并表示感谢。

受作者研究水平以及资料来源的限制，书中难免存在错误的地方，敬请读者雅正。

郭立珍

2016年8月9日于洛阳